Kohlhammer

Alfred Endres
Immo Querner

Die Ökonomie natürlicher Ressourcen

2., vollständig überarbeitete und erweiterte Auflage

Verlag W. Kohlhammer

Die Deutsche Bibliothek – CIP-Einheitsaufnahme

Endres, Alfred:
Die Ökonomie natürlicher Ressourcen / Alfred Endres ; Immo Querner.
2., vollst. überarb. und erw. Aufl..- Stuttgart ; Berlin ; Köln : Kohlhammer, 2000
ISBN 3-17-015780-9

Alle Rechte vorbehalten
© 2000 W. Kohlhammer GmbH
Stuttgart Berlin Köln
Verlagsort: Stuttgart
Umschlag: Data Images GmbH
Gesamtherstellung:
W. Kohlhammer Druckerei GmbH + Co. Stuttgart
Printed in Germany

VORWORT

Menschliches Leben und Wirtschaften ist ohne die Entnahme von Ressourcen aus der Natur nicht möglich.

Die Ökonomie natürlicher Ressourcen behandelt die Frage, welchen Gesetzmäßigkeiten der Prozess der Ressourcenentnahme in Marktsystemen unterliegt und welche Grundsätze dabei im „gesellschaftlichen Interesse" beachtet werden sollten.

Wir unterteilen die natürlichen Ressourcen in erschöpfliche und regenerierbare (erneuerbare) Ressourcen. Zur ersten Gruppe gehören z.B. traditionelle Energieträger (wie Öl, Kohle oder Erdgas) sowie mineralische Rohstoffe (wie Eisen oder Nickel). Zu den regenerierbaren Ressourcen zählen z.B. Wald- und Fischbestände.

Die erschöpflichen Ressourcen sind dadurch charakterisiert, dass ihr von der Erde „bereitgestellter" Gesamtbestand (in dem für menschliche Planungen relevanten Zeitraum) konstant ist. Eine in der Gegenwart abgebaute Einheit einer erschöpflichen Ressource mindert also den künftig verfügbaren Bestand um genau eine Einheit. Gegenwart und Zukunft rivalisieren hier vollständig um die Ressourcen.

Erneuerbare Ressourcen können sich dagegen im für die menschliche Planung relevanten Zeitraum vermehren. Die Wachstumsrate des Bestandes hängt von vielerlei Einflussfaktoren ab, insbesondere von der Größe des Anfangsbestandes. Der Zusammenhang zwischen gegenwärtiger Nutzung und zukünftiger Nutzungsmöglichkeit ist also bei erneuerbaren Ressourcen komplexer als bei erschöpflichen.[1]

---

[1] Natürlich darf die in der Literatur übliche terminologische Unterscheidung nicht zu dem Schluss verleiten, regenerierbare Ressourcen könnten nicht erschöpft werden. Die Geschichte der Erde liefert (bei einem Blick auf den Rückgang der Artenvielfalt) reichlich Beispiele für die Erschöpfung erneuerbarer Ressourcen. In letzter Zeit hat der Mensch hierzu durch Übernutzung und Verschlechterung der Regenerationsbedingungen (insbesondere als Folge von Umweltverschmutzung) kräftig beigetragen. Trotz des hier angesprochenen fließenden Übergangs ist die Unterscheidung zwischen erneuerbaren und erschöpflichen Ressourcen systematisch sinnvoll:

Die erschöpflichen Ressourcen waren eines der großen gesellschaftspolitischen Themen der siebziger Jahre. Die Diskussion wurde von pessimistischen Prognosen über den vom Versiegen der Rohstoffquellen verursachten Zusammenbruch der Weltwirtschaft bestimmt. Die diesbezüglichen Befürchtungen sind heute von anderen Ängsten in die zweite Reihe verdrängt worden, könnten jedoch jederzeit wieder nach vorn rücken.

Heute spielt die Sorge um die regenerierbaren Ressourcen der Erde eine zentrale Rolle in der gesellschaftspolitischen Diskussion. So werden die Abholzung tropischer Regenwälder, die Überfischung der Meere und (übergreifend) die befürchtete Verödung unseres Planeten durch eine Reduktion der Artenvielfalt in der Öffentlichkeit als besonders bedrückend empfunden.

Die Einsicht, dass die gegenwärtige Wirtschaftsweise die Schonung der natürlichen Ressourcen und den Schutz der Umwelt nicht hinreichend gewährleistet, mündet in der Forderung nach einem Wirtschaften, das eine „nachhaltige Entwicklung" (Sustainable Development) erlaubt. In der wirtschaftswissenschaftlichen Forschung sind in den letzten Jahren erhebliche Fortschritte bei der Operationalisierung dieses zunächst recht unscharf definierten Konzepts erzielt worden. Eine Aufzählung und Evaluation der Beiträge zu den einschlägigen wissenschaftlichen Zeitschriften würde wohl zu dem Resultat führen, dass das Feld der Nachhaltigkeitsforschung zu den lebhaftesten „wissenschaftlichen Biotopen" auf dem Gebiet der Umwelt- und Ressourcenökonomie gehört.[2] Dennoch verbleibt ein hoher Bedarf an theoretischer und angewandter Forschung. Das vorliegende Buch möchte die ressourcenökonomischen Grundlagen der modernen Nachhaltigkeitsforschung aufarbeiten und damit dem Leser/ der Leserin den Einstieg in diese wissenschaftlich faszinierende und gesellschaftlich brisante Diskussion erleichtern. Außerdem möchte das Buch einen Beitrag zur Verbreitung der einschlägigen Forschungsergebnisse leisten und dabei natürlich auch auf noch offene Fragen hinweisen.

Für beide Ausprägungen natürlicher Ressourcen stellt sich für den Ökonomen die Grundfrage, inwieweit das marktwirtschaftliche System in der Lage

---

Wie im Laufe der folgenden Erörterung deutlich werden wird, ist die Wachstumsfähigkeit als Unterscheidungsmerkmal sowohl für die Betrachtung von Marktprozessen als auch für die Betrachtung des „gesellschaftlichen Interesses" folgenreich.

[2] Besonders stürmisch verläuft das Geschehen außerdem im Bereich der Ökonomie internationaler Umweltprobleme und -politik. Gleichbleibend hoch ist (insb. in US-amerikanischen Zeitschriften) das Interesse an Fragen der monetären Bewertung von Umweltschäden.

ist, Knappheitssituationen, die durch das Wirtschaften zu entstehen drohen, zu antizipieren und zu entschärfen, ehe sie für die Menschheit lebensbedrohend werden. Pessimisten sehen die Menschheit blind (und eilends) in die Katastrophe stolpern, Optimisten vertrauen auf die Selbstheilungskräfte des Marktes (–ließe man sie nur wirken).

In diesem Buch sollen die Möglichkeiten des Marktes, natürliche Ressourcen schonend und weitschauend zu bewirtschaften, differenziert betrachtet werden. Dabei sollen Defizite identifiziert und die Möglichkeiten und Probleme korrigierender staatlicher Regulierungen herausgearbeitet werden.[3]

Mit diesem Ziel unterziehen wir erschöpfliche und erneuerbare Ressourcen im folgenden zunächst der wohlfahrtsökonomischen „Standardbehandlung":

Im ersten Analyseschritt geht es darum, eine Vorstellung davon zu entwickeln, wie ein aus „gesellschaftlicher Sicht" wünschenswerter Umgang mit erschöpflichen bzw. erneuerbaren Ressourcen auszusehen hätte. Bei den erschöpflichen Ressourcen heißt dies, dass ein „sozial optimales" zeitliches Profil des Ressourcenabbaus zu charakterisieren ist. In ähnlicher Weise werden bei den erneuerbaren Ressourcen die Eigenschaften eines „sozial optimalen" Erntepfades identifiziert.

Anschließend wird danach gefragt, welches zeitliche Profil des Abbaus einer erschöpflichen Ressource bzw. welcher Zeitpfad der Ernte einer regenerierbaren Ressource sich nach den Gesetzen des Marktes in einem Konkurrenzsystem ergibt. Bei der Darstellung dieser Marktgleichgewichte untersuchen wir verschiedene Modelltypen, die von heroisch vereinfachten Grundmodellen bis zu realistischeren, dafür aber auch leider etwas schwerer verdaulichen Modellvarianten reichen.

Im dritten Schritt werden soziales Optimum und Marktgleichgewicht bei der Bewirtschaftung natürlicher Ressourcen einander gegenübergestellt. Insbeson-

---

[3] In der Praxis tragen staatliche Maßnahmen (z.B. bei der Energiepolitik) häufig zur Verschwendung von natürlichen Ressourcen bei. Ein nennenswerter Beitrag des Staates bestünde daher schon in der Überprüfung und gegebenenfalls Revision aller in diese Richtung wirkender staatlicher Maßnahmen. Der in diesem Buch verfolgte Ansatz, von den Schwächen des Marktsystems auf korrigierende staatliche Aktivitäten überzugehen, darf also nicht dahingehend überinterpretiert werden, größere Ressourcenschonung werde stets durch mehr Staatseingriffe erreicht. Vielmehr wäre in manchen Bereichen eine Reduktion der Staatseingriffe der Ressourcenschonung dienlich. Eine diesbezügliche ressourcengerichtete Überprüfung praktischer staatlicher Politik (etwa in Deutschland oder im Bereich der EG) wäre sehr nützlich, wird aber in diesem theorieorientierten Buch nicht unternommen.

dere geht es darum, Ursachen für Abweichungen zwischen dem sozial optimalen und dem marktgleichgewichtigen zeitlichen Nutzungsprofil herauszuarbeiten.

Im vierten Schritt wird versucht, darzustellen, wie die vorher identifizierte Lücke zwischen Wunsch und (Modell-)Wirklichkeit durch staatliche Aktivität geschlossen werden könnte. Dabei ergibt sich ein kritischer Vergleich der Eignung alternativer ressourcenpolitischer Instrumente des Staates. Die Analyse von erschöpflichen und regenerierbaren Ressourcen erfolgt also im methodischen Gleichschritt. Um Redundanzen zu begrenzen, werden Überlegungen, die auf beide Ressourcentypen Anwendung finden, bei den zuerst erörterten erschöpflichen Ressourcen ausführlich, bei den anschließend erörterten regenerierbaren Ressourcen nur kurz behandelt. Dies ist im Interesse einer Straffung des Textes geboten, hat aber den Nachteil, dass das Kapitel über regenerierbare Ressourcen von Lesern ohne ressourcenökonomische Vorkenntnisse nicht besonders gut isoliert gelesen werden kann.

Jenseits dieser in Kapitel II für erschöpfliche Ressourcen und in Kapitel III für erneuerbare Ressourcen mit den vier genannten Analyseschritten durchgeführten wohlfahrtstheoretischen Argumentation wird in Kapitel IV auf weniger „technische" Weise dargetan, welchen praktischen Beitrag der Marktmechanismus zur Entschärfung des Problems der Knappheit natürlicher Ressourcen leisten könnte.

Nach der im Wesentlichen der traditionellen Wohlfahrtsökonomie verpflichteten Darstellung der ersten vier Kapitel setzen wir uns in Kapitel V mit dem in der Literatur wachsenden Unbehagen an der Idee der sozialen Wohlfahrtsmaximierung und seinen Konsequenzen für die Ressourcenökonomie auseinander. Die Gründe für die zitierte Unzufriedenheit liegen letztlich in der als unzureichend empfundenen Berücksichtigung von (intra- und intergenerationellen) Verteilungsfragen und häufig auch in der entschiedenen Anthropozentrik des traditionellen Ansatzes. Die Einwände haben in der Literatur zur Entwicklung des mit der sozialen Wohlfahrtsmaximierung konkurrierenden wirtschafts- und gesellschaftspolitischen Leitbildes der nachhaltigen Entwicklung geführt. Die Erforschung dieses Leitbildes ist das zentrale Anliegen der „ökologischen Ökonomie". Diese grenzt sich insbesondere über die hier zitierten Einwände von der stärker am Leitbild der sozialen Wohlfahrtsmaximierung orientierten „Umwelt- und Ressourcenökonomie" ab. Zum Schluss dieses Buches werden Gemeinsamkeiten und Unterschiede der beiden rivalisierenden Ideen und

Fragen ihrer Kompatibilität erörtert. Außerdem werden verschiedene Varianten des Nachhaltigkeitsbegriffs sowie Indikatoren zur Nachhaltigkeitsmessung und Regeln zur politischen Umsetzung des Nachhaltigkeitsgedankens vorgestellt.

Die Umwelt- und Ressourcenökonomie hat im Garten der Volkswirtschaftslehre lange Zeit nur den Platz des Mauerblümchens eingenommen. Die Umweltökonomie hat sich von dieser Randexistenz längst emanzipiert und wird heute in der Wissenschaft und in der Politik (soweit sich diese überhaupt für die Ergebnisse der Wissenschaft interessiert) recht stark beachtet. Der Ressourcenökonomie steht eine entsprechende Metamorphose vermutlich bevor. Dafür sollte die schier umwerfende gesellschaftspolitische Schlagkraft des Leitbildes der nachhaltigen Entwicklung sorgen. Die Ressourcenökonomie ist das wirtschaftswissenschaftliche Fundament aller Bemühungen, die Idee der nachhaltigen Entwicklung zu substanzieren und operationalisieren. Da die Wirtschaftswissenschaft (anders als böse Zungen behaupten) durchaus sensibel auf Entwicklungen in der Gesellschaft reagiert (diese sogar bisweilen fördert), ist damit zu rechnen, dass sich der Stellenwert der Ressourcenökonomie in der volkswirtschaftlichen Forschung und Lehre erhöhen wird.

Im „wirklichen Leben" ist das Anliegen der Ressourcenschonung von dem des Umweltschutzes kaum zu trennen. Umweltmedien wie Luft und Wasser sind selbst natürliche Ressourcen. Bei der Verarbeitung von Energieträgern entstehen in erheblichen Ausmaß Umweltbelastungen durch Emissionen.

Dennoch werden die beiden Bereiche in der wirtschaftswissenschaftlichen Literatur aus methodischen und didaktischen Gründen meist getrennt behandelt. Wir folgen dieser Literaturtradition.

In der in diesem Buch behandelten *Ressourcenökonomie* wird die Natur überwiegend als „Rohstofflieferant" gesehen. Dieser Ansatz wirkt sich bei sorgfältiger Betrachtung bei weitem nicht so „brutal" aus, wie es auf den ersten Blick scheinen könnte. Wie im folgenden ausführlich dargelegt werden wird, führt gerade die Begrenztheit der natürlichen Ressourcen dazu, dass eine bedenkenlose Ausbeutung auch aus ökonomischer Sicht irrational ist. Im Zentrum der Ressourcenökonomie steht das intertemporale Allokationsproblem: Wie kann der Tatsache am besten Rechnung getragen werden, dass die Nutzungsmöglichkeiten der Natur in der Zukunft von den Nutzungen der Gegenwart abhängen? Es geht also darum, Konzepte für einen aus der Sicht des Menschen[4] bestmöglich haushälterischen Umgang mit der Natur zu entwickeln.

Im Bereich der *Umweltökonomie* werden die natürlichen Ressourcen dagegen überwiegend als unmittelbar nutzenstiftende Konsumgüter gesehen. Im Mittelpunkt der Analyse steht hier das Phänomen der „externen Effekte". In dieser Sichtweise liegt die Ursache des Umweltproblems darin, dass der Betreiber einer umweltbelastenden Aktivität bei Dritten Kosten verursacht (insbesondere durch Emissionen), die er bei der Entscheidung über die Qualität und das Ausmaß seiner Aktivität nicht berücksichtigt. Die hierbei entstehenden Probleme werden in der Literatur mit den Mitteln der statischen Mikroökonomie analysiert.[5]

Soweit sich Ressourcen in Privatbesitz befinden, darf man vom Marktmechanismus einen nennenswerten Beitrag zur Linderung des Knappheitsproblems erwarten. Das primäre Interesse der Ressourcenökonomie gilt der Art und Weise, wie der Markt diese Aufgabe *im Zeitverlauf* bewältigt. Staatliche Regulierungen sind erst in zweiter Linie von Interesse, nämlich dort, wo vom Markt erhebliche Fehlleistungen zu erwarten sind und berechtigter Anlass zu der Vermutung besteht, dass Staatseingriffe zu Allokationsverbesserungen führen. Dagegen ist der Bereich der Umweltverschmutzung (neben dem der Marktmacht) ein „Archetyp des Marktversagens". Über das Konstrukt der externen Effekte sind Umweltprobleme durch die Unfähigkeit des Marktes, eine befriedigende Allokation zu gewährleisten, konstituiert. Hier gilt demnach das primäre Interesse der ökonomischen Analyse den allokativen Möglichkeiten staatlicher Eingriffe. Der Stellenwert der Analyse der Umwelt*politik* im Rahmen der Umweltökonomie ist also wesentlich höher als der der Ressourcen*politik* im Rahmen der Ressourcenökonomie.[6]

Das vorliegende Buch konzentriert sich auf das intertemporale Allokationsproblem bei der Nutzung natürlicher Ressourcen. Die Umweltökonomie als

---

[4] Das zugrundeliegende Wertesystem ist strikt anthropozentrisch.

[5] Die Zuweisung der dynamischen Methode in die Ressourcenökonomie und der statischen Methode in die Umweltökonomie gilt überwiegend, aber nicht vollständig: Auch in der Rohstoffökonomie werden (wenn auch eher am Rande) Probleme externer Effekte im statischen Kontext behandelt. Andererseits werden in der Umweltökonomie bisweilen dynamische Probleme modelliert. Dies gilt z.B. bei der Analyse von kumulativ wirkenden Schadstoffen.

[6] Wo bei der Nutzung von Ressourcen externe Effekte entstehen, finden die Konzepte der Umweltökonomie Anwendung.

Anwendung der Theorie externer Effekte wird in einem getrennten Band behandelt.[7]

Wie im Literaturverzeichnis ausgewiesen, existieren bereits eine Reihe von Monographien und Lehrbüchern zur Ökonomie natürlicher Ressourcen.[8] Obwohl sich darunter hervorragende Arbeiten befinden, haben wir ein weiteres Buch zu diesem Thema vorgelegt. Der Grund dafür besteht darin, dass alle von uns als ausgezeichnet eingeschätzten Werke mit einem recht anspruchsvollen modelltheoretischen Analyseapparat arbeiten. Dabei werden insbesondere Methoden der dynamischen Optimierung ausgiebig verwendet. Dies ist der Komplexität intertemporaler Allokationsprobleme durchaus angemessen. Darüberhinaus sind die Darstellungen elegant formuliert und der Geltungsbereich der Aussagen ist allgemein. Allerdings leidet unter der formalen Präsentation die Verständlichkeit für Ressourcenfachleute aus anderen Wissenschaften, die in Wirtschaft, Verwaltung oder Politik mit praktischen Fragen der Ressourcennutzung befasst sind, –ja sogar für manch eine(n) Studierende(n) der Wirtschaftswissenschaften.

Eine Prüfung der ressourcenökonomischen Literatur hat uns davon überzeugt, dass die wesentlichen Elemente der Struktur des Ressourcenproblems und der relevanten Lösungsansätze unter weitgehendem Verzicht auf die Verwendung anspruchsvollerer mathematischer Methoden dargestellt und plausibel erklärt werden können.[9] Dies gilt auch für die in der Literatur häufig sehr „technisch" geführte Diskussion um die nachhaltige Entwicklung.

Das Anliegen dieses Buches ist also didaktisch: Die in der umfangreichen wirtschaftswissenschaftlichen Literatur vorgetragenen Ergebnisse sollen möglichst verständlich vermittelt werden, eine Weiterentwicklung des Standes der Forschung ist dagegen nicht beabsichtigt.

Der vorliegende Text ist die zweite Auflage des 1993 bei der Wissenschaftlichen Buchgesellschaft in Darmstadt erschienenen gleichnamigen Buches. Herr Dr. Querner hat an der Neuauflage nicht mitgewirkt, grüßt aber die

---

[7] Vgl. A.Endres, Umweltökonomie, Stuttgart, 2000.

[8] Eine für den „eiligen Leser" geeignete Kurzdarstellung bietet überdies E.Feess [1998], S. 323-335.

[9] Wenn die einschlägigen Ergebnisse auch mit einfachen Mitteln dargestellt werden können, so heißt dies natürlich nicht, dass sie unter Verzicht auf anspruchsvollere Analysetechniken hätten erarbeitet werden können.

Leserschaft huldvoll aus der Ferne. Für die zweite Auflage wurden die Kapitel I - IV und VI vollständig überarbeitet. Kapitel V wurde neu in das Buch aufgenommen.

Mein herzlicher Dank gilt Herrn PD Dr. Volker Radke, Fernuniversität Hagen. Er hat das Buch in einer vorläufigen Fassung kritisch kommentiert und dabei zahlreiche wichtige Hinweise gegeben. Die intensive Zusammenarbeit mit Herrn Radke hat mein Verständnis der ökologischen Ökonomie und der nachhaltigen Entwicklung als ihres zentralen Konzepts stark geprägt. Keinesfalls in Vergessenheit geraten soll (darf!) auch die konstruktive Kritik, mit der Frau Prof. Dr. Karin Holm-Müller, Universität Bonn, und Herr Dr. Raimund Schwarze, Technische Universität Berlin, seinerzeit zur ersten Auflage des Buches beigetragen hatten. Großen Dank schulde ich auch Herrn stud. Inf. Thomas Schreiber und Herrn stud. Inf. Kai Rohmann, die das Manuskript geschrieben, das Layout gestaltet und die zahlreichen Abbildungen angefertigt haben.

Hagen, im Januar 2000   Alfred Endres

INHALT

VORWORT V

INHALT XIII

I. EINFÜHRUNG 1

II. ERSCHÖPFLICHE RESSOURCEN 6
  1. INDIKATOREN DER RESSOURCENVERFÜGBARKEIT 7
     a) Geologische Bestandsaufnahme 8
     b) Die Reichweite 10
     c) Die Abbaukosten 15
     d) Der Ressourcenpreis 17
     e) Die Nutzungskosten 20
  2. DIE „SOZIAL OPTIMALE" ABBAURATE–EIN EINFACHES GRUNDMODELL. 23
     a) Konzept 23
     b) Eigenschaften des Optimums 29
     Exkurs: Zur Diskontierungskontroverse in der Ressourcenökonomie 33
  3. DIE GLEICHGEWICHTSABBAURATE–EIN EINFACHES GRUNDMODELL 38
  4. MODELLKOMPLIKATIONEN 46
     a) Unterschiedliche Ressourcenlager 47
     b) Bestandsabhängige Abbaukosten 50
     c) Investitionsausgaben 53
     d) Neuerschließung von Reserven 58
     e) Fortschritt der Abbautechnologie 58
     f) „Back-Stop"-Technologie 60
        fa) Von der erschöpflichen Ressource zum Back-Stop-Substitut 60
        fb) Fortschritt in der Back-Stop-Technologie 63
     g) Unsicherheit 64
  5. MARKTVERSAGEN 69

a) *Verteilung* 69
b) *Ungleichheit privater und sozialer Abbaukosten* 70
c) *Ungleichheit privater und sozialer Diskontrate* 71
d) *Das Fehlen vollständiger Zukunftsmärkte* 75
e) *„Unnötige" individuelle Risikoaversion* 77
f) *Marktmacht* 80
6. STAATLICHE REGULIERUNG 88
a) *Do's and Don'ts staatlicher Ressourcenpolitik* 88
b) *Zinspolitik* 91
c) *Steuerpolitik* 92
  ca) Rentenabgabe 93
  cb) Abbaumengensteuer 93
  cc) Abbauwertsteuer 97
d) *Eigentumspolitik* 98
e) *Staatliche Informationspolitik* 98

III. ERNEUERBARE RESSOURCEN 101

1. INDIKATOREN DER RESSOURCENVERFÜGBARKEIT 102
   a) *Biologische Bestandsaufnahme* 103
   b) *Die maximale nachhaltige Ernte* 105
   c) *Ökonomische Knappheitsindikatoren* 108
2. DER „SOZIAL OPTIMALE" FANG-/ERNTEPFAD –EIN EINFACHES GRUNDMODELL 109
   a) *Konzept* 109
   b) *Eigenschaften des Optimums* 110
3. DER GLEICHGEWICHTSERNTEPFAD–EIN EINFACHES GRUNDMODELL ... 120
4. MODELLKOMPLIKATIONEN 121
5. MARKTVERSAGEN 128
6. STAATLICHE REGULIERUNG 137
   a) *Steuerpolitik* 138
   b) *„Schikanen"* 140
   c) *Eigentumspolitik* 141
      ca) Parzellierung der Open-Access-Ressource 142
      cb) Fangquoten 143

IV. MARKTWIRTSCHAFTLICHE ENTKNAPPUNGSPROZESSE. 146

1. ANGEBOTSAUSWEITUNG 147

      a) Unmittelbar preisinduzierte Angebotsausweitung *148*
      b) Mittelbar preisinduzierte Angebotsausweitung:
      Technischer Fortschritt *149*
  2. NACHFRAGEEINSCHRÄNKUNG 151
      a) Unmittelbar preisinduzierte Substitutionsprozesse *151*
      b) Mittelbar preisinduzierte Nachfragesenkung:
      Technischer Fortschritt *153*
      c) Nachfragedrosselnde Einkommenseffekte *153*
      d) Empirischer Befund *153*
  3. DAS PROBLEM DER ANPASSUNGSZEIT 155

**V. ÖKONOMISCHE ASPEKTE DER NACHHALTIGEN
ENTWICKLUNG (SUSTAINABLE DEVELOPMENT)** 156

  1. WIRTSCHAFTSPOLITISCHE LEITBILDER 156
      a) Soziale Wohlfahrtsmaximierung *156*
      b) Nachhaltige Entwicklung (sustainable development) *163*
         ba)   Zur Geschichte des Nachhaltigkeitsbegriffs 163
         baa) Von den Klassikern zur Brundlandtkommission 163
         bab) Nachhaltiges Wachstum in der traditionellen
              neoklassischen Wirtschaftstheorie 168
         bb)   Moderne Nachhaltigkeitskonzeptionen 173
         bba) Einführung 173
         bbb) Strikte Nachhaltigkeit 174
         bbc) Schwache Nachhaltigkeit 178
         bbd) Kritische Nachhaltigkeit 179
  2. ZUR EXISTENZ EINES NACHHALTIGEN ENTWICKLUNGSPFADES 181
  3. ZUM VERHÄLTNIS VON SOZIALER WOHLFAHRTSMAXIMIERUNG
     UND NACHHALTIGKEIT 185
  4. NACHHALTIGKEITSPOLITIK 190
  5. INDIKATOREN EINER NACHHALTIGEN ENTWICKLUNG 198
      a) Indikatoren für schwache Nachhaltigkeit *199*
         aa) Vom Netto- zum Ökosozialprodukt 199
         ab) Analyse von aggregierten Kapitalbestandsveränderungen 202
      b) Indikatoren für strikte Nachhaltigkeit *202*
         ba) Analyse von teilaggregierten Kapitalbeständen 202
         bb) Physische Indikatoren 203

c) Indikatoren für kritische Nachhaltigkeit 204
　　　d) „Management-Regeln" 207
**VI. FAZIT: OPTIMISMUS VS. PESSIMISMUS IN DER
　　 RESSOURCENÖKONOMIE** 212

LITERATUR 216

REGISTER 226

I. EINFÜHRUNG

Gegenstand dieses Buches ist die Untersuchung der besonderen ökonomischen Probleme natürlicher Ressourcen.

Einerseits sind weder Produktion noch Konsum ohne den Verzehr von Ressourcen aus der Natur möglich. Andererseits sind diese natürlichen Ressourcen nicht in beliebigem Umfang verfügbar. Versteht man unter einer natürlichen Ressource durch den Menschen weitgehend unveredelte lebende wie tote Materie oder Energie (besser Exergie, d.h. in andere Energieformen wandelbare, kurz „nutzbare" Energie[1]), ergibt sich jedoch aus dem oben skizzierten Dilemma noch kein „ökonomisches Sonderproblem", das über die allgegenwärtigen Ärgernisse der Knappheit hinausreicht. Die von der Natur bereitgestellten Ressourcen lassen sich nun aber hinsichtlich ihrer Verfügbarkeitseigenschaften dahingehend unterscheiden, inwieweit die gegenwärtige Verfügbarkeit einer Ressource vom Ressourcenverzehr in der Vergangenheit abhängt. Dabei sind drei Fälle denkbar:

- Zum einen gibt es natürliche Ressourcen, bei denen die gegenwärtige Verfügbarkeit negativ vom Verzehr in einer Vorperiode beeinflusst wird. Hier „rivalisiert" der Verzehr verschiedener Perioden. Die Beispiele dieses Falles sind zahlreich: Ölvorräte, Uranvorkommen oder der Heringbestand in der Nordsee.

---

[1] In jüngerer Zeit wird das Ressourcenproblem bisweilen auf die Frage der auf der Erde verfügbaren Energie bzw. des menschlichen Energieverzehrs zugespitzt. Siehe z.B. M.Faber et al. [1995]. Dieser Ansatz ist einleuchtend, wenn man sich vergegenwärtigt, dass nach dem zweiten Hauptsatz der Thermodynamik weder Materie noch Energie, sondern eben nur Energie, verzehrbar ist. So bleiben z.B. sämtliche Kupferatome der Welt erhalten, liegen jedoch nach dem „Verzehr" ungeordnet, und damit nur unter Ordnungs- bzw. Sortieraufwand (also Energieverzehr) nutzbar auf den Mülldeponien. Eine eingehende Darstellung dieser „thermodynamischen" Ansätze würde gleichwohl den Rahmen dieses Buches sprengen, dessen Ziel in der Einführung in den etablierten „mainstream" der Ressourcenökonomie besteht. Vgl. dazu z.B. R.U.Ayres [1998], F.Söllner [1996], G.Stephan, M.Ahlheim [1996], insb. S. 15-43.

- Es mag schwerfallen, sich natürliche Ressourcen vorzustellen, deren Verfügbarkeit gerade nicht von der Nutzung in der Vergangenheit abhängt. Jedoch gibt es zumindest zwei wichtige Fälle, die sich just durch diesen Wegfall einer intertemporalen Abhängigkeit auszeichnen. Zum einen hängt die gegenwärtige Verfügbarkeit nichtspeicherbarer „Stromressourcen" nicht vom Verzehr des Ressourcenstromes in der Vergangenheit ab. Die einstrahlende Sonnenenergie erfüllt näherungsweise diese Merkmale (siehe Ströbele [1987], S. 1 ff.). Zum anderen mag es natürliche Ressourcen geben, die nicht verzehrbar sind, d.h. nach dem Gebrauch für die Gesellschaft weiterhin verfügbar sind. Ein Beispiel ist die Ressource „Boden", verstanden als ein lediglich flächen- und lagemäßig beschriebener Teil der festen Erdoberfläche. Schließlich kann dieser nicht untergehen, es sei denn „im wahrsten Sinne des Wortes" durch die Ausdehnung der Weltmeere.

- Der theoretisch denkbare Fall, dass die gegenwärtige Verfügbarkeit einer natürlichen Ressource positiv vom Ressourcenverzehr dieser Ressource in der Vergangenheit abhängt, ist praktisch irrelevant.

Diese einführende Darstellung wird sich auf die Betrachtung von natürlichen Ressourcen des ersten Typs beschränken, bei denen der Ressourcenverzehr der Vergangenheit mit der gegenwärtigen Verfügbarkeit rivalisiert, bei denen also ein spezifisches intertemporales Allokationsproblem herrscht. Dieser Ressourcentyp dominiert auch die einschlägige ökonomische Literatur[2], stellt sich doch in diesem Fall die Frage, ob die wirtschaftliche Aktivität des Menschen auf die Dauer zu einer Erschöpfung des natürlichen Ressourcenbestandes führt und damit die Menschheit ihre eigenen Existenzgrundlagen zerstört.

Für die Analyse des von diesen natürlichen Ressourcen ausgehenden intertemporalen Allokationsproblems ist es sinnvoll und üblich, die Art und Weise des negativen Einflusses eines heutigen Verzehrs auf die Verzehrmöglichkeiten in den Folgeperioden genauer zu beschreiben. Im allgemeinen unterschei-

---

[2] Gleichwohl sei angemerkt, dass die Nutzung des knappen Gutes Boden selbstverständlich ein wichtiges ökonomisches Problem darstellt, das bereits seit den Klassikern (z.B. D.Ricardo) Beachtung findet. Außerdem wird die Landnutzung in Zusammenhang mit den Problemen einer nachhaltigen Entwicklung in der jüngeren Literatur verstärkt diskutiert. Vgl. z.B. A.Endres, V.Radke [1998], [1999], J.Hartwick [1995], V.Radke [1996b,1999c].

det man dazu erschöpfliche Ressourcen von erneuerbaren bzw. regenerierbaren Ressourcen:

- Die Gruppe der erschöpflichen Ressourcen bilden in der von Malthus und Hotelling geprägten Vorstellung einen über alle Generationen festen Gesamtbestand, wie die mineralischen Rohstoffe (z.B. Uran und Kupfer) aber auch die Erdölvorräte der Erde.
- Die erneuerbaren bzw. regenerierbaren Ressourcen können sich hingegen (1) binnen menschlich relevanter Entscheidungsräume (2) auch ohne gezieltes menschliches Zutun (3) in Abhängigkeit vom jeweils aktuellen Ressourcenbestand regenerieren oder vermehren.

Nach dieser Abgrenzung mittels der natürlichen Regenerationsfähigkeit genügt z.B. die prinzipielle Recyclierbarkeit der meisten mineralischen Ressourcen nicht, um diese als erneuerbare Ressourcen einzuordnen. Schließlich ist für das Recyclen regelmäßig eine umfangreiche „menschliche Prozesshilfe" notwendig. Auch die grundsätzliche Nachwachsfähigkeit fossiler Brennstoffe qualifiziert diese nicht als erneuerbare Ressource, da die Regenerationszeiträume für menschliche Verhältnisse viel zu lang sind.[3] Vielmehr umfasst der Begriff

---

[3] Es sei nicht verheimlicht, dass die pragmatische Unterscheidung zwischen erschöpflichen und erneuerbaren Ressourcen nicht unproblematisch ist. Auch wenn die Reproduktionszeit von Steinkohlevorräten sicherlich jenseits des für menschliche Entscheidungen relevanten Zeitraumes liegt, ist dieser Zeitraum ein recht willkürliches Abgrenzungskriterium. Im Allgemeinen wird ein maximaler Entscheidungshorizont von 150 Jahren (ca. fünf Generationen) angenommen, wobei diese Grenze aus der Luft gegriffen zu sein scheint. Abgesehen von der „Horizontunschärfe" ist die Unterscheidung auch aus anderen Gründen nicht immer eindeutig. So kann z.B. eine Fischpopulation durch Umweltverschmutzung oder Überfischen derart in ihrer natürlichen Regenerationskraft getroffen werden, dass sie schließlich erschöpft ist. Gleichwohl ließe sich jedoch u.U. (und solange es nicht zu spät ist!) die natürliche Regenerationskraft durch menschliche Prozesshilfe wie Fütterung teilweise substituieren. Ähnliches wird man für das natürliche Regenerationsvermögen des Bodens vs. „künstliche" Bodensanierung sagen können. (Über den ökonomischen Sinn derartiger Substitutionsprozesse ist natürlich damit nichts ausgesagt.)
Außerdem sei darauf aufmerksam gemacht, dass die oben gegebene (in der ressourcenökonomischen Literatur übliche) Definition für erneuerbare Ressourcen nicht auf Sonne, Wind und Wasserkraft passt. Im umgangssprachlichen Gebrauch gelten diese aber durchaus als erneuerbare Ressourcen. Der ressourcenökonomische Begriff ist jedoch für den ressourcenökonomischen Erörterungszusammenhang zweckmäßig. Hier steht nämlich die Auswirkung gegenwärtiger menschlicher Nutzung auf die zukünftige menschliche Nutzung im Vordergrund. Diese intertemporale Nutzungsinterdependenz ist bei den zuletzt genannten Ressourcen nicht ausgeprägt.

erneuerbare Ressourcen regelmäßig nur lebendige Ressourcen aus der Flora und Fauna. Typische Beispiele sind Fisch- und Forstbestände. Diese Ressourcen besitzen gerade die Eigenschaft, durch den Einsatz anderer Ressourcen (z.B. Licht und Biomasse) eine vergleichsweise rasche Regenerierung ohne menschliches Zutun zu leisten. Dabei kann im allgemeinen unterstellt werden, dass die Regenerationsfähigkeit von allem „was kreucht und fleucht" von der Höhe des Ressourcenbestandes, d.h. von der Größe der Population, abhängt.

Das intertemporale Allokationsproblem stellt sich für die beiden Fallgruppen erschöpfliche vs. regenerierbare Ressourcen unterschiedlich dar.

Im Fall erschöpflicher Ressourcen konkurriert nach dem Prinzip „weg ist weg" der Verzehr einer Ressourceneinheit zum Zeitpunkt t_0 vollständig mit dem Verzehr dieser Ressourceneinheit zu einem anderen Zeitpunkt t_1. In diesem auf Malthus zurückgehenden Modell einer grimmigen Endlichkeit der Lebensgrundlagen rivalisiert der Verzehr zu verschiedenen Zeitpunkten genauso unmittelbar wie bei einer gegebenen Menge privater Güter zu einem Zeitpunkt der Verzehr zwischen verschiedenen Personen rivalisiert. Dieser Fall ist in der Literatur als „cake-eating Problem" bekannt.

Im Fall erneuerbarer Ressourcen stellt sich das intertemporale Allokationsproblem komplizierter dar, da die Entscheidung über den Verzehr einer Ressourceneinheit zum Zeitpunkt t_0 oder t_1 zusätzlich das Regenerationsvermögen der Ressource beeinflusst.

Für beide Ressourcentypen ist es die vornehmste Aufgabe der (Wohlfahrts-) Ökonomie, zunächst einen optimalen Verzehrpfad über die Zeit zu bestimmen. Daran anschließen muss sich die Prüfung, inwieweit es der Institution „Markt" gelingt, diesen optimalen Verzehrpfad zu gewährleisten. Sollte dies nicht der Fall sein, ist es interessant, die Möglichkeiten einer staatlichen Korrektur dieses „Marktversagens" zu untersuchen. Genau dieser Fragenkatalog soll im folgenden (nach einer kurzen geologisch/biologischen Bestandsaufnahme des Problems) für erschöpfliche wie für erneuerbare Ressourcen (wenigstens teilweise) beantwortet werden. Dabei werden unterschiedliche Modellvarianten behandelt. Am Anfang steht der analytisch einfachere Fall erschöpflicher Ressourcen.

Diese eher theoretischen Betrachtungen „der reinen Lehre" von erschöpflichen und regenerierbaren Ressourcen (mit ihrer Betonung der Dychotomie von Optimalität und Versagen) sollen anschließend durch eine pragmatischere

Beurteilung der ressourcenökonomischen Leistungsfähigkeit marktwirtschaftlicher Anreizstrukturen ergänzt werden.

Schließlich soll die Perspektive der Wohlfahrtsökonomie um die der ökologischen Ökonomie bereichert werden.[4] Diese ist wesentlich der Konkretisierung und Umsetzung einer Gerechtigkeitszielsetzung –und nicht (nur) der Effizienz– verpflichtet. Darüber hinaus wird in dieser geistigen Strömung versucht, eine Wirtschaftstheorie zu entwickeln, die den besonderen physischen Eigenschaften natürlicher Ressourcen (und im Falle der regenerierbaren Ressourcen ihrer Lebensbedingungen) stärker Rechnung trägt als ihre Kategorisierung als eine von vielen knappen Ressourcen in der neoklassischen Theorie. Dabei spielt die Zusammenarbeit zwischen Ökonomen und Naturwissenschaftlern eine bedeutende Rolle. Tatsächlich sind allerdings die ökologische Ökonomie und die wohlfahrtstheoretisch orientierte Ressourcenökonomie bei weiten nicht so klar von einander abgrenzbar, wie es in der hier zur Verdeutlichung (und anderen Orts womöglich zur Profilierung wissenschaftlicher Schulen) gewählten pointierten Formulierung scheint. Vielmehr ist es (glücklicherweise) so, dass die beiden Denkrichtungen einander durchdringen und ergänzen. Dies wird bei der zum Schluss dieses Buches diskutierten zentralen Frage der ökologischen Ökonomie, der Frage nach dem Wesen und der Realisierbarkeit einer Nachhaltigen Entwicklung besonders deutlich werden.

---

[4] Zur Abgrenzung vgl. z.B. V.Radke [1999b].

II. ERSCHÖPFLICHE RESSOURCEN

Die erschöpflichen Ressourcen haben in der wirtschaftswissenschaftlichen Literatur schon immer eine gewisse Rolle gespielt. Als „Klassiker" sind hier insbesondere Jevons [1865], Gray [1914] und Hotelling [1931] zu nennen.[1] Während Ressourcenprobleme früher jedoch eher an der Peripherie des Interesses der Disziplin lagen, sind sie in jüngerer Zeit ins Zentrum gerückt.

Ursache hierfür ist das Bewusstsein, dass die Erde nur über einen begrenzten Vorrat von Ressourcen verfügt, und die Menschheit (insbesondere in den Industrieländern) von diesem Vorrat mit rapide zunehmendem Appetit gezehrt hat. So haben z.B. Schätzungen ergeben, dass von 1900 bis 1920 mehr Energie verbraucht wurde als seit Bestehen der Menschheit bis 1900. Von 1920 bis 1940 wurde wieder mehr verbraucht als in der gesamten Zeit vorher. Für die folgenden 20-Jahreszeiträume lassen sich die gleichen Feststellungen treffen.[2] Stellt man sich eine solche Entwicklung in die Zukunft fortgesetzt vor, so ergibt sich natürlich die Frage, wie lange sie noch aufrecht erhalten werden kann. Viele befürchten, dass der Menschheit in nicht allzu langer Zeit ein böses Erwachen bevorsteht: Sind die natürlichen Ressourcen erst einmal aufgebraucht, müssen Produktion und Konsum zusammenbrechen. Um dies zu vermeiden, wird vielfach eine radikale Umstellung der Lebensweise, insbesondere in den hochentwickelten Volkswirtschaften gefordert.[3]

Im folgenden soll zunächst untersucht werden, inwieweit es möglich ist, das Ausmaß einer Ressourcenverknappung zu quantifizieren (Abschnitt 1). Dann

---

[1] Zur hervorragenden Bedeutung der Arbeit Hotellings für die heutige Ressourcenökonomie vgl. S. Devarajan und A.C.Fisher [1981]. Der Beitrag von Gray wird gewürdigt von P.J.Crabbé [1983].

[2] Vgl. W.J.Baumol und W.E.Oates [1979], S. 104.

[3] Wichtig für das Bewusstsein der Menschen, in einem „Raumschiff Erde" zu leben, dessen Besatzung von einem endlichen Ressourcenvorrat lebt, waren die vielbeachteten Veröffentlichungen von K.E.Boulding [1966], D.H.Meadows u.a. [1972] und des „Council of Environmental Quality" [1980]. Auch die Aktivitäten des OPEC-Kartells nach 1973 haben seinerzeit dazu beigetragen, Ressourcenprobleme in das Bewusstsein weiter Teile der Bevölkerung zu heben.

wird – für ein einfaches Grundmodell – die Idee einer „sozial optimalen" zeitlichen Entwicklung des Ressourcenabbaus erörtert (Abschnitt 2) und der Entwicklung, die sich in einem unkorrigierten Marktsystem ergibt, gegenübergestellt (Abschnitt 3). Diese Betrachtungen werden anschließend auf verschiedene Modellerweiterungen übertragen (Abschnitt 4). Abschnitt 5 beschäftigt sich mit verschiedenen Formen des Marktversagens. Eine Würdigung der Beiträge, die der Staat zur Milderung des intertemporalen Knappheitsproblems leisten kann, schließt sich an (Abschnitt 6).

1. Indikatoren der Ressourcenverfügbarkeit

Für die Beurteilung der Dringlichkeit des Ressourcenproblems ist eine detaillierte Analyse der Verfügbarkeit verschiedener Rohstoffe nötig.

Bei dieser Analyse muss man sich von der weitverbreiteten Vorstellung eines homogenen, bezüglich seines Umfanges fest definierten Ressourcenvorrates lösen. Bei jeder Ressource ist von einem breitem Spektrum von Qualitäten in Bezug auf die herrschenden geologischen Bedingungen auszugehen, dessen Ausprägung nur unvollständig bekannt ist. Für welchen Teil des Ressourcenspektrums die Möglichkeit und der Anreiz zum Abbau besteht, hängt von den jeweils herrschenden technischen und ökonomischen Bedingungen ab. Im geologischen Sprachgebrauch werden Vorräte an bekannten Lagerstätten, deren Abbau derzeit technisch möglich und ökonomisch rentabel ist, als „Reserven" oder „current reserves" bezeichnet. Vorräte, deren technische und wirtschaftliche Abbaubarkeit für die Zukunft erwartet wird, sogenannte „potential reserves", bilden in dieser Terminologie zusammen mit den „Reserven" die „Ressourcen".[4] Der am weitesten gefasste Vorratsbegriff bezieht sich auf den gesamten Rohstoffgehalt der Erdkruste („resource endowment"). Diese Größe begrenzt den geologischen Rahmen der Diskussion um die Verfügbarkeit von Rohstoffen.

---

[4] Der Zusammenhang zwischen Reserven und Ressourcen wird gerne im sogenannten McKelvey-Diagramm veranschaulicht. Vgl. z.B. T.Tietenberg [1998], S. 108.

a) Geologische Bestandsaufnahme

Eine wichtige geologische Eigenschaft einer Rohstofflagerstätte ist neben der Lage (z.B. der Teufe) und anderen Merkmalen die Konzentration des Vorkommens. Früher wurde generell eine monoton-fallende Beziehung zwischen der Rohstoffkonzentration und der Stoffmenge einer Ressource angenommen. Dies ist auch bei wichtigen Rohstoffen wie Eisen oder Silizium der Fall (siehe Abbildung 1a). Es hat sich jedoch herausgestellt, dass der inverse Zusammenhang zwischen Menge und Konzentration für andere Ressourcen keine Gültigkeit besitzt. Vielmehr kann die Rohstoffmenge um eine bestimmte endliche Rohstoffkonzentration unimodal (Abbildung 1b) oder sogar über die Rohstoffkonzentration bimodal (Abbildung 1c) verteilt sein.

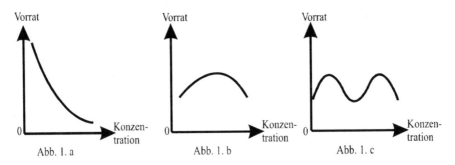

Abbildung 1

In allen Fällen ergibt sich, dass sich die Reserven (Ressourcen) anscheinend in dem Maße erweitern lassen, in dem es gelingt, die technisch-ökonomisch sinnvolle (für die Zukunft erwartete) Ausbeutungsgrenze hin zu geringeren Konzentrationen (in der Abbildung nach links) zu verschieben. Dies ist für den anfänglichen Ressourcen- bzw. Reservenbestand sicherlich richtig. Doch muss für den aktuellen Bestand beachtet werden, dass dieser vom anfänglichen Ressourcen- bzw. Reservenbestand um die bis dato getätigten Entnahmen abweicht. Demnach lassen sich die aktuellen Reserven und Ressourcen im Konzentrationsdiagramm wie in Abbildung 2 bestimmen.

Insofern kann sich eine Situation ergeben, in der trotz einer Verschiebung der technisch-ökonomisch sinnvollen (denkbaren) Konzentrationsabbaugrenze der aktuelle Ressourcen- und Reservenbestand sinkt. Dieser Fall tritt dann ein, wenn der durch die Verschiebung der Konzentrationsabbaugrenze induzierte Reservenzuwachs nicht genügt, um die Rohstoffentnahmen dieser Periode auszugleichen. Im Bereich nicht-inverser Zusammenhänge zwischen Konzentration und Rohstoffmenge verschärft sich dieses Problem, da der Zuwachs an abbauwürdigen Ressourcen, der mit einer konstanten Verschiebung der Konzentrationsabbaugrenzen verbunden ist, sinkt.

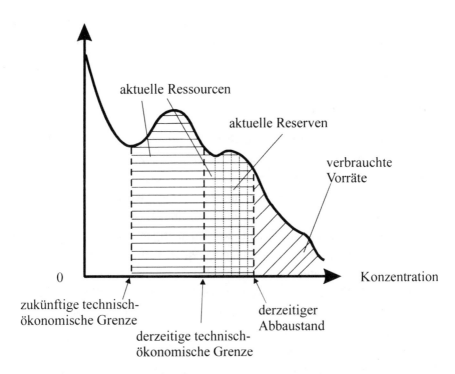

Abbildung 2

Natürlich kann man aus Überlegungen zur physischen Verfügbarkeit von Rohstoffen noch nicht ableiten, wie gravierend das Ressourcenproblem ist. Dazu muss die geologische Information mit ökonomischen Kategorien in Zusammenhang gebracht werden. Dieses wird bei der Konstruktion der im folgenden besprochenen Indikatoren versucht. An einen aussagefähigen Verfügbarkeitsindikator sind neben seiner ökonomischen Fundierung folgende Anforderungen zu stellen:

- Zukunftsorientierung: Der Indikator sollte als Entscheidungshilfe nicht (nur) sagen, wie drängend das Ressourcenproblem war, sondern wie drängend es sein wird.
- Vergleichbarkeit: Der Indikator sollte die Frage beantworten, welche der verschiedenen Ressourcen das ernsteste Verfügbarkeitsproblem aufwirft.
- Berechenbarkeit: Der Indikator sollte sich eindeutig und nachvollziehbar aus verlässlichen[5], veröffentlichten bzw. einfach zugänglichen Daten ergeben.

b) Die Reichweite

Bei diesem Indikator wird der aktuell noch vorhandene Bestand eines Rohstoffs durch die Jahresverbrauchsmenge geteilt, um abzuschätzen, für wie viele Jahre der Rohstoff noch vorhanden sein wird.[6] Je geringer die Reichweite, desto dringender erscheint das Ressourcenproblem. Als Bestand werden meist die Reserven, bisweilen aber auch die Ressourcen, angesehen. Die Jahresverbrauchsmenge kann auf Grund des letztjährigen Verbrauchs (statische Reichweite) oder unter Berücksichtigung einer vermuteten Wachstumsrate (dynamische Reichweite) angesetzt werden. Zunächst sieht es so aus, als könnte dieser Indikator alle oben genannten Anforderungen erfüllen, scheint er doch zukunftsorientiert, leicht berechenbar und vor allem unmittelbar vergleichbar zu sein.

Es ist bemerkenswert, dass die auf Grund der Reserven berechnete statische Reichweite für viele wichtige Rohstoffe kaum abgenommen, bisweilen sogar zugenommen hat. Hier zeigt dieser Indikator also keine Verknappung an.

Die beiden folgenden Diagramme zeigen die Verhältnisse für konventionelles[7] Öl bzw. Erdgas.

---

[5] Zu denken gibt in diesem Zusammenhang allerdings, dass Geologen die nach Verlässlichkeit suchenden Ressourcenökonomen mit geflügelten Worten wie „All figures are wrong" zu verwirren belieben.

[6] Diese Kennzahl ist aus der betriebswirtschaftlichen Materialwirtschaftslehre wohlbekannt.

[7] „Konventionell" heißt bei Öl, dass Vorkommen an Schweröl, Schwerstöl, Ölsand und Ölschiefer nicht erfasst sind. Bei Erdgas sind Bestände aus Kohleflözen, „dichten Lagerstätten", Hydraten und Aquiferen ausgeschlossen. Näheres: Bundesanstalt für Geowissenschaften und Rohstoffe [1999].

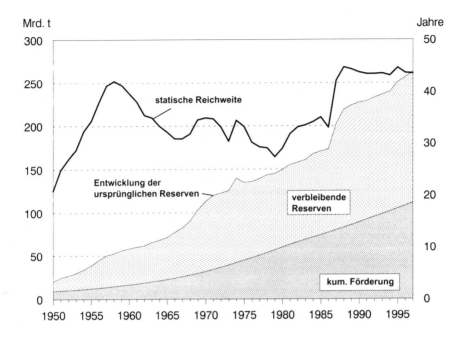

Diagramm 1

Statische Reichweite der Welt-Erdölreserven (mit Reservenbeständen und Förderung)
Quelle: Bundesanstalt für Geowissenschaften und Rohstoffe [1999], S.13.

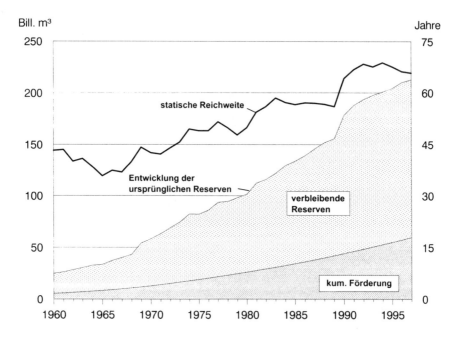

Diagramm 2
Statische Reichweite der Welt-Erdgasreserven (mit Reservenbeständen und Förderung)
Quelle: Bundesanstalt für Geowissenschaften und Rohstoffe [1999], S.148.

Mehrere Gründe könnten für dieses scheinbar paradoxe Bild verantwortlich sein. Zum einen könnte bei sinkenden (konstanten) aktuellen Reserven der Jahresverbrauch rückläufig gewesen sein.[8] Diese Erklärung widerspricht jedoch der Tatsache eines in der zweiten Hälfte dieses Jahrhunderts tendenziell gestiegenen absoluten Rohstoffverbrauchs. Zum anderen könnten jedoch die aktuellen Reserven mindestens so schnell gewachsen sein wie der Jahresverbrauch. Ein Grund könnte eine starke Verschiebung der technisch-ökonomischen Konzentrationsgrenze sein, so dass im Betrachtungszeitraum

---

[8] Gründe hierfür können sein: Fallende Nachfrage nach den Rohstoff enthaltenden Gütern, längere Haltbarkeit der den Rohstoff enthaltenden Güter, Substitution des fraglichen Rohstoffs durch andere Rohstoffe oder technischen Fortschritt, Recycling des fraglichen Rohstoffs.

aus Ressourcen schneller Reserven wurden als diese durch Verbrauch abgebaut wurden. Der Grund für die „Umwandlung" bloßer Ressourcen (potentieller Reserven) in (aktuelle) Reserven, könnte z.B. in einem Anstieg des betreffenden Rohstoffpreises liegen.[9] Zum anderen können die Reserven durch erfolgreiche Explorationsaktivitäten gewachsen sein. In beiden Fällen würde sich die Tatsache bemerkbar machen, dass es für Firmen gegebenenfalls attraktiv ist, Explorationsaktivitäten (Extraktionsinnovationen) dann vorzunehmen (einzuführen), wenn die aktuellen Reserven als unzureichend angesehen werden. In jedem Fall kann also der Indikator eine Erschöpfung der Vorräte, die jenseits des für Explorationsaktivitäten geltenden Planungshorizontes droht, nicht anzeigen.[10] Er ist daher als Frühwarnsystem ungeeignet.

	Öl*)		Erdgas*)	
	Reserven	Ressourcen	Reserven	Ressourcen
1968	32	135	43	310
1980	30	95	50	180
1993	44	67	68	171
1997	43	65	66	163

Tabelle 1: Reserven- und Ressourcenreichweite

*)Konventionell
Quelle: W. Heinemann [1981], Bundesanstalt für Geowissenschaften und Rohstoffe [1999], S. 43, 167.

---

[9] So ergab sich für 1997 die folgende Abhängigkeit der Uranvorkommen (in 1000 t) vom Preis: (40 $/kg: 470,11), (80 $/kg: 848,67), (130 $/kg: 1232,71).
Die Zahlen beziehen sich auf Vorkommen der Kategorie EAR I (Estimated Additional Resources, Type I). Dies sind Ressourcen, die mit etwas geringerer Sicherheit nachgewiesen sind als die Kategorie der Reasonably Assumed Resources, RAR. Für die zuletzt genannten Reserven liegt der Zusammenhang zwischen Preis und Bestand für zwei Preisgruppen vor und lautet $40: 1369,92 bzw. $80: 2315,37. (Vgl. Bundesanstalt für Geowissenschaften und Rohstoffe [1999], S. 307. Die Zahlen beziehen sich auf 1997.) Im Zeitverlauf betrachtet muss der Zusammenhang zwischen Preis und Reserven natürlich keine Einbahnstraße in Richtung auf eine Zunahme der Reserven konstituieren. So mag ein sinkender Preis durchaus dazu führen, dass ein bestimmtes Vorkommen, das bisher als „Reserve" eingestuft wurde, jetzt nur noch als „Ressource" geführt wird. Ein Beispiel hierfür wird bei Bundesanstalt für Geowissenschaften und Rohstoffe [1999], S. V angeführt.

[10] Außerdem sind – wie erwähnt – die Reserven per definitionem keine feste Bezugsgröße: Technischer Fortschritt und Änderung der relativen Preise verändern den Reservenbestand.

Ein etwas anderes Bild ergibt sich, wenn man für die Berechnung der Reichweite statt der Reserven die Ressourcen zugrunde legt (Vgl. Tabelle 1).[11] Zunächst einmal zeigt sich (naturgemäß), dass die Ressourcenreichweiten über den Reservenreichweiten liegen. Die Unterschiede sind (nicht nur für die hier beispielhaft angegebenen Rohstoffe) erheblich. Außerdem ist von den Ressourcenreichweiten eher eine Verknappungstendenz abzulesen als von den entsprechenden Zeitreihen für die Reserven.

Auch dieser Indikator ist allerdings nicht ohne weiteres geeignet, Knappheit korrekt anzuzeigen. Abgesehen davon, dass der Bestand an Ressourcen nur sehr schwer abgrenzbar, hinsichtlich der Einschätzung des technologischen und ökonomischen Umfeldes geradezu spekulativ ist, kann er sich infolge von Explorationserfolgen unversehens ändern. Ob diese allerdings erzielt werden, ist ihrer Natur gemäß unsicher. Daneben sagt eine statische Reichweite nichts darüber aus, inwieweit die Ressource überhaupt in Zukunft produktionsnotwendig ist. Eine Extrapolation heutiger Nachfragemengen ist desto weniger verlässlich, je weiter in die Zukunft sie vorgenommen wird. Durch Extrapolation kann gleichwohl deutlich werden, wie groß der angebots- bzw. nachfrageseitig zu deckende Anpassungsbedarf ist.

Eine zusätzliche Schwäche der auf der Grundlage von Ressourcen berechneten Reichweite besteht darin, dass sie die Kosten des Abbaus der erfassten Ressource weitgehend ignoriert.

Bisweilen wird ein statischer oder dynamischer Jahresverbrauch auch auf den gesamten Rohstoffgehalt der Erdkruste („resource endowment") bezogen. Beispielhaft sei auf die von Nordhaus [1974] ermittelte Blei-Reichweite von 85 Millionen Jahren verwiesen. Im Vergleich zu der damals berechneten Reservenreichweite von nur zehn Jahren war dies sicher ein beruhigender Befund.

Bei der Würdigung dieses Ergebnisses fällt zunächst auf, dass bei Vernachlässigung der Kernspaltung und Kernfusion das Blei-„resource endowment" eine durch technische Maßnahmen unveränderliche Größe ist, da ein auf der Erde befindliches Bleiatom immer ein Bleiatom bleiben wird. Insofern stellt der Rohstoffgehalt der Erdkruste tatsächlich ein durch Exploration oder die Verschiebung technischer Grenzen unverrückbares Datum dar. Dennoch stellt sich die Frage nach der ressourcenökonomischen Sinnhaftigkeit einer „resour-

---

[11] Aus Gründen der Datenverfügbarkeit erfolgt eine etwas andere Aufbereitung als bei den Reserven.

ce endowment"-Reichweite. Schließlich werden bei diesem Maß ökonomische Kategorien vollends ignoriert, da die Kosten der Bleigewinnung nicht einmal implizit eine Bedeutung zu haben scheinen.

Zusammenfassend lässt sich feststellen, dass die verschiedenen Varianten des Indikators „Reichweite" noch keine aussagekräftige Verknüpfung geologischer mit ökonomischen Informationen darstellen, weil ökonomische Rahmenbedingungen unkontrolliert auf die Ausprägung dieses Knappheitsmaßes einwirken (sei es über ökonomisch induzierte Nachfragerückgänge oder Bestandsausweitungen) oder sogar gänzlich ignoriert werden.

c) Die Abbaukosten

Dieser Indikator soll die Entwicklung der Knappheit eines Rohstoffs anzeigen, weil sich in ihm die Folgen der Tatsache widerspiegeln, dass man bei fortschreitendem Bestandsabbau wohl oder übel auf die Ausbeutung von qualitativ immer schlechteren (z.B. immer ungünstiger gelegenen) Lagern mit immer geringerer Konzentration übergehen muss. (Vgl. dazu wiederum Abbildungen 1.a - 1.c und 2) Diese Verschlechterung der Abbaubedingungen sollte die Abbaustückkosten steigen lassen. Dieses Argument entspricht dem von Ricardo für die Landwirtschaft formulierten Gedanken: Zunächst wird das für den Ackerbau am besten geeignete Land kultiviert. Mit zunehmender Nachfrage werden immer schlechtere Böden in Anspruch genommen. Damit steigen (bei konstanter Technik) die Bewirtschaftungskosten sowie die Preise landwirtschaftlicher Produkte.

In ihrer vielzitierten Studie haben Barnett und Morse [1963] die Entwicklung des „ricardianischen Knappheitsindikators" der realen Abbaustückkosten zwischen 1870 und 1957 verfolgt. Barnett und Morse fanden, dass für erschöpfliche Ressourcen die realen Stückkosten des Abbaus weder absolut noch im Vergleich zu den Produktionskosten anderer Güter gestiegen waren. Damit zeigt auch der Indikator Abbaukosten, wie zuvor die Reservenreichweite, keine Verknappung an.

Welche Gründe können zu diesem wiederum scheinbar paradoxen Ergebnis geführt haben? Zum einen können ungünstigere Abbaubedingungen durch technischen Fortschritt zumindest teilweise kompensiert worden sein. Einen moderaten kostensenkenden Effekt sehen Barnett und Morse außerdem in der Existenz zunehmender Skalenerträge. Ferner impliziert die Vorstellung des Abbaus von Lagern in der Reihenfolge ihrer Qualität vollständige Information über die Beschaffenheit der Vorkommen. Bei unvollständiger Information kann es durchaus geschehen, dass zunächst ungünstige Vorkommen in Angriff genommen und günstigere erst später entdeckt werden.[12] Schließlich ist es denkbar, dass erfolgreiche Explorationen den Vorrat gerade um äußerst abbaufreundliche Vorkommen erweitert haben, so dass auf ungünstige Lager nicht in dem zuvor unterstellten Ausmaß zurückgegriffen werden musste.

Obwohl die empirischen Resultate Barnetts und Morses durch die Verwendung neuerer Daten (mit Ausnahme einiger Metalle) nach Einschätzung der meisten Studien nicht wesentlich berührt werden[13], können sie wegen der mangelnden Zukunftsorientierung des Indikators nicht beruhigen. Schließlich ist schwer zu sagen, inwieweit sich ein in der Vergangenheit beobachteter Trend technischen Fortschritts, steigender Skalenerträge oder erfolgreicher Explorationen in Zukunft fortsetzen wird.

Und selbst wenn der kostensenkende Einfluss des technischen Fortschritts stets den kostensteigernden Einfluss der Qualitätsverschlechterung übersteigt, ist es denkbar, dass die betreffende Ressource eines Tages vollständig erschöpft ist. Dann wäre sie, falls sie noch zur Produktion gebraucht würde, sehr knapp, obwohl die Abbaukosten so niedrig wären wie nie zuvor.

Hinsichtlich der Berechenbarkeit des Indikators stellt sich abgesehen von der gegebenenfalls fälligen Wahl von Deflatoren, Währungsumrechnungssätzen und ähnlichen Äquivalenzziffern die Frage nach der Berücksichtigung externer Kosten[14], wie sie z.B. beim Tagebau in nicht unerheblichem Umfang auftreten. So könnte bei Vernachlässigung externer Kosten eine Senkung der Abbaustückkosten durch ein Auswandern von Kosten vom privaten in den externen Bereich verursacht worden sein.

---

[12] R.Norgaard (1990) prägt hierfür den schönen Begriff des „Mayflower-Problems": „If the pilgrims knew where the best places for an agricultural colony were, they would not have gone to Plymouth Rock... Many generations passed before American agriculture shifted from the relatively poor soils of the east coast to the more productive mid-west."

[13] Vgl. die Hinweise bei N.Hanley et al. [1997], S. 221 f. und J.A.Krautkraemer [1998], S. 2089 f. .

[14] Zu den Möglichkeiten und Problemen der Messung externer Kosten vgl. z.B. A.Endres, K.Holm-Müller [1998], R.Marggraf, S.Streb [1997].

d) Der Ressourcenpreis

Der reale Ressourcenpreis ist – abgesehen von der Wahl des Deflators und der Währungsparität – ein gut beobachtbarer Indikator. Er ist dem Ökonomen das vertrauteste Knappheitssignal. Schließlich sind steigende Produktionskosten und/oder steigende Nachfrage bei allen Gütern Determinanten sich verschärfender Knappheit, die sich im steigenden Preis niederschlagen. Darüber hinaus muss im Zusammenhang erschöpflicher Ressourcen auf einen besonderen intertemporalen Zusammenhang hingewiesen werden, der für der Zukunftsorientierung des Indikators „Preis" von erheblicher Bedeutung ist.[15]

Der Preis des Extraktionsoutputs spiegelt neben den Abbaugrenzkosten einen wichtigen, mit der zukünftigen Knappheit der Ressource eng verknüpften Faktor wider: Ein rationaler Anbieter einer privaten Ressource wird bei seiner Entscheidung über das Ausmaß des Abbaus berücksichtigen, dass eine heute abgebaute und verkaufte Einheit ihm für zukünftige Verkäufe nicht mehr zur Verfügung steht. Er wird prüfen, ob der Gegenwartswert (Barwert) des zukünftig zu erzielenden Gewinns nicht größer ist als der Gewinn, den er aus einem sofortigen Abbau und Verkauf zieht. Der Anbieter wird also zeitliche Opportunitätskosten der Nutzung (sog. Nutzungskosten)[16] bei seiner Preiskalkulation berücksichtigen. Die Nutzungsgrenzkosten geben an, wie hoch der Gegenwartswert des zukünftigen Gewinns ist, auf den der Anbieter verzichten muss, wenn er eine zusätzliche Ressourceneinheit heute statt in Zukunft verkauft. Der geforderte Gegenwartspreis wird nun mindestens so hoch sein, dass er die Summe aus Abbaugrenzkosten und Nutzungsgrenzkosten deckt, denn erst dann ist es für den Anbieter nicht mehr nachteilig, die Rohstoffeinheit heute statt in der Zukunft zu veräußern. Erwartete Verschärfungen der Knappheitssituation lassen für die Zukunft steigende Preise und damit (bei konstanten Abbaukosten) höhere Stückgewinne erwarten. Dieser „Mechanismus" lässt (unter idealtypischen Bedingungen) zwangsläufig die Nutzungskosten anwachsen. Damit werden für die Zukunft erwartete Verschärfungen bereits heute auf den Preis durchschlagen. Umgekehrt wird die Erwartung

---

[15] Der folgende Gedankengang wird bei der Betrachtung der Allokation natürlicher Ressourcen durch den Markt in diesem Buch noch ausführlich erörtert werden. Er wird sich dabei als Kernstück der Ressourcenökonomie erweisen.

[16] Sie werden in der Literatur auch als „Knappheitsrente", „user cost", oder „royalty" bezeichnet.

eines zukünftigen Nachfragerückgangs bzw. einer Angebotsausweitung und eines damit einhergehenden Entknappungsprozesses den heutigen Ressourcenpreis senken. D.h. der aktuelle Preis wird sehr sensibel auf Veränderungen der erwarteten Knappheitssituation reagieren. Diese Zukunftsorientierung spricht für den Ressourcenpreis als Verfügbarkeitsindikator.

Stellte die „klassische" Untersuchung von Barnett und Morse [1963] noch einen fallenden Preistrend fest, so schien sich dieser Trend nach einer seinerzeit Aufsehen erregenden Studie von Slade [1982] umgekehrt zu haben. Sie erhob U-förmige Ressourcenpreisverläufe für elf wichtige Rohstoffe, wobei sich – mit Ausnahme von Blei – sämtliche Ressourcenpreise bereits auf dem aufsteigenden Ast befanden. Slade zog deshalb den Schluss, dass der Indikator Preis tatsächlich die befürchtete Verschärfung der Knappheitssituation anzeigt. Eine (die verwendete ökonometrische Methode etwas variierende) Fortschreibung der Slade-Studie von Anderson und Moazzani[17] führte auf steigende reale Preise für einige Stoffe (insbesondere Kohle und Kupfer), während aus der Preisentwicklung für andere Stoffe (z.B. Aluminium und Eisen) keine wesentliche Verknappungstendenz abgelesen werden konnte.

Insgesamt lässt sich nach dem derzeitigen Kenntnisstand die These von einer bedrohlichen Ressourcenverknappung aus empirischen Analysen von Rohstoffpreisentwicklungen nicht sehr gut stützen.[18]

Grundsätzlich muss jedoch darauf hingewiesen werden, dass der Indikator (auch abgesehen von ökonometrischen Problemen der Feststellung der längerfristigen Trends[19]) unter schwerwiegenden Problemen leidet. Dies gilt sowohl für die Abbaukosten als auch für die Nutzungskosten als preisbestimmende Komponenten:

So werden die in die Preiskalkulation eingehenden Nutzungskosten von Effekten beeinflusst, die wenig mit der langfristigen Verfügbarkeitslage der Weltrohstoffvorkommen als vielmehr mit weniger nachhaltigen Veränderungen zu tun haben. Ein Beispiel dafür sind die Änderung der Marktform und

---

[17] Die Studie wurde bisher nicht veröffentlicht. Ein entsprechender Hinweis findet sich bei N.Hanley et al. [1997], S. 223.

[18] Ausführlicher und differenziert für eine Reihe verschiedener Rohstoffe: J.A.Krautkraemer [1998], insb. S. 2078-2084 und 2060.

[19] Kurzfristige (oder auf wenige ausgewählte Jahre bezogene punktuelle) Betrachtungen sind in diesem Zusammenhang ohnehin ungeeignet. Mit ihnen misst man eher transitorische Effekte, wie die Wirkungen von konjunkturell induzierten Nachfrageschwankungen auf die Preise, als Änderungen der Ressourcenverfügbarkeit.

politisch-institutionelle Änderungen. So ist die Änderung des Ölpreises im Verlauf der beiden „Ölkrisen" wohl eher auf Marktmacht und die institutionellen Verhältnisse am Ölmarkt zurückzuführen denn auf eine sprunghafte Veränderung der „objektiven" Knappheitssituation. Ein weiteres Beispiel stellt die geradezu erratische Preisentwicklung des Ölmarktes dar, die während der Besetzung Kuweits durch den Irak zu beobachten war. Auch hier wird man die Gründe für die drastischen Preissprünge kaum in einer rasanten Veränderung der langfristigen Knappheitssituation des Erdöls sehen können als vielmehr in eher kurzfristig-spekulativen Veränderungen der Nutzungskosten auf den Ölmärkten. Einen ähnlich verzerrenden Effekt auf die Preise als Knappheitsindikatoren üben staatliche Interventionen (z.B. Preiskontrollen) aus, die insbesondere im Bereich der Energieressourcen in vielen Ländern beliebt sind.[20]

Eine weitere Schwierigkeit begründet berechtigte Zweifel an der Eigenschaft des Preises, mittels der „Nutzungskosten" zukünftige Knappheitssituationen richtig in die Gegenwart zu projizieren. Es ist klar, dass die Qualität der Zukunftsorientierung von der Prognosefähigkeit der Marktteilnehmer abhängt. Wenn die Marktteilnehmer nicht in der Lage sind, die langfristigen Technologie- und Nachfragetrends sowie die Explorationserfolge und Substitutionsmöglichkeiten etc. korrekt zu prognostizieren, wird der für die Zukunft erwartete Marktpreis eine falsche Einschätzung der zukünftigen Knappheitssituation widerspiegeln. Diese Fehleinschätzung des Marktpreises wird zu einem falschen Ansatz der Nutzungskosten führen, die ihrerseits (als irrige „Zukunftskomponente") den Gegenwartspreis verzerren.

Letztlich sei eine drittes Problem für die Berücksichtigung „richtiger" Nutzungskosten bei der Preiskalkulation hier angesprochen. Dieses stellt sich bei Ressourcen, für die die Ausbeutung nicht durch den Markt oder eine andere[21] (mehr oder weniger effiziente) Zugangs- und Nutzungsregelung gesteuert wird. Kann jeder Interessent auf eine Ressource einfach nach eigenem Gutdünken und ohne Kostenanlastung zugreifen (open access resource oder „Selbstbedie-

---

[20] Schon ein besonders milder oder besonders strenger Winter kann auf den Ölmärkten (kurzfristige) Wunder wirken. Zur Multikausalität kurzfristiger Ölpreisentwicklungen vgl. die besonders anschaulich geschriebene Passage in Bundesanstalt für Geowissenschaften und Rohstoffe [1999], S. 32.

[21] Hier ist z.B. an genossenschaftliche Regelungen der Ressourcennutzung zu denken.

nungsressource"[22]), so sind die tatsächlichen Knappheiten in den von den einzelnen Entscheidungsträgern kalkulierten Nutzungskosten drastisch unterrepräsentiert. Wegen der fehlenden individuellen Eigentumszuweisung hat nämlich keiner der Nutzer einer derartigen Selbstbedienungsressource einen Anreiz mit dem Abbau zu warten, da er den zwischenzeitlichen „Raubbau" durch andere Förderer befürchten muss. In einem solchen Fall bleibt eine nicht geförderte Ressourceneinheit nicht im Boden (also in der Zukunft förderbar), sondern wird zwischenzeitlich von anderen Interessenten abgebaut. Diese Anreizkonstellation lässt im Extremfall die internalisierten Nutzungskosten auf Null schrumpfen. Beispiele für eine Selbstbedienungsressource sind ein von mehreren Ölförderern gemeinschaftlich ausgebeutetes Ölfeld[23] oder die Manganknollen in internationalen Gewässern.

Auch die zweite preisbestimmende Kostenkomponente, die Abbaukosten, ist (in der Regel) mit Problemen behaftet, die in der bereits oben diskutierten Vernachlässigung externer Kosten liegen. Verursacht der Abbau einer Ressource externe Kosten (z.B. das Aussterben einer seltenen Tierart), so zeichnet der Indikator Preis ein zu optimistisches Bild der Knappheitssituation.

e) Die Nutzungskosten

Einige Autoren haben versucht, die Nutzungskosten der Rohstoffanbieter selbst als Knappheitsindikator zu verwenden.[24] Wiederum macht die Zukunftsorientierung diesen Indikator attraktiv. Jedoch konnte bereits im letzten Abschnitt gezeigt werden, dass die von den Rohstoffanbietern antizipierten Nutzungskosten aus verschiedenen Gründen nur bedingt die zukünftige Knappheitssituation richtig widerspiegeln.

Hinzu tritt nun das Problem, dass die Nutzungsgrenzkosten eine schwer beobachtbare Größe darstellen, will man sie nicht simpel (und damit redundant) als Differenz zwischen den bereits eingeführten Indikatoren Preis und

---

[22] Mit den allokativen Problemen dieser Ressourcen setzten wir uns unten noch ausführlich auseinander.

[23] In diesem Zusammenhang mag am Rande erwähnt werden, dass die von einem in der neutralen Zone gelegenen, gemeinsam genutzten Ölfeld ausgehenden Open-Access-Probleme vom Irak als Grund für die Besetzung Kuweits im Jahre 1990 angeführt wurden.

[24] Vgl. die zusammenfassenden Darstellungen bei N.Hanley [1997], S. 224 f. und J.A.Krautkraemer [1998], S. 2090 f. .

Abbaugrenzkosten bestimmen. Als Näherungsgröße für die Nutzungsgrenzkosten werden bisweilen die marginalen Explorationskosten verwendet, weil diese im Firmengleichgewicht gerade den marginalen Nutzungskosten entsprechen (müssten). Dieser Zusammenhang wird intuitiv verständlich, wenn man sich in Erinnerung ruft, dass die marginalen Nutzungskosten den Gegenwartswert des Gewinns einer in der Zukunft zusätzlich abgebauten und verkauften Ressourceneinheit darstellen. Die Explorationsgrenzkosten geben nun an, wieviel (heute) aufgewendet werden muss, um eine zusätzliche Einheit für die zukünftige Nutzung bereitzustellen.[25] Solange die Grenzexplorationskosten noch unter den Grenznutzungskosten liegen, ist die Exploration für den Förderer ein lohnendes Geschäft. Die Gleichheit von Nutzungsgrenzkosten und marginalen Explorationskosten ist also lediglich eine spezielle Form der vertrauten mikroökonomischen Gleichgewichtsbedingung, die den Ausgleich von Grenzerlös und Grenzkosten verlangt.

Mit einer ähnlichen Argumentation könnte man sicherlich auch die „Grenzextraktionsinnovationskosten" verwenden, die angeben, wieviel die Vermehrung des Reservenbestandes um eine zusätzliche Einheit mittels der Entwicklung von Technologien kostet, die die Ausbeutung bekannter aber bisher geologisch zu unattraktiver Lagerstätten erlauben.[26]

Vergegenwärtigt man sich, dass Explorationen (wie F&E Vorhaben) gemeinhin langfristiger Natur sind, spricht für die hilfsweise Ermittlung der Nutzungsgrenzkosten über die Explorationsgrenzkosten, dass sie gegenüber kurzfristig-spekulativen Einflüssen robuster sind als der Saldo zwischen Marktpreis und Abbaugrenzkosten.

Das hier zugrunde gelegte Modell leidet allerdings etwas darunter, dass das Problem der Unsicherheit (und die sie bewertenden Risikopräferenzen der Entscheidungsträger) bei der Exploration bzw. einem F&E-Vorhaben unberücksichtigt bleibt. Bezieht man die Unsicherheit in die Überlegungen ein, so

---

[25] Von anderen Nutzenkomponenten einer bestimmten Explorationsaktivität, insb. den Nutzen für andere Explorationen, wird hier abgesehen. Ein (gut quantifizierbares) Beispiel dafür ist das sog. „dry hole money": Förderer B verspricht dem explorierenden Förderer A einen Teil der Explorationskosten zu übernehmen, wenn A im Falle einer erfolglosen Exploration dem B die gewonnenen geologischen Daten zur Verfügung stellt.

[26] Vgl. dazu die Diskussion von M.A.Adelman [1990], S. 3-4 sowie M.A.Adelman et al. [1991], S. 219: „The cost of creating reserves by various methods should approach equality at the margin."

erscheinen die marginalen Extraktionskosten nicht mehr als ganz problemlose Näherungsgröße für die Nutzungsgrenzkosten.

Empirische Berechnungen der Entwicklung von Nutzungskosten führen nicht auf ein einheitliches Bild.[27]

* * *

Wenn die oben dargestellten Indikatoren auch wertvolle Aufschlüsse geben, so lässt sich doch insgesamt feststellen, dass wir keinen untrüglichen Indikator für die Knappheit von Ressourcen besitzen. Womöglich sind die Probleme zu komplex, um von einem einzelnen Indikator vollständig erfasst zu werden. Insbesondere ist die Integration ökonomischer und geologischer Aspekte bei den obigen Indikatoren noch nicht hinreichend entwickelt.

Besonders vielversprechend und daher notwendig scheint dabei die weitere Erforschung des „ökonomischen" Indikators Nutzungsgrenzkosten zu sein. Schließlich setzt er unmittelbar am Problem der intertemporalen Knappheit, bzw. den entsprechenden Erwartungen, an. Da auf der anderen Seite argumentiert werden konnte, dass (1) diese Erwartungen von vielen ökonomischen, technischen und politischen Faktoren bestimmt werden und (2) auch noch trügerisch sein mögen, ist die genauere Kenntnis der Wirkungsmechanismen dieser Einflüsse sowie des Problems der Unsicherheit auf den Indikator jedoch notwendig. Nur dann wird man die „Nutzungsgrenzkosten" wie den Indikator „Preis"[28] sachgerecht zu interpretieren vermögen. Die Beobachtung unzureichend verstandener Indikatoren ist jedenfalls eine fruchtlose Übung.

Nach dem alten Motto „There is nothing as practical as a good theory" werden im folgenden die Grundzüge einer entsprechenden Theorie dargestellt. Diese Theorie wird die Lehre vom Reagieren des „Marktes", namentlich „seines" Preises, „seiner" Abbaurate und der von „ihm" antizipierten Nutzungskosten auf verschiedene Verfügbarkeits-, Knappheits- und Technologieinformationen sein.

Eine solche Theorie ist auch aus anderen Gründen interessant. Sie wird es nicht nur erlauben, statistisches Indikatorenmaterial besser zu deuten, sondern wird es auch gestatten, das Reagieren des Marktes auf gezielte ressourcenpolitische Staatseingriffe zu prognostizieren.

---

[27] Vgl. dazu J.A.Krautkraemer [1998], S. 2090 f. .

[28] Man beachte wieder, dass die „Nutzungskosten" in den Preis einfließen.

Vergleicht man die „Marktlösung" mit einem vorher bestimmten ökonomisch optimalen Umgang mit dem Problem erschöpflicher Ressourcen, wird man zusätzlich erfahren, wie es mit der Fähigkeit des Marktes bestellt ist, auf die Probleme schwindender Verfügbarkeit angemessen zu reagieren. Im Zentrum der Überlegungen steht dabei die Frage, ob in einer Marktwirtschaft das Phänomen der Knappheit systematisch forciert wird, indem aufgrund der hier herrschenden Anreizmechanismen stets „zu viele" Ressourcen abgebaut werden, oder ob konservative Tendenzen überwiegen. Um diese Frage zu beantworten, soll zuerst die Struktur einer „sozial optimalen" Ressourcennutzung als Referenzlösung dargestellt werden. Letzterer wird dann die marktwirtschaftliche Lösung gegenübergestellt.

2. Die „sozial optimale" Abbaurate – ein einfaches Grundmodell

a) Konzept

Stellen wir uns zur Einführung in das Konzept der sozial optimalen Abbaurate das klassische „cake-eating"-Problem unter einfachsten Bedingungen vor:

Eine Gesellschaft verfüge über einen vorgegebenen, endlichen und bekannten Vorrat einer homogenen, für den Konsum essentiellen Ressource, den sie mit konstanten Grenzkosten abbauen könne. Wieviel soll sie zu welchem Zeitpunkt verbrauchen – wie sieht ihr optimaler Abbaupfad aus? Das Konzept der „sozial optimalen" Ressourcennutzung zielt darauf ab, eine zeitliche Verteilung der Extraktion zu finden, die den bis zu einem Planungshorizont betrachteten Nutzen aus der Ressource für die Gesellschaft maximiert.

Die Suche nach dem sozialen Optimum geht in der Literatur meist von folgenden Voraussetzungen aus:

- Der über den gesamten betrachteten Zeitraum entstehende Nutzen setzt sich additiv aus den kardinal messbaren Nutzen der Gesellschaften aller Teilzeiträume zusammen.[29]

---

[29] Die dabei implizierte Unabhängigkeit der einzelnen Periodennutzen voneinander stellt in Anbetracht der realen Bedeutung von Konsumgewöhnungseffekten (Anspruchsniveaubildung) sicher eine restriktive Annahme dar.

- Der Grenznutzen aus der Ressource ist immer positiv, nimmt aber in jeder Periode mit zunehmender Konsummenge ab.[30]
- Die in verschiedenen Perioden anfallenden Nutzen – d.h. auch Nutzen, die für verschiedene Generationen entstehen, können miteinander vergleichbar gemacht werden. Dies geschieht, indem sie mit einem als „soziale Diskontrate" bezeichneten Faktor auf den Entscheidungszeitpunkt abgezinst werden. Maximiert wird also der Barwert eines Nutzenstroms.[31]

Das Konzept der optimalen Abbaurate kann in diesem einfachen Modell formal als Maximierung einer sozialen Wohlfahrtsfunktion vom folgenden Typ ausgedrückt werden:

$$W = \int_0^T U_t(q_t) e^{-\bar{r}t} dt$$

Dabei gibt q_t die Abbaumenge in einem Zeitpunkt t, $U_t(\cdot)$ den (hier als direkt von der Abbaumenge abhängig unterstellten[32]) Nutzen im Zeitpunkt t, $e^{-\bar{r}t}$ den

---

[30] Ginge man von zunehmendem Grenznutzen aus, so würde sich (bei den hier angenommenen konstanten Abbaugrenzkosten) das Ergebnis einstellen, es sei optimal, den gesamten Ressourcenbestand in einer Periode abzubauen.

[31] Ein einzelner Haushalt mag den Nutzen zukünftigen Konsums diskontieren – aus irrationaler Kurzsichtigkeit oder weil er nicht sicher ist, ob er in der Zukunft noch in den uneingeschränkten Genuss kommt (Risiko einer Änderung der Rahmenbedingungen, Krankheit, Tod). Eine Firma diskontiert zukünftige Erträge einer Investition, da der Kapitalmarkt alternative verzinsliche Anlagemöglichkeiten bietet, eine Investition also Opportunitätskosten verursacht. Für eine Gesellschaft als Ganzes kann eine Diskontierung sinnvoll erscheinen, wenn sie erwartet, dass sie selbst und oder zukünftige Generationen ohnehin ein höheres Konsumniveau realisieren können. Auch in der Möglichkeit des Aussterbens der Menschheit (aus anderen als ressourcialen Gründen) wird bisweilen ein Argument für eine Diskontierung gesehen. Vgl. z.B. R.Dubourg, D.Pearce [1997]. Auf die grundsätzlichen Unterschiede zwischen intra- und intergenerationeller Diskontierung weisen S.Bayer, D.Cansier [1998] hin. Aus modelltheoretischer Sicht ist zu ergänzen, dass das oben formulierte utilitaristische Optimierungskalkül unter bestimmten Umständen keine Lösung hat, wenn die Diskontrate Null beträgt. Näheres bei P.S.Dasgupta, G.M.Heal [1979], S. 307/8.

Im diesem Abschnitt (II.2) angefügten Exkurs gehen wir gesondert auf das Problem der Diskontierung ein.

[32] Natürlich wird der Extraktionsoutput in der Realität meist nicht ohne weiteres konsumierbar sein. Die geförderte Ressource geht vielmehr als Faktor in Produktionsprozesse ein, in denen Konsum- und Investitionsgüter hergestellt werden.

Abzinsungsfaktor[33] mit $\tilde{r}$ als (zeitinvarianter) sozialer Diskontrate an. T bezeichnet den Entscheidungshorizont.[34] U sollte als „Nettonutzen" interpretiert werden, bei dem der aus dem Konsum der Ressource gezogene Nutzen bereits um den Wert der beim Abbau verzehrten Produktionsfaktoren gekürzt ist. Bei der Maximierung müssen eine Reihe von Nebenbedingungen beachtet werden, insbesondere $R'_t = -q_t \leq 0$ sowie $0 \leq R_t \leq \underline{R}$. Dabei gibt R_t den kumulierten Ressourcenabbau $\left(\int q_t dt\right)$, R'_t die zum Zeitpunkt t erfolgende Vorratsabnahme und $\underline{R}$ den gesamten anfänglichen Ressourcenbestand („den cake") an.

Dieses Konzept enthält viele aus der Volkswirtschaftslehre vertraute Elemente und ist noch recht allgemein gehalten. Es wird (deshalb) leicht übersehen, dass es auf einer Fülle nicht ganz unproblematischer Annahmen beruht, von denen einige hier kurz angesprochen werden sollen.

Grundsätzlich fällt auf, dass das Problem der Ressourcenentnahme auf die Befriedigung konkurrierender *menschlicher Präferenzen* reduziert wird. Nun ist dies für die Wohlfahrtsökonomie nichts Ungewöhnliches, doch wird die Eignung dieses wohlfahrtsökonomischen Herangehens zur Bewältigung langfristiger Umwelt- und Ressourcenprobleme in der Literatur zunehmend in Zweifel gezogen. Kritiker bemängeln bei dem oben vorgestellten Ansatz, dass Flora und Fauna sowie toter Materie nur insofern „Wert" beigemessen wird, als sie dem Menschen dienen, also ohne „Eigenwert" sind. Entsprechend werden auch von einigen Ökonomen „präferenzfreie" Modelle verwandt, die ausschließlich auf naturwissenschaftlichen Gesetzmäßigkeiten und Gleichgewichts-/Existenzbedingungen fußen. Diese Ansätze[35] mögen nicht nur interes-

---

[33] In der Volkswirtschaftslehre dominiert für kontinuierliche Modelle die Formulierung des Abzinsungsfaktors als $e^{-\tilde{r}t}$. Dieser lässt sich jedoch leicht in die aus der betriebswirtschaftlichen Investitionslehre geläufigere Darstellung $1/(1+r)^t$ überführen. Für die Beziehung zwischen der (infinitesimalen) Zinsrate $\tilde{r}$ und dem Periodenzinssatz (z.B. Jahreszinssatz) r gilt: $\tilde{r} = \ln(1+r)$ bzw. $r = e^{\tilde{r}} - 1$. Sofort fällt dabei auf, dass höhere (niedrigere) $\tilde{r}$ immer mit größeren (kleineren) r korrespondieren. Im folgenden werden wir je nach Zweckmäßigkeit beide Darstellungen verwenden. Namentlich bei diskreten Zweiperiodenmodellen werden wir uns regelmäßig der Größe r bedienen.

[34] In der Literatur werden „routinemäßig" Modelle mit (exogen oder endogen bestimmtem) endlichem oder unendlichen Zeithorizont behandelt.

[35] Vgl. den Überblick bei U.Hampicke [1991a].

sant, sondern auch berechtigt (wenngleich ebenfalls nicht unproblematisch) sein, doch liegen sie sicherlich weit außerhalb zumindest der traditionellen Umwelt- und Ressourcenökonomie. Dies disqualifiziert sie natürlich nicht per se, doch können sie in dieser einführenden Darstellung nicht berücksichtigt werden.

Weiterhin ist die bei der sozialen Wohlfahrtsmaximierung vorgenommene Übertragung des Nutzenbegriffes vom Individuum auf die Gesellschaft schon im statischen Kontext problematisch.[36] Dennoch ist die Betrachtung eines Zustandes maximalen gesellschaftlichen Nutzens über die Zeit sinnvoll, weil dabei Eigenschaften eines solchen Zustandes entdeckt werden können, die nicht nur für eine spezielle Aggregation individueller Nutzen zu einem gesellschaftlichen Nutzen sondern für eine ganze Klasse von Aggregationsvorschriften gelten. Dabei sollte beachtet werden, dass ein auf der Grundlage individueller Nutzen abgeleitetes soziales Wohlfahrtsmaximum regelmäßig dem Kriterium der Pareto-Optimalität genügt. Das Pareto-Kriterium ist (zumindest unter Ökonomen) weniger umstritten.

Im hier angesprochenen intertemporalen Zusammenhang kommt die Notwendigkeit einer Berücksichtigung der Nutzen zukünftiger Generationen erschwerend hinzu. Dieser Nutzen von Folgegenerationen muss im obigen Modell von der Entscheidergeneration, die über den anfänglichen Abbauplan zu befinden hat, „richtig" berücksichtigt werden. Die Frage ist nun, ob die intergenerationelle Ressourcenrivalität gepaart mit einem gewissen „Generationenegoismus" nicht dazu verleitet, die zukünftigen Nutzen „zu niedrig" zu veranschlagen.[37]

Eine weitere recht markante Besonderheit der obigen intertemporalen Nutzenfunktion ist (neben der bereits erwähnten Unabhängigkeit der Periodennutzen) deren additive Verknüpfung zum intertemporalen Gesamtnutzen.

Schließlich fällt auf, dass der hier dargestellte Ansatz vom Phänomen der Unsicherheit absieht: Ist die Annahme vollständiger Voraussicht nicht erfüllt,

---

[36] Vgl. z.B. J.Rawls [1971], S. 186 und die Ausführungen in A.Endres [2000].

[37] Tiefer geht die Frage, nach welchen Kriterien entschieden werden soll, welche Bewertung „zu niedrig" und welche „richtig" ausfällt. Manchen Autoren erscheint die Vorstellung operabel, dass die Gegenwartsgeneration Eigenschaften eines „Harsianyischen Planers" zeigt, der sich dazu zwingt, rivalisierende Nutzen so „objektiv" wie ihm möglich anzuerkennen und zu gewichten (vgl. dazu A.K.Sen [1969]).

kann sich im Laufe der Zeit der Wunsch einstellen, den ursprünglichen Plan zu revidieren.

Eine Alternative zu diesem utilitaristischen Konzept bietet der „egalitäre" Maximin-Ansatz.[38] Hier geht es um eine in dem Sinne faire Verteilung der Ressourcen zwischen den Generationen, dass verschiedene Abbaupfade nach der Wohlfahrt der jeweils am schlechtesten gestellten Generation beurteilt werden. Die zu maximierende Wohlfahrtsfunktion lautet nun:

$$\text{Max}\left\{\text{Min}\left\{U_t(q_t)|t=1...T\right\}\right\}$$

Gesucht wird die Verteilung, bei der die schlechtest gestellte Generation (das $\text{Min}\{\cdot\}$) im Vergleich zu jedem anderen Abbaupfad am besten dasteht (das $\text{Max}\{\cdot\}$). Letztendlich läuft dieser Ansatz auf das Auffinden des höchsten für alle Generationen aufrecht zu erhaltenen Wohlfahrtsniveaus hinaus.[39] Als Gegenpol zu diesem „egalitären" Ansatz steht das von Kneese und Schulze [1985] dem Philosophen Nietzsche zugeschriebene „elitäre" Maximax-Konzept. Hier wird der Abbaupfad nach der Wohlfahrt der jeweils am besten gestellten Generation beurteilt. Die zu maximierende Wohlfahrtsfunktion lautet nun:

$$\text{Max}\left\{\text{Max}\left\{U_t(q_t)|t=1...T\right\}\right\}$$

Abweichend von der spontanen Vermutung, dass ein solcher Ansatz natürlich zur Zuteilung aller Ressourcen auf die Gegenwartsgeneration zur Folge hat, argumentieren Kneese und Schulze [1985], dass diese Lösung nicht zwingend ist.[40]

Im folgenden wird jedoch am utilitaristischen Konzept aus zwei Gründen festgehalten. Zum einen ist dieser Ansatz der in der Literatur übliche. (Dies

---

[38] Vgl. J.Rawls [1971] sowie die Diskussion bei W.Buchholz [1997]. Eine prägnante Erörterung von sozialen Zielfunktionen jenseits der oben besprochenen Ansätze bietet F.Haslinger [1997], S. 8 ff.

[39] Vgl. z.B. G.M.Heal [1980]. S. 56 ff. oder A.V.Kneese und W.D.Schulze [1985], S. 208 f. und W.Ströbele [1987].

[40] Die Autoren verweisen u.a. auf Immigranten in den USA, die im Interesse des Fortkommens ihrer Kinder, welche im Allgemeinen ohnehin bessere Chancen als ihre immigrierten Eltern besitzen, viele Entbehrungen auf sich nehmen.

macht ihn noch nicht überlegen, jedoch für eine Einführung in die Thematik und die Literatur zumindest geeignet.) Zum anderen zeigen Kneese und Schulze [1985], dass „egalitäre" bzw. „elitäre" Lösungen auch bei utilitaristischem Ansatz durch geeignete Wahl der Wohlfahrtsfunktion und der sozialen Diskontrate „simuliert" werden können.[41]

Häufig wird in der Literatur als Konkretisierung des schwierigen Konzeptes eines sozialen (Netto-) Nutzens, der von einem Gut ausgeht, der Überschuss der sozialen Zahlungsbereitschaft über die volkswirtschaftlichen Kosten dieses Gutes angesetzt.[42] Folgt man dieser Konvention einer „pragmatischen sozialen Wohlfahrtsfunktion", so gilt als zu maximierende Größe:

$$W = \int_0^T \left[ZB_t(q_t) - C_t(q_t) \right] e^{-\bar{r}t} dt$$

Dabei geben ZB_t die Zahlungsbereitschaft und C_t die Abbaukosten zum Zeitpunkt t an. Die obigen Nebenbedingungen gelten unverändert weiter.

Wir sehen (wie bereits angedeutet), dass der Einfluss des Zahlungsbereitschaftsüberschusses („Nettonutzens") zukünftiger Perioden auf den Wohlfahrtsbarwert W mit wachsender Diskontrate und zunehmender Zukünftigkeit abnimmt. Dies spricht für eine Konzentration des Abbaus in der Gegenwart. Diese Konzentration wird allerdings umso unattraktiver, je „schneller" der Grenznutzen mit zunehmendem Konsum in einer Periode abnimmt. Die Frage nach dem sozial optimalen Abbaupfad reduziert sich also auf die Bestimmung eines bestmöglichen Ausgleichs dieser beiden gegenläufigen Tendenzen.[43] Eine formale Herleitung der Lösung dieses Optimierungsproblems ginge

---

[41] Auf Bedingungen, unter denen ein utilitaristisch optimaler Pfad des Ressourcenabbaus mit dem Maximin-Pfad identisch ist, hatten schon P.S.Dasgupta, G.M.Heal [1979], S. 307 hingewiesen.

[42] Vgl. z.B. A.Endres, K.Holm-Müller [1998], R.Marggraf, S.Streb [1997] zur Theorie und Praxis dieses Ansatzes.

[43] Die in der Literatur im Rahmen der obigen Standardannahmen vorgetragenen Optimierungsmodelle unterscheiden sich bezüglich einer Reihe von Elementen. So gibt es z.B. Modelle mit Abbaukosten, die von der Abbaurate und/oder von der kumulierten Förderung abhängen, Modelle mit technischem Fortschritt, mit Investitionskosten usw. Auf diese Komplikationen kann hier zunächst nicht eingegangen werden. Die geneigte Leserschaft sei auf Kapitel II.4. verwiesen.

sicherlich über den Rahmen dieses Buches hinaus.[44] Im folgenden soll eine anschauliche Erklärung der Eigenschaften der Lösung genügen.

b) Eigenschaften des Optimums

Das Ergebnis der obigen utilitaristischen Optimierungsüberlegungen zum Zeitpfad des Ressourcenabbaus lässt sich wie folgt charakterisieren[45]:

Der (Brutto-) Grenznutzen der (bzw. die marginale Zahlungsbereitschaft für die) Ressourcenextraktion muss stets ihren Opportunitätsgrenzkosten gleich sein. Diese bestehen neben den Abbaugrenzkosten aus dem Gegenwartswert der in der Zukunft entgangenen Nutzungen („Nutzungsgrenzkosten").

Zum Verständnis dieser Optimalitätsbedingung trägt folgende Plausibilitätsüberlegung bei: Deckt bei einer gegebenen zeitlichen Ressourcenaufteilung in der Gegenwart der Grenznutzen die Summe aus Abbaugrenzkosten und Nutzungsgrenzkosten nicht, so lässt sich der Barwert des Nutzenstroms erhöhen, wenn die letzte Einheit für die Zukunft aufgehoben wird, statt heute verbraucht zu werden. Die anfängliche Aufteilung über die Zeit kann also nicht optimal gewesen sein. Übersteigt dagegen in der Gegenwart der Grenznutzen bei gegebener Aufteilung die Summe aus Extraktionsgrenzkosten und Nutzungsgrenzkosten, so lohnt es sich im Sinne der Nutzenbarwertmaximierung, eine Einheit aus der Zukunft in die Gegenwart vorzuziehen.

Die optimale Abbaurate kann anschaulich in einer Graphik für den Fall zweier Perioden t_0 und t_1 dargestellt werden (vgl. Abb. 3).

MZB stellt die marginale Zahlungsbereitschaft für die Ressource dar, AGK die Abbaugrenzkosten, NGK die Nutzungsgrenzkosten. Die Indizes bezeichnen die Bezugsperioden. Die Größen für Periode 1 sind auf den Gegenwartszeitpunkt abdiskontiert und daher niedriger als die Vergleichsgrößen in Periode 0. $\underline{R}$ stellt den durch die Länge der Abszisse beschriebenen Gesamtvorrat des Rohstoffs dar. Für jede beliebige Teilung dieses Bestandes fällt nun der linke Teil in der Graphik der Periode 0 und der rechte Teil der Periode 1 zu. Damit

---

[44] Vgl. z.B. N.Hanley et al. [1997] und die kurz gefasste Darstellung bei E.Feess [1998], S. 336-346.

[45] Wir erinnern an die zu Beginn dieses Abschnitts aufgeführten Annahmen, insb. an die Konstanz der Abbaugrenzkosten.

liegt der Ursprung des Koordinatenkreuzes für Periode 0 wie gewohnt links, für Periode 1 jedoch rechts.

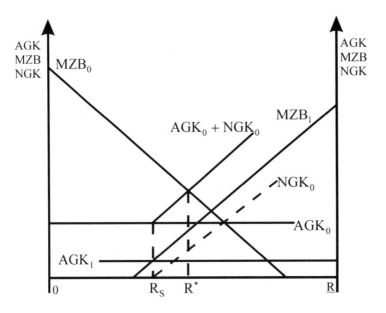

Abbildung 3

Fragen wir nun nach der optimalen Aufteilung eines vorgegebenen Ressourcenvorrats $\underline{R}$ auf die Perioden, so ergibt sich als erstes, dass ein Abbau in der Periode t_0 bis zur Menge R_S lediglich Abbaukosten, aber keine Nutzungskosten verursacht. Das ist darauf zurückzuführen, dass in der Periode 1 maximal $\underline{R} - R_S$ Einheiten der Ressource rentabel abgebaut werden können. Für darüber hinausgehende Einheiten läge die marginale Zahlungsbereitschaft nämlich unter den Abbaugrenzkosten. Die Gesellschaft darf also in t_0 bis zur Grenze R_S getrost den Tatbestand ignorieren, dass jetzt genutzte Ressourcen für künftige Verwendungen nicht mehr zur Verfügung stehen. Für weitere Einheiten ändert sich der Sachverhalt jedoch grundsätzlich, da die beiden Perioden nach Überschreiten der Schwelle R_S miteinander um die Ressource rivalisieren. Weil jede über R_S hinaus in t_0 abgebaute Einheit Nutzeneinbußen in der Periode t_1 bewirkt, müssen diese als Kosten des Abbaus in t_0 „mitgezählt" werden. Das in Gegenwartsgrößen gemessene Ausmaß dieser Zukunftskosten wird in der Graphik als Differenz zwischen der (diskontierten) marginalen Zahlungsbereitschaft und den (diskontierten) Abbaugrenzkosten der Periode 1 angegeben. Sie ist als Nutzungsgrenzkosten-Kurve NGK_0 eingetragen. Die Gesellschaft wird in dieser Situation den Ressourcenabbau im Interesse einer Wohlfahrtsmaximierung so lange ausweiten, bis der Bruttogrenznutzen des Abbaus (hier: die marginale Zahlungsbereitschaft MZB_0) auf die Summe aus Abbaugrenzkosten AGK_0 und Nutzungsgrenzkosten NGK_0 abgesunken ist. Damit ist die oben angeführte Optimalitätsbedingung erfüllt. Dies ist gerade bei R^* der Fall. Da eine weitere Expansion höhere Zukunftseinbußen verursachen würde, als durch den zusätzlichen Netto-Nutzen ($MZB_0 - AGK_0$) aufgewogen werden, ist es sozial optimal, wenn die Gesellschaft einen Ressourcenvorrat von $\underline{R} - R^*$ für die nächste Periode aufhebt.

Nach den oben dargestellten Zusammenhängen gleicht im Optimum der Nettogrenznutzen der Extraktion den Nutzungsgrenzkosten, also dem diskontierten Nettogrenznutzen in der späteren Periode. Die Optimalitätsbedingung des in beiden Perioden gleichen *diskontierten* Nettogrenznutzens ist plausibel:

Die Ressourcennutzung ist optimal auf die beiden Perioden aufgeteilt, wenn der Beitrag der marginalen Nutzung in jeder Periode zur zu maximierenden Größe (dem Barwert des Nettonutzens) gleich ist. Hier finden wir nichts anderes als eine (dem intertemporalen Zusammenhang der Ressourcenökonomie angepasste) Spielart des 2. Gossen'schen Gesetzes: In dem in den Grundlagen der Mikroökonomie behandelten Zusammenhang der nutzenmaximalen Aufteilung eines vorgegebenen Budgets auf verschiedene Güter verlangt das „Gesetz", dass der Grenznutzen des Geldes in jeder Verwendung gleich sei. Dabei ist das ressourcenökonomische Analogon zum begrenzten Budget der begrenzte Ressourcenbestand. Das ressourcenökonomische Analogon zu den verschiedenen Gütern sind die verschiedenen Abbauperioden.

Formaler können wir die oben angegebene Optimalitätsbedingung schreiben als

$$MZB_0 - AGK_0 = \frac{MZB_1 - AGK_1}{1 + r}.$$

Anders ausgedrückt, wächst der *undiskontierte* Nettogrenznutzen bei optimaler intertemporaler Ressourcenaufteilung mit einer dem sozialen Diskontsatz (r) gleichen Rate.

Wir überprüfen diese Aussage wie folgt: Die Wachstumsrate (w) des Nettogrenznutzens $\bigl(NGN = (MZB - AGK)\bigr)$ ist definiert als

$$w = \frac{NGN_1 - NGN_0}{NGN_0}.$$

Setzen wir den oben behaupteten Zusammenhang (w = r) ein, so ergibt sich

$$r = \frac{NGN_1 - NGN_0}{NGN_0}.$$

Daraus folgt durch bloße algebraische Umformung die obige Bedingung der in den beiden Perioden gleichen abdiskontierten Nettogrenznutzen.

Die hier für den Zwei-Perioden-Fall eingeführte Optimalitätsbedingung gilt auch im Mehrperiodenfall: Fassen wir die Zeit als kontinuierliche von 0 bis T laufende Variable, so wird aus der obigen Gleichung für die Identität der abdiskontierten Nettogrenznutzen

$$(MZB_0 - AGK_0) = (MZB_1 - AGK_1)e^{-\tilde{r}} = \ldots = (MZB_T - AGK_T)e^{-\tilde{r}T}$$

oder

$$(MZB_t - AGK_t)e^{-\tilde{r}t} = \text{konstant}.$$

Auch hier muss der *undiskontierte* Nettogrenznutzen der Extraktion, d.h. die Differenz zwischen aktuellen Grenznutzen der Ressource und aktuellen Abbaugrenzkosten, mit dem Kehrwert des Abzinsungsfaktors $e^{-\tilde{r}t}$ wachsen.[46] (Der Abzinsungsfaktor sinkt gemäß der sozialen Diskontrate mit der Zukünftigkeit des betrachteten Zeitpunktes t.) Damit muss die Wachstumsrate der undiskontierten Nutzungsgrenzkosten der Diskontrate $\tilde{r}$ gleichen. Nur dann ist der diskontierte Beitrag der letzten in jeder Periode abgebauten Einheit zum gesamten Nutzenbarwert gleich. In dieser Situation kann der Nutzenbarwert nicht mehr durch eine Änderung des zeitlichen Profils der Ressourcennutzung erhöht werden.

Die Bedingung eines mit der Zeit wachsenden undiskontierten Nettogrenznutzens kann unter der Voraussetzung abnehmenden Periodengrenznutzens (und nicht abnehmender Abbaugrenzkosten) nur erfüllt werden, wenn die Förderung der Ressource in der Zeit kontinuierlich zurückgeht. Unter bestimm-

---

[46] Vgl. die instruktive Ableitung anhand eines einfachen numerischen Beispiels für zwei Personen bei A.C.Fisher [1981], S. 15 f.

ten vereinfachenden Annahmen[47] wird die Ressource zwar nie völlig abgebaut, der verbleibende Vorrat strebt jedoch im Laufe der Zeit dem Wert 0 zu. Dieses Ergebnis ist plausibel, weil es in diesem Rahmen einer Verschwendung gleich käme, „auf ewig" einen positiven Ressourcenvorrat im Boden zu lassen.[48]

Exkurs: Zur Diskontierungskontroverse in der Ressourcenökonomie

Über das Konzept der sozialen Diskontrate herrscht in der Literatur kein Konsens. Vielmehr wird es ebenso häufig verwendet, wie aus normativen Gründen heftig angegriffen. Um eine Diskriminierung zukünftiger Generationen durch „Minderschätzung" ihrer Bedürfnisse zu vermeiden, plädieren viele Autoren für eine Rate von 0.

Auf der anderen Seite werden in der ressourcenökonomischen Literatur eine Reihe von Argumenten zur Verteidigung dieses Konzepts geführt. Das vorliegende Buch, das in die einschlägige Literatur einführen möchte, folgt diesem Ansatz weitgehend. Ansätze ohne Diskontierung werden jeweils nur en passant angesprochen. In diesem Exkurs wollen wir uns kurz mit der Diskussion um die „Berechtigung" einer Diskontierung zukünftiger Effekte auseinandersetzen.[49] Wir philosophieren dazu zunächst ein wenig über die Natur der normativen ökonomischen Analyse und werden die dabei gewonnenen Einsichten anschließend auf das Problem der sozialen Diskontrate anwenden.

Das Wesen der normativen Betrachtung erschließt sich womöglich durch Unterteilung in zwei Subkategorien der Normativität. Beim ersten Typ des normativen Ansatzes in der Ressourcenökonomie geht es darum, in der Gegenwart für die Gegenwartsgeneration eine Allokation zu beschreiben, die nach den Präferenzen dieser Generation optimal ist. Der Sinn dieses Vorgehens besteht darin, Verwerfungen in den real existierenden (oder sich entwickelnden

---

[47] Vgl. z. B. G.M.Heal [1980], S. 45 f.

[48] Eine interessante Abweichung von dem im Text erläuterten Abbaumodus ergibt sich in einem Modell, in dem die Ressourcenextraktion – anders als oben unterstellt – mit im Zeitablauf kumulierenden Umweltschäden verbunden ist. Eine frühe Verursachung dauerhafter Umweltschäden senkt natürlich die Wohlfahrt stärker als eine späte. Dies wirkt dem oben dargestellten Muster eines optimalen Abbauplanes entgegen. Hier kann sich sogar eine im Zeitablauf zunehmende Abbaurate als sozial optimal erweisen.

[49] Neben der in Fußnote 31, oben, aufgeführten Literatur vgl. z.B. C.Azar, T.Sterner (1996), G.S.Becker, C.B.Mulligan (1997), M.L.Weitzman (1998)

bzw. in der Gesellschaft vorgeschlagenen) Allokationsmechanismen aufzuzeigen, die dazu führen, dass die Entscheidungsträger hinter dem realisierbaren Zielerreichungsgrad zurückbleiben. Diese Art der normativen Analyse könnte als „normativ-positiv" bezeichnet werden. Sie ist insofern normativ, als sie Institutionen anhand von Normen beurteilt und daraus Empfehlungen für eine Verbesserung der institutionellen Architektur der Gesellschaft ableitet. Sie ist insofern positiv, als sie die Normen, die hier das Maß aller Dinge sind, ohne weiteres von der beratenen Gesellschaft übernimmt. Wir sehen hier ein eher „technokratisches" Verständnis von Wohlfahrtsökonomie. Der Ökonom erscheint in der Rolle des wenig emanzipierten Auftragsforschers der Gegenwartsgeneration, der seine Expertise in den Dienst der Effizienzverbesserung für diese Generation stellt, ohne das Ziel, das die Bezugsgröße jeder Effizienzdefinition[50] ist, zu reflektieren, geschweige denn in Frage zu stellen.

Ganz anders die „normativ-normative" Analyse: Hier werden zwar auch gegebene Institutionen auf ihre Optimalität untersucht, der Optimalitätsbegriff, mit dem diese Prüfung durchgeführt wird, ist aber selbst Gegenstand der Analyse und Kritik des Ökonomen. Das Zielsystem, mit dem die Eignung von Institutionen überprüft wird, wird selbst mit (meist allgemein formulierten) Normen höherer Stufe bewertet. Es geht also nicht nur um die Aufdeckung von *immanenten* Widersprüchen (zwischen Institutionen und gesellschaftlichen Normen), sondern um den möglichen Konflikt der gesellschaftlichen Institutionen mit „übergeordneten Werten", die sich die Gesellschaft nicht notwendig „wirklich" (d.h. jenseits der bloßen Deklamation) zu eigen macht. Es ist nicht verwunderlich, dass die normativ-normative Analyse ergibt, dass die Institutionen einer Gesellschaft noch häufiger mit den übergeordneten Werten in Konflikt geraten als mit den Werten der Gesellschaft selbst. Der Wohlfahrtökonom, der seine Aufgabe im Sinne des normativ-normativen Ansatzes versteht, kritisiert gesellschaftliche Institutionen wegen ihrer Widersprüchlichkeiten zu übergeordneten Werten und nutzt seine Expertise zur Konzeption von Institutionen, die aus den übergeordneten Werten abgeleitete Ziele effizient erreichen. Während sein normativ-positiver Kollege eher als „Handlanger" der (Gegenwarts-) Gesellschaft fungiert, tritt der normativ-normative Ökonom als ihr „hoher Priester" (einer ihrer hohen Priester !) auf.

---

[50] Effizienz heißt, ein gegebenes Ziel mit minimalem Aufwand zu erreichen.

Für Kollegen/innen, die in beiden Rollen unglücklich wären, bleibt immerhin die des „Hofnarren":

Dieser kann der Gesellschaft den Spiegel vorhalten und so mögliche Widersprüche zwischen „gelebtem" und „reklamiertem" Wertesystem aufdecken. Dies gelingt, wenn aus den in der Gesellschaft existierenden Institutionen und den vorhandenen Bestrebungen zu ihrer Reform (über die Konstruktion des Rationalverhaltens) Rückschlüsse auf ein zugrunde liegendes Zielsystem gezogen werden können und sich dabei herausstellt, dass dieses Zielsystem wesentlich von demjenigen System abweicht, das die Gesellschaft in ihrem Mainstream (von der Verfassung bis zur Folklore von Parteiprogrammen) zu verfolgen behauptet.

Für den Umgang mit dem Diskontierungsproblem in ressourcenökonomischen Analysen folgt aus diesen Überlegungen:

Im Rahmen einer normativ-positiven Analyse stellt sich das Problem der „Berechtigung" der Diskontierung zukünftiger Effekte nicht. Der normativ-positiv arbeitende Wohlfahrtsökonom wird versuchen, die tatsächliche Zeitpräferenzrate der Gesellschaft so gut wie möglich zu quantifizieren[51] und diese Schätzung als Diskontrate verwenden. Der normativ-normative Ökonom kann dagegen bei der Feststellung, dass die Gesellschaft *faktisch und willentlich* zukünftige Effekte mit einer bestimmten Rate diskontiert, nicht stehen bleiben. Er wird vielmehr die ethischen Implikationen der Diskontierung und ihrer allokativen Folgen[52] prüfen müssen und erst dann über die Verwendung einer sozialen Diskontrate (und gegebenenfalls über ihre Höhe) entscheiden.

Wir können die hierzu in der Literatur geführte umfangreiche und kontroverse Diskussion nicht wiedergeben oder gar bewerten. Vielleicht sind jedoch folgende Überlegungen im ressourcenökonomischen Erörterungszusammenhang hilfreich.

Für die Frage nach der Diskontierung des zukünftigen Nettonutzenstromes aus einer erschöpflichen Ressource ist es wesentlich, welche Rolle die in Rede

---

[51] Hierzu wären die Untersuchung des Verhaltens in intertemporalen Märkten oder Befragungen hilfreich. Die Möglichkeiten und Probleme der Messung von Zeitpräferenzen dürften denen bei der Messung von Umweltpräferenzen verwandt sein. Vgl. A.Endres, K.Holm-Müller [1998].

[52] Diese müssen nicht immer der Intuition entsprechen. Vgl. z.B. G.Stephan, G.Müller-Fürstenberger [1998].

stehende Ressource als Grundlage der sozialen Wohlfahrt spielt. Wir betrachten zwei polare Fälle:

Nehmen wir zunächst an, die Ressource sei in dem Sinne essentiell, dass für die Aufrechterhaltung menschlichen Lebens in jeder Periode ein bestimmter Betrag verbraucht werden müsse. Die Ressource sei nicht durch andere substituierbar, könne nicht rezykliert werden und ein technischer Fortschritt, der die Menschheit aus dieser Abhängigkeit befreien könnte, sei ausgeschlossen.

In diesem Szenario besteht ein schroffer Interessengegensatz zwischen den Generationen. Diskontiert die Gegenwartsgeneration zukünftige Effekte, so verkürzt sie damit die Lebenszeit der Menschheit. Dies mag man im Rahmen einer normativ-normativen Analyse durchaus als unmoralisch geißeln[53], misst doch die Gegenwartsgeneration ihrem Wohlleben einen höheren Wert bei als dem Überleben zukünftiger Generationen. Andererseits führt jedoch der Verzicht auf eine Diskontierung nicht auf eine eindeutige Anweisung für den Zeitpfad des Abbaus der Ressource. Es wäre denkbar, die Ressource so auszubeuten, dass die Anzahl der Generationen maximiert wird.[54] Andererseits wäre es denkbar, die Ressource so abzubauen, dass die Zahl der Menschen, die in den Genuss der Ressource kommen, maximal wird. Diese beiden Ausbeutungspfade sind nicht notwendig identisch. Der Autor (wohl bestenfalls zum Hofnarren, keinesfalls aber zum hohen Priester qualifiziert) vermag nicht zu sagen, welcher Pfad der moralisch höherwertige ist.

Wesentlich freundlicher ist das zweite Szenario. Bei seiner Erörterung wird deutlich, warum die Diskontierung in der Literatur häufig mit der Erwartung zukünftig besserer wirtschaftlicher und technischer Möglichkeiten begründet wird. Die Ressource sei hier für die Produktion wichtig, könne aber selbst bei konstanter Technologie durch andere (womöglich regenerierbare) Ressourcen substituiert werden. Außerdem könne die Ressource im Laufe der Zeit durch technischen Fortschritt immer entbehrlicher gemacht werden. In diesem Szenario wird der Schaden, den die zukünftigen Generationen durch die dem

---

[53] Aber: Niemand aus einem Land mit hohem Lebensstandard, der den das Existenzminimum übersteigenden Teil seines Einkommens nicht in eines der ärmsten Länder der Welt wegschenkt, werfe den ersten Stein.

[54] Die Anzahl der Generationen, die von der Ressource mit den im ersten Szenario unterstellten Eigenschaften leben können, hängt auch davon ab, wie groß die Bevölkerung ist, die für die Konstitution einer Generation als notwendig erachtet wird.

Muster der Diskontierung zukünftiger Effekte folgende Wohlfahrtsmaximierung der Gegenwartsgeneration erleiden, durch die besseren Möglichkeiten bei der Extraktion, Verwendung und Nutzung der Ressource ausgeglichen. Eine aus dem einfachen Modell mit konstanten Substitutionsmöglichkeiten und konstanter Technik abgeleitete Empfehlung zum Zeitpfad des Ressourcenabbaus würde die Gegenwartsgeneration benachteiligen, wenn ihr in einer Welt mit sich im Laufe der Zeit verbessernden Substitutionsmöglichkeiten und Techniken Folge geleistet würde. Dann würde die „arme Gegenwart" zu Gunsten der „reichen Zukunft" entsagen. Die Diskontierung zukünftiger Effekte korrigiert diese „Schlagseite zu Gunsten der Zukunftsgeneration".

Natürlich sind diese beiden oben konstruierten Fälle künstlich und extrem. Tatsächlich werden die Möglichkeiten von Substitution und technischem Fortschritt weder vollständig (wie im obigen Szenario 2) noch überhaupt nicht (Szenario 1) vorhanden sein. Die tatsächlichen Möglichkeiten werden von Ressource zu Ressource verschieden in einem breiten Spektrum zwischen diesen Extremen positioniert sein. Insbesondere aber werden sie (in von Fall zu Fall unterschiedlichem Ausmaß) ungewiss sein. Es spricht demnach vieles dafür, die Frage der Diskontierung kontextabhängig zu entscheiden.[55]

Außerdem ist die Durchführung von Sensitivitätsanalysen aufschlussreich: Eine Vergleichsrechnung der mit verschiedenen sozialen Diskontraten verbundenen optimalen Abbaupfade (und der damit einhergehenden intertemporalen Wohlfahrtsprofile) könnte der Gegenwartsgeneration verdeutlichen, was verschiedene Grade des „Generationenaltruismus" kosten. Vielleicht entscheidet es sich ja besser, wenn die Entscheidungsfolgen transparenter sind.

Schließlich kann die obige Erörterung zu einer Erweiterung der Perspektive, unter der wir die Diskontierungsfrage betrachten, beitragen: Wenn die Wohlfahrtsverteilung zwischen den Generationen stark von der Technologie und den ressourcialen Substitutionsmöglichkeiten[56] abhängt, so darf sich die Optimie-

---

[55] Dafür hatte in einem etwas anderen Argumentationszusammenhang W.Ströbele [1991] schon überzeugend plädiert. Die Kontextabhängigkeit der sozialen Diskontrate ist allerdings nicht so beschaffen, dass jedem Kontext eindeutig eine bestimmte Rate zugeordnet werden könnte. Angesichts der Ungewissheit der zukünftigen Entwicklung (von Substitutionsmöglichkeiten und Technik) spielen auch die Erwartungsbildung und die Risikopräferenz der Gegenwartsgeneration bei der Auswahl einer sozialen Diskontrate („nach bestem Wissen und Gewissen") eine wichtige Rolle.

[56] Der Begriff der Substitutionsmöglichkeiten soll hier das Recycling einschließen. Hier werden „frische" Einheiten einer Ressource gegen schon gebrauchte Einheiten derselben Ressource substituiert.

rung des intertemporalen Ressourcenmanagements nicht auf die Frage nach dem einer gegebenen Entwicklung von Technik und Substitutionsmöglichkeiten optimal angepassten zeitlichen Ressourcenabbauprofil beschränken. Vielmehr muss sich das Augenmerk auch auf eine aktive Förderung von technischem Fortschritt und der Verbesserung von Substitutionsmöglichkeiten richten.[57] Es wäre den Interessen der zukünftigen Generationen vermutlich nicht förderlich, wenn sich der moralische Impetus bloß auf Konsumverzicht und nicht auf die Suche nach besseren Substitutionsmöglichkeiten und Induktion von „zukunftsschonendem" technischen Fortschritt richten würde. Einen gewissen Verzicht leistet die Gegenwartsgeneration natürlich auch, wenn sie in derartige Aktivitäten investiert, obwohl sie selbst nicht (oder nur teilweise) in den Genuss der Früchte dieser Investitionen kommen wird.

3. Die Gleichgewichtsabbaurate–ein einfaches Grundmodell

Eine der wichtigsten Erkenntnisse der statischen Allokationstheorie besteht darin, dass ein konkurrenzwirtschaftlicher Marktmechanismus unter bestimmten Bedingungen „sozial optimale" Ergebnisse hervorbringt.

An diesem Resultat ändert sich im Prinzip nichts, wenn man die im Zusammenhang mit dem Ressourcenproblem zentrale Zeitdimension in die Betrachtung einbezieht.[58] Die Vorstellung des Walras'schen Auktionators, der für alle Güter (einschließlich der natürlichen Ressourcen) Preise ausruft, bis eine Gleichgewichtskonstellation gefunden ist[59], müsste allerdings auf Zukunftsmärkte ausgeweitet werden. Existiert ein vollständiges System von Zukunftsmärkten, so können die wirtschaftlichen Akteure für den Gegenwartszeitpunkt und für alle Zukunftstermine Kontrakte auf der Basis der jeweils geltenden

---

[57] Damit sind natürlich nicht nur interventionistische sondern auch ordnungspolitische Ansätze angesprochen.

[58] Dabei gehen wir stets von der Existenz eines solchen Gleichgewichts aus. M.Eswaran, T.R.Lewis und T.Heaps [1983] zeigen, dass ein Marktgleichgewicht generell im intertemporalen Kontext nicht existiert, wenn zunehmende Skalenerträge bei der Extraktion vorliegen.

[59] Dies ist eine Situation, in der simultan alle Haushalte ihren Nutzen maximieren, alle Firmen ihren Gewinn maximieren, sich auf allen Märkten Angebot und Nachfrage entsprechen und kein Anreiz besteht, aus einem Markt auszusteigen oder in ihn einzutreten.

Gleichgewichtspreise abschließen. Um die Eigenschaften einer solchen Abfolge von Marktgleichgewichten zu verstehen, untersuchen wir zunächst die Interessenlage eines einzelnen Ressourcenanbieters:[60]

Der einzelne Anbieter muss entscheiden, wie er den Abbau seiner Ressource über die Zeit verteilen will. Wir unterstellen, dass er danach strebt, dasjenige zeitliche Abbauprofil zu finden, bei dem der Wert des im Zeitverlauf aus dem Ressourcenverkauf fließenden Gewinnstroms maximal ist. Er muss demnach berücksichtigen, dass der gegenwärtige Abbau und Verkauf einer Ressourceneinheit zwar gegenwärtig Gewinne erbringt, die zukünftigen Gewinnmöglichkeiten aber mindert (d.h., Nutzungskosten verursacht).

Da die Firma die Gewinne aus dem gegenwärtigen Ressourcenabbau auf dem (als vollkommen unterstellten) Kapitalmarkt zum Marktzins anlegen kann, wird sie bei ihrer Abwägung zwischen gegenwärtigem und zukünftigem Ressourcenabbau die in der Zukunft zu erreichenden Gewinne mit diesem Zins diskontieren. Zukünftige Gewinne werden also geringer gewichtet als gegenwärtige. Dies spricht für einen raschen Abbau der Ressource. Andererseits wird der Gewinn aus einer Ressourceneinheit in der Zukunft höher sein als in der Gegenwart, wenn die Ressource (ceteris paribus) im Zuge ihrer Verknappung im Laufe der Zeit an Wert gewinnt.[61] Dies spricht für einen langsamen Abbau der Ressource.

Die Frage nach dem optimalen (d.h. im Erörterungszusammenhang: gewinnmaximalen) Abbauzeitpfad der Firma ist daher gleichbedeutend mit der Frage nach dem Ausgleich der beiden für den Gewinn gegenläufigen Tendenzen von Diskontierung und Wertsteigerung (zwischen der Attraktivität von Finanz- und Lagerinvestitionen).

Der von der Firma gesuchte Zeitpfad des Ressourcenabbaus, der den Barwert des Gewinns aus der Ressource maximiert, zeichnet sich dadurch aus, dass der diskontierte Grenzgewinn des Ressourcenabbaus (Preis der jeweiligen Periode minus Abbaugrenzkosten) für alle Perioden gleich ist.[62] Bei dieser

---

[60] Dabei gehen wir (wiederum) vom einfachsten Fall eines gegebenen Bestandes einer homogenen Ressource mit konstanten Abbaugrenzkosten aus. Komplikationen werden erst später berücksichtigt.

[61] Das würde auch (vermutlich in dramatischer Weise) geschehen, wenn alle Firmen, der erstgenannten Tendenz folgend, „mit Hochdruck" in der Gegenwart abbauen würden.

[62] Ist der diskontierte Grenzgewinn in Periode t höher (niedriger) als der diskontierte Grenzgewinn der Periode t+1, so kann der Gegenwartswert der Summe aller

zeitlichen Verteilung deckt der Grenzgewinn des Abbaus einer marginalen Ressourceneinheit in der Gegenwart gerade den von diesem Abbau verursachten Verzicht auf (diskontierten) zukünftigen Gewinn. Grenzgewinn und Nutzungsgrenzkosten stimmen also im Gleichgewicht stets überein. Für die letzte abgebaute Einheit gilt, das sich die Lagerinvestition (Belassung des Rohstoffs in situ) mit der gleichen Rendite verzinst wie eine Finanzinvestition des möglichen Gegenwartsgewinns bei sofortiger Extraktion.

Die Bedingung eines für alle Perioden gleichen diskontierten Grenzgewinns ist gerade dann erfüllt, wenn der undiskontierte Grenzgewinn im Laufe der Zeit mit der Rate des als Diskontierungsfaktor verwendeten Zinssatzes ansteigt. Hier gleichen sich die gegenläufigen Effekte einer Diskontierung zukünftiger Gewinne und eines im Zeitablauf zunehmenden Ressourcenwertes aus. Mit P für den Preis und z für den für die Diskontierung der Gewinne maßgeblichen Marktzins lässt sich dieser Zusammenhang formal ausdrücken als:[63]

$$(P_0 - AGK_0) = \frac{P_1 - AGK_1}{(1+z)} \text{ (Modell mit zwei diskreten Perioden)}$$

bzw. $(P_t - AGK_t)e^{-\tilde{z}t} = $ konstant (Modell mit kontinuierlicher Zeit)

Das hier beschriebene Kalkül eines mengenanpassenden Ressourcenanbieters kann für den Fall zweier Perioden ganz analog der in Abbildung 3 gegebenen Darstellung der Allokation im sozialen Optimum wie in Abbildung 4 skizziert werden.

Periodengewinne erhöht werden, indem der in t geplante Abbau und Verkauf der Ressource auf Kosten der Periode t+1 erhöht (zugunsten der Periode t+1 gesenkt) wird. Im Falle der oben in Klammern angegebenen Konstellation gilt: „Oil in the ground appreciates faster than money in the bank." Dieser Umstand wird Ressourcenanbieter solange zur Verzögerung ihres Abbaus anreizen, bis die intertemporale Gleichgewichtsbedingung erfüllt ist.

[63] Für das Verhältnis zwischen $e^{-\tilde{z}t}$ und $1/(1+z)^t$ bzw. zwischen $\tilde{z}$ und z gilt das in Abschnitt II.2 über $e^{\tilde{r}t}$, $1/(1+r)^t$, $\tilde{r}$ und r Gesagte.

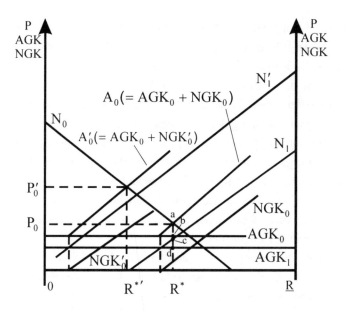

Abbildung 4

Dabei geben A, N, AGK, NGK die Angebots-, Nachfrage-, Abbaugrenzkosten- bzw. Nutzungsgrenzkostenkurven wieder. Die Indizes 0 oder 1 bezeichnen die betreffenden Perioden. Die Angebotskurve reflektiert die gesamten (privaten) Grenzkosten, d.h. die Summe aus Abbau- und Nutzungsgrenzkosten.

Im Konkurrenzgleichgewicht wird in Periode 0 die Menge R^* abgebaut und zum Preis P_0 verkauft. Für Periode 1 bleibt die Menge $\underline{R} - R^*$ übrig. In der Lösung ist der Grenzgewinn in Periode 0, d.h. die Strecke ab, dem diskontieten Grenzgewinn der Periode 1, also cd, gleich, d. h. der Grenzgewinn steigt mit einer Rate, die dem Zins entspricht.[64]

In diesem Schaubild können auch die komparativ-statischen[65] Eigenschaften des intertemporalen Marktgleichgewichts verdeutlicht werden. Besonders interessant ist dabei die Frage, wie Märkte auf eine in der Zukunft erwartete

---

[64] Um die Formulierung zu vereinfachen, sagen wir im Folgenden bisweilen als Kurzform, der Grenzgewinn „steigt mit dem Zins".

[65] In unserer 2-Perioden-Darstellung liegt mit dem Gleichgewicht in der ersten Periode (wegen des gegebenen Ressourcenbestandes) simultan das Gleichgewicht der zweiten Periode fest. Wir können daher wohl hier am Begriff der „komparativen Statik" festhalten. Im Mehrperiodenfall bzw. bei Modellen mit kontinuierlicher Zeit müssten wir dagegen wohl von den „komparativ-dynamischen" Eigenschaften sprechen.

Verschärfung der Knappheit reagieren. Nehmen wir zur Klärung dieser Frage folgendes an: Neue Informationen nähren bei den Ressourcenanbietern die Vermutung, dass die Ressource in Periode 1 knapper sein werde als zunächst angenommen, weil die Nachfrage nicht durch N_1 sondern N_1' repräsentiert werde. Der infolge der höheren Nachfrage winkende höhere Gewinn in Periode 1 schlägt sich in einer Erhöhung der Nutzungsgrenzkosten in Periode 0 nieder. Diese lässt ihrerseits die Angebotskurve der Periode 0 von A_0 nach A_0' auswandern. Die Folge ist ein höherer Gleichgewichtspreis P_0', zu dem in der Gegenwart lediglich die Menge $R^{*'}\left(<R^*\right)$ abgebaut wird.

Es zeigt sich also, dass das intertemporale Gewinnmaximierungskalkül die Anbieter dazu führt, mehr Ressourcen für die Zukunft aufzubewahren, wenn sie Verknappungen in der Zukunft erwarten.[66]

Aus den obigen Überlegungen lässt sich auch leicht ableiten, wie der konkurrenzwirtschaftliche Gleichgewichtszeitpfad des Ressourcenabbaus im hier besprochenen einfachen Modell mit der Lage bestimmter anderer Parameter variieren wird. Besonders hervorzuheben ist dabei die Rolle des zur Diskontierung verwendeten Zinssatzes. Je höher der Zinssatz ist, desto geringer fallen zukünftige Gewinne bei der Berechnung des Barwertes des Abbaugewinnstroms ins Gewicht. Die zeitlichen Opportunitätskosten der Gegenwartsausbeute sinken also mit steigendem Zinssatz. Dies hat einen Anreiz zur schnelleren Ressourcenausbeute zur Folge.[67]

Dass auf dem gleichgewichtigen Zeitpfad des Ressourcenabbaus der Grenzgewinn mit einer dem Zinssatz gleichen Rate wächst, war schon von Hotelling [1931] abgeleitet worden.[68] Dieser „Hauptsatz der Ökonomie erschöpflicher Ressourcen" wird daher vielfach als „Hotelling-Regel" bezeichnet.

---

[66] Natürlich tritt der konservierende Einfluss nur ein, wenn die Firmen nicht befürchten müssen, etwa durch Enteignung oder zusätzliche Besteuerung an der Realisierung der Knappheitsgewinne gehindert zu werden. Siehe dazu die folgenden Abschnitte.

[67] Die Aufgabe der Demonstration dieses Effekts anhand von Abbildung 4 sei der Leserschaft zu Übungszwecken übertragen.

[68] In dem von Hotelling verwendeten einfachen Modell ohne Abbaugrenzkosten steigt der (dem Grenzgewinn hier gleiche) Preis mit dem Aufzinsungsfaktor e^{zt}. Im Modell mit positiven, konstanten Abbaugrenzkosten steigt der Preis mit einer geringeren Rate als der Zins. Wegen der schwindenden (prozentualen) Bedeutung der konstanten Abbaugrenzkosten für den Grenzgewinn wird die Preisänderungsrate dem Zinssatz jedoch immer ähnlicher.

Im Gleichgewicht ist der Anbieter stets indifferent gegenüber der Alternative, die letzte Einheit der Ressource im Boden zu lassen (und damit in den Genuss der Wertsteigerung zu kommen) oder sie abzubauen (und damit den Gewinn auf dem Kapitalmarkt verzinsen zu können). Die Fördermenge richtet sich hier nach der Nachfrage.[69] Abbildung 5 veranschaulicht diese Zusammenhänge für die Gesamtheit der Anbieter einer Ressource. Wir gehen dabei (Hotelling folgend) von der obigen 2-Perioden-Darstellung auf eine Darstellung mit kontinuierlicher Zeit über.

Der Preis des Extraktionsoutputs liegt in Abb. 5a zu Beginn des Abbaus im Zeitpunkt 0 auf einem (endogen bestimmten) Niveau P_0. $P_0 - AGK$ stellt den Grenzgewinn (die Nutzungsgrenzkosten) im Ausgangszeitpunkt dar. Im Zeitverlauf steigt der Grenzgewinn gemäß dem Kehrwert des privaten Abzinsungsfaktors. Für den Preis ergibt sich daraus ein Zeitpfad $P_t = AGK + (P_0 - AGK)e^{\tilde{z}t}$. Aus dieser Bedingung folgt durch eine einfache Umformung unmittelbar, dass für den diskontierten Periodengrenzgewinn $(P_t - AGK)e^{\tilde{z}t}$ für alle Zeiten die Gleichheit mit $P_0 - AGK$ gilt.

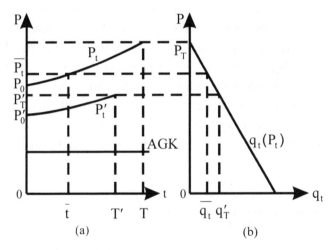

Abbildung 5

---

[69] Dabei ist vorausgesetzt, dass keine Kapazitätsgrenze existiert, die die Unternehmen daran hindert, die nachgefragte Menge in der Periode bereitzustellen. Ein Fortfall dieser Annahme wird später untersucht.

Die zu den in den verschiedenen Zeitpunkten geltenden Preisen jeweils nachgefragten Mengen können in Abb. 5b abgelesen werden. Im Zeitpunkt $\bar{t}$ gilt z. B. ein Preis $\bar{P}_t$, zu dem die Menge $\bar{q}_t$ abgebaut und verkauft wird.

Neben dem oben ausführlich besprochenen *Periodengleichgewicht* ist ein *Bestandsgleichgewicht* zu wahren:

Der gleichgewichtige Zeitpfad des Ressourcenabbaus zeichnet sich auch dadurch aus, dass die Ressource in dem Zeitpunkt T vollständig abgebaut ist, in dem der Preis sein prohibitives Niveau P_T erreicht. Genau diese Bedingung bestimmt auch das Anfangsniveau des Preises, bzw. des Grenzgewinnes zum Zeitpunkt 0. Dies soll am Beispiel des Zeitpfades P'_t in Abb. 5 verdeutlich werden: Geht man von einem Anfangspreis $P'_0 < P_0$ aus, so führt der (durch den mit dem Zinssatz ansteigenden Grenzgewinn festgelegte) Zeitpfad P'_t dazu, dass in jeder Periode mehr nachgefragt und abgebaut wird, als beim höher verlaufenden Zeitpfad P_t. Die Ressource ist also vor dem für den Zeitpfad P_t geltenden Erschöpfungszeitpunkt T (hier: in T') vollständig erschöpft. Da der in T' geltende Preis P'_T notwendigerweise unter dem prohibitiven Preis P_T liegt, wird zum Zeitpunkt T' noch eine positive Menge (q'_T) nachgefragt, obschon die Ressource bereits vollständig verzehrt ist. Damit führt der von P'_0 ausgehende Zeitpfad der Preise in T' zu einer Situation, in welcher der (hinreichend zahlungsbereiten) Nachfrage kein Angebot gegenübersteht. Folglich kann er nicht gleichgewichtig sein.[70]

Ebenso ungleichgewichtig wäre ein (nicht in der Abbildung wiedergegebener) Zeitpfad der Preisentwicklung, bei dem schließlich noch Ressourcen in situ übrigblieben, die (wegen zu hoher Preise) nicht mehr nachgefragt würden.[71]

---

[70] Da die Zahlungsbereitschaft der unbefriedigten Nachfrage in T' über dem Preis der letzten am Markt verkauften Einheit liegt, ist es für die Anbieter lukrativ, unter Beachtung der oben diskutierten Zinsregel die Abbaumengen in den Vorperioden zugunsten der Periode mit der unbefriedigten Nachfrage zu drosseln. Was die Notwendigkeit dieser Bedingung für das soziale Optimum anbelangt, gilt analog, dass der Grenznutzen in der leer ausgegangenen Periode höher als in der letzten noch „bedienten" Periode ist. Damit steigert eine unter Beachtung der sozialen Diskontsatzregel vorgenommene Verschiebung des Abbaus auf die nichtbediente Periode den Barwert des Nutzenstroms über alle Perioden.

[71] Unter Konkurrenzbedingungen werden sich alle Anbieter bemühen, unter Beachtung der oben diskutierten Zinsregel durch den schnelleren Ressourcenabbau in den Vorperioden das „Sitzenbleiben" auf ihrer Ware zu verhindern. Hinsichtlich der Notwendigkeit des vollständigen Ressourcenabbaus für die soziale Optimalität eines Abbaupfades ist die Argumentation noch einfacher: Solange der Ressourcenverzehr

Wir haben nun den gleichgewichtigen Ausbeutungspfad (unter der Bedingung der vollständigen Konkurrenz) erklärt und für den Fall zweier diskreter Perioden sowie für den Fall kontinuierlicher Zeit graphisch dargestellt.

Ein Vergleich der obigen „positiven" Ausführungen mit den Ergebnissen der in Kapitel II.2 vorgestellten normativen Analyse zeigt, dass die Bestimmungsgründe für den „sozial optimalen" und den konkurrenzgleichgewichtigen Ressourcenabbau sehr verwandt sind. Als wichtiges Merkmal eines „sozial optimalen" Zeitpfades des Ressourcenabbaus ist im letzten Kapitel herausgestellt worden, dass der (Netto-) Grenznutzen aus der Ressource mit einer Rate wächst, die der sozialen Diskontrate gleicht. Als Bedingung für einen konkurrenzwirtschaftlichen Gleichgewichtspfad des Ressourcenabbaus hat sich ergeben, dass der Grenzgewinn der Ressourcenanbieter mit einer Rate wachsen muss, die dem Zinssatz entspricht. Der konkurrenzwirtschaftliche Gleichgewichtszeitpfad der Ressourcenausbeutung ist somit „sozial optimal", wenn die folgenden drei Bedingungen erfüllt sind:[72]

- Der Ressourcenpreis entspricht dem (Brutto-) Grenznutzen aus der Ressource.[73]

- Die vom Ressourcenanbieter berücksichtigten („privaten") Abbaugrenzkosten sind mit den („sozialen") Opportunitätsgrenzkosten der beim Abbau eingesetzten Produktionsfaktoren identisch.[74]

- Der Zinssatz (die private Diskontrate) stimmt mit der sozialen Diskontrate überein.[75]

---

einen (wie angenommen) positiven Grenznutzen beschert, kann es nicht optimal sein, die Ressourcen für ewig ungenutzt liegen zu lassen (vgl. W.Ströbele [1987], S. 25).

[72] Ein kurzer Beweis der Optimalität der Konkurrenzgleichgewichte findet sich bei A.C.Fisher [1981], S. 35.

[73] Da der Ressourcenpreis die im Gleichgewicht bestehende marginale Zahlungsbereitschaft für die Ressource angibt, kann die obige Bedingung auch als „marginale Zahlungsbereitschaft = (Brutto-) Grenznutzen" formuliert werden. Die oben angegebene Bedingung impliziert u.a. die Abwesenheit von externen Effekten bei der Verwendung der Ressource.

[74] Es treten also keine externen Effekte beim Ressourcenabbau auf.

[75] Um den prinzipiellen Unterschied zwischen beiden Diskontraten zu betonen, wird in diesem Buch zwischen z und r unterschieden. Vgl. zur Notwendigkeit dieser Unterscheidung auch U.Hampicke [1991], S. 136 f. Hinsichtlich der „Berechtigung"

4. Modellkomplikationen

Auf keinen Fall dürfen Schlussfolgerungen aus dem einfachen Grundmodell hinsichtlich des sozial optimalen Pfades wie der Marktlösung unreflektiert auf die Realität übertragen werden. Das einfache Grundmodell will lediglich Grundstrukturen des Ressourcenproblems, die es von anderen ökonomischen Problemen unterscheiden, offen legen. Natürlich stellt die ökonomische Literatur über dieses Grundmodell hinaus eine Fülle von Modellen und Modellvarianten zur Verfügung, die möglichen (realen) Komplikationen Rechnung tragen.

Diese Modellvariationen lassen sich dahingehend unterscheiden, ob sie die sozial optimale Lösung und die Marktlösung in gleicher oder in unterschiedlicher Weise betreffen. In diesem Kapitel sollen solche Komplikationen angesprochen werden, die auf die Marktlösung wie auf die sozial optimale Lösung in gleicher Weise wirken.[76] Für diese Fälle genügt es offenbar, die Auswirkungen auf eines der beiden Lösungskonzepte zu analysieren, da die dabei gewonnenen Erkenntnisse unmittelbar auf das jeweils andere übertragbar sind. Dabei wird sich dieses Kapitel (weitgehend) auf die Darstellung der Auswirkungen ausgewählter Komplikationen auf das Marktgleichgewicht beschränken. Die Betrachtung der Marktlösung (statt der des sozialen Optimums) ist insofern attraktiver, als es ein Hauptziel der Analyse ist, gerade beobachtete Preisentwicklungen, die anscheinend keine Verknappung anzeigen, ökonomisch zu erklären (siehe Kapitel II.1).

Dabei wird jede Komplikation einzeln für sich ausgeleuchtet. Dies hat zwei Vorteile: Zunächst kann mit einem solchen Vorgehen der spezifische Einfluss einer bestimmten Komplikation übersichtlich herausgearbeitet werden. Daneben reduziert sich der zur Analyse notwendige Formalismus durch eine Einzelbetrachtung erheblich.

Andererseits werden bei diesem Vorgehen mögliche Interaktionen zwischen verschiedenen Komplikationen systematisch ausgeblendet.

---

der hier geforderten Annahme (vielleicht besser: der Wahrscheinlichkeit, dass diese Annahme erfüllt ist) einer numerischen Gleichheit beider Raten sei auf Abschnitt II.5.c, unten, verwiesen.

[76] Modellkomplikationen, die das soziale Optimum in andere Weise als das Marktgleichgewicht betreffen, begründen Fälle von „Marktversagen". Sie werden im folgenden Abschnitt 5 behandelt.

a) Unterschiedliche Ressourcenlager

Die Annahme einer homogenen Ressourcenqualität in unterschiedlichen Lagern beschreibt die geologische Wirklichkeit besonders schlecht. Vielmehr ist die Konzentration von Metallen in verschiedenen Gesteinen unterschiedlich hoch, die „Energieergiebigkeit" variiert zwischen verschiedenen Arten von Kohle usw. Auch hier stellt sich die Frage, welche besonderen Eigenschaften die Marktgleichgewichte bezüglich des zeitlichen Abbauprofils von Lagern unterschiedlicher Ressourcenqualität aufweisen.

Betrachten wir zur Beantwortung der Frage zunächst eine über zwei Perioden optimierende Firma. Die Firma besitze dabei zwei verschiedene Lager einer bestimmten Ressource. Beide Lager enthalten jeweils einen bekannten Vorrat an der Ressource. Die (innerhalb jedes Lagers als konstant angenommenen) Abbaugrenzkosten seien bei Lager A geringer als bei Lager B $\left(c_A < c_B\right)$. Für die Planungsperioden t_1 und t_2 rechnet die Firma mit den Marktpreisen p_1 und p_2. Ihre Erlöse pro Periode hängen dabei nur von den Abbaumengen pro Periode ab – nicht von der Wahl der Lagerstätte. Die Abbaukosten hingegen werden durch die Wahl der Lagerstätten beeinflusst: Der Abbau in A ist kostengünstiger als in B.

Als Preisnehmer muss die Firma nun nicht nur über die Abbaumengen pro Periode, sondern auch über die Abbaustruktur nach Lagern entscheiden. Um das Entscheidungsproblem der Firma besser zu verstehen, untersuchen wir in einem einfachen Zweiperiodenmodell unter Annahme einer (von der Abbaustruktur unabhängigen) für Periode 1 und 2 jeweils vorgegebenen Periodengesamtabbaumenge die Auswirkungen einer Erhöhung der Abbaumenge aus Lager A um eine Einheit in Periode 1.

Wegen der Endlichkeit der Vorräte in Lager A zieht eine Erhöhung des Abbaus aus Lager A in Periode 1 um eine Einheit zunächst eine Verminderung des Abbaus aus Lager A in Periode 2 um eine Einheit nach sich. Für Lager B ergibt sich eine genau entgegengesetzte Umdisposition des Abbauplanes. Schließlich soll sich durch Veränderung der Abbaustruktur keinen Einfluss auf die als konstant unterstellten Periodengesamtabbaumengen ergeben. Um dies zu gewährleisten, muss in Periode 2 aus Lager B eine Einheit mehr und in Periode 1 eine Einheit weniger abgebaut werden.

An dieser Stelle sei noch einmal betont, dass die Verkaufserlöse aus den Rohstoffverkäufen durch diese Umdisposition der Abbaustruktur völlig unverändert bleiben, da die preisnehmende Firma ihre Gesamtabbaumenge pro Periode konstant gehalten hat.

Wie steht es um die Auswirkungen auf der Kostenseite? Da Lager A kostengünstiger ist als Lager B, senkt die Firma in Periode 1 ihre Abbaukosten um $c_B - c_A$. Der Periodengewinn steigt entsprechend. Dem gegenüber steht eine Kostensteigerung und entsprechende Gewinnsenkung in Periode 2 um ebenfalls $c_B - c_A$. In den Augen der Firma sind nun allerdings nicht die Nominalgewinne, sondern vielmehr die Gegenwartswerte der Gewinnströme erheblich. Für Periode 1 erhöht sich der Gegenwartswert des Periodengewinns um $c_B - c_A$. Für Periode 2 mindert sich der Gegenwartswert des Gewinns um $(c_B - c_A)/(1+z)$. Per saldo ergibt sich eine Änderung des Gegenwartswertes aller Gewinnströme um:

$$c_B - c_A + (c_B - c_A)/(1+z).$$

Da der Zinssatz größer als Null ist, wird eine Umdisposition in Richtung des früheren Abbaus des kostengünstigeren Lagers immer den Gegenwartswert des Gewinnstromes erhöhen. Das bedeutet, dass es sich bei konstanten Periodenabbaugrenzkosten stets lohnt, den Abbau eines kostengünstigeren Lagers vorzuziehen, und den des ungünstigeren Lagers entsprechend zu vertagen. Dieser „dispositive Goldesel" hat erst dann ausgedient, wenn auf das ungünstigere Lager nach Erschöpfung des günstigeren zurückgegriffen wird.[77]

---

[77] Diese Sukzessivität gilt auch, wenn bei vollständiger Konkurrenz die beiden Lager unterschiedlichen Eignern gehören (Vgl. J.M.Hartwick und N.D.Olewiler [1998], S. 288/9). Allerdings kann es natürlich in Anbetracht politischer Unwägbarkeiten angezeigt sein, eine an sich noch unrentable Ressource abbaubereit zu halten, um sich gegen „Erpressungsversuche" aus Ländern mit günstigeren Ressourcen zu „versichern". Darüberhinaus kann eine simultane Nutzung qualitativ unterschiedlicher Lager sinnvoll sein, wenn die Abbaugrenzkosten mit der Abbaurate q steigen. In diesem Fall gilt (pro Firma) wiederum die Hotelling-Regel, nach der die Grenzgewinne jeder Firma „mit dem Marktzins steigen", auch für Firmen mit unterschiedlichen Abbaugrenzkosten. Allerdings bieten die Firmen bei Preisgleichheit nun mit unterschiedlichen Abbaugrenzkosten an! Dieses scheinbar paradoxe Ergebnis ist jedoch zwingend, da sich die für den Markt allgemeingültige (und effiziente) Forderung nach Grenzkostengleichheit verschiedener Anbieter hier nicht nur auf die Abbaugrenzkosten, sondern auf die Summe aus Abbaugrenzkosten und Nutzungsgrenzkosten bezieht. Und genau diese Gesamtgrenzkosten werden wieder für alle Anbieter (und dem Preis) gleich sein. Schließlich hat die Firma mit den höheren Abbaugrenzkosten ja gerade deswegen auch geringere Nutzungsgrenzkosten. Die auch langfristig nicht herauskonkurrierbaren Zusatz(grenz)gewinne der Firma mit den besseren Abbaubedingungen, d.h. den geringeren Abbaugrenzkosten und den höheren

Natürlich sinken beim Übergang von einer Lagerqualität zur nächsten die von dem Ressourcenanbieter bei seiner Optimierung berücksichtigten Nutzungskosten. Weichen die Qualitäten stark voneinander ab, erfolgt die Senkung ruckweise.[78] In der Literatur wird bisweilen die Ansicht vertreten, dass es sich hier um eine wichtige Ausnahme von der Gleichgewichtsbedingung eines nach Maßgabe des Zinses erfolgenden Anstieges der Nutzungsgrenzkosten handele. Allerdings muss man dabei berücksichtigen, dass die Nutzungsgrenzkosten jeder einzelnen Ressourcenqualität gemäß eines mit dem Zinssatz ansteigenden Pfades wachsen. Dieser Effekt wird dadurch überdeckt, dass der Ressourcenanbieter im Zuge des Übergangs zu immer schlechteren Vorkommen im Laufe der Zeit auf immer niedriger verlaufende Nutzungsgrenzkostenpfade überwechselt (siehe Abbildung 6).

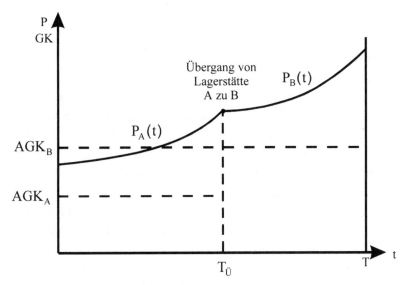

Abbildung 6

Nutzungsgrenzkosten, werden Differentialrenten genannt (vgl. D.Cansier [1987], S. 38).

[78] Auf der anderen Seite ist zu betonen, dass der Preispfad im Übergangszeitpunkt keine Sprungstelle aufweist. Für eine genauere Diskussion dieses Umstandes siehe z.B. J.M.Hartwick, N.D.Olewiler [1998], S. 288.

b) Bestandsabhängige Abbaukosten

Es ist sicher gewagt, über längere Zeit konstante Abbau(grenz)kosten bei der Ausbeutung eines Lagers anzunehmen. Sie werden vielmehr von der kumulierten Abbaumenge bzw. Restbestandsmenge R_t abhängen. Bei diesem Zusammenhang ist davon auszugehen, dass es mit zunehmender Erschöpfung eines Ressourcenvorkommens immer schwieriger wird, zusätzliche Ressourcen zu fördern. Diese Vermutung ist berechtigt, da nach dem in Abschnitt a) Gesagten davon auszugehen ist, dass mit dem Abbau der ergiebigsten „Teillager" eines Vorkommens begonnen wird, bevor man sich denen mit unattraktiveren Abbaubedingungen zuwendet.[79] Es ist demnach sinnvoll anzunehmen, dass (bei unveränderter Abbautechnologie) die gegenwärtigen Abbaugrenzkosten mit der Menge der in der Vergangenheit insgesamt aus dem Lager extrahierten Ressource (also mit der Abnahme des *in situ* (also im Boden) verbliebenen Ressourcenbestandes) steigen.

Neben der Annahme mit geringeren Restvorräten steigender Abbaugrenzkosten $\left(\partial[\partial C_t/\partial q_t]/\partial R_t < 0\right)$ seien weiterhin konstante Grenzkosten der Periodenextraktion $\left(\partial C_t/\partial q_1 = \text{konstant, d.h. } \partial^2 C_t/\partial q_t^2 = 0\right)$ unterstellt.[80] Sofort wird deutlich, dass die steigenden Abbaugrenzkosten einen immer größeren „Keil" zwischen die Entwicklung des Marktpreises und der Nutzungsgrenzkosten treiben. Steigende Abbaugrenzkosten führen dazu, dass der Preis stärker steigen wird als die (in der Literatur bisweilen als „royalties" bezeichneten) Nutzungsgrenzkosten. Die Frage ist nun, ob dieser „Keil" steigender Abbaugrenzkosten zu Lasten der „royalties" der Anbieter geht oder voll auf den Preis überwälzt wird. Wie verhält sich also die Entwicklung der Nutzungsgrenzkosten im Vergleich zum Grundmodell?

In dem oben angenommenen Fall muss der Ressourcenanbieter bei seiner Optimierung nicht nur die Differenz zwischen Preis und Abbaugrenzkosten beachten, sondern auch die durch die Wahl des Förderpfades ausgelöste Steigerung der im Grundmodell konstant angenommenen Abbaugrenzkosten.

---

[79] Eine solche Qualitätsminderung des Vorkommens kann an einer Verschlechterung der Druckverhältnisse, der Konzentration, zunehmender Unzugänglichkeit usw. liegen.

[80] Herrschen zusätzlich zu dem oben besprochenen abbaukostensteigernden Einfluss geringerer Restvorräte zunehmende Grenzkosten der Periodenextraktion, so wird der kostensteigernde Effekt des abnehmenden Ressourcenrestbestandes durch die (infolge der Preissteigerung) im Zeitverlauf sinkende Abbaumenge q gedämpft.

Dies soll im folgenden an Hand eines einfachen Zweiperiodenmodells illustriert werden. Dazu sei eine N Rohstoffeinheiten enthaltende Lagerstätte mit aufsteigenden Abbaugrenzkosten AGK^1 bis AGK^N angenommen.[81] Zunächst plant der Anbieter den Abbau von n Einheiten in Periode 1 und N-n in Periode 2. Der Grenzgewinn aus Periode 1 beträgt $(p_1 - AGK^n)$. Der abgezinste Grenzgewinn der letzten in Periode 2 verkauften Einheit beträgt hingegen $(p_2 - AGK^N)/(1+z)$. Worin besteht nun der diskontierte Nettoeffekt der Verzögerung des Ressourcenabbaus um eine, d.h. genau der n-ten Einheit? Der Anbieter gewinnt durch die Verzögerung einen Betrag von $(p_2 - AGK^n)/(1+z)$, der dafür zu zahlende Preis (der Verzicht auf den in der ersten Periode aus dem Verkauf der betreffenden Einheit zu ziehenden Gewinn) liegt bei $(p_1 - AGK^n)$. Der Anbieter wird solange umschichten, bis dieser Nettoeffekt Null ist, bis also:

$$(p_1 - AGK^n) = (p_2 - AGK^n)/(1+z)$$

Mit einem einfachen „Trick" im ersten Term auf der rechten Seite lässt sich diese Gleichung umschreiben zu:

$$(p_1 - AGK^n) = \left[(p_2 - AGK^N) + (AGK^N - AGK^n)\right]/(1+z)$$

Für den im Grundmodell unterstellten Fall konstanter AGK^i (d.h. $\left[AGK^N - AGK^n\right] = 0$ ergibt sich aus obiger Bedingungsgleichung sofort die bereits bekannte Tatsache, dass die Nutzungsgrenzkosten mit einer dem Zinssatz z gleichen Rate steigen. Ist nun aber wie angenommen $(AGK^N - AGK^n)$ größer als Null, so erfolgt die Steigerung der Nutzungsgrenzkosten nicht mehr gemäß der Hotelling-Regel „mit dem Zinssatz z", sondern mit einer geringeren Rate. Schließlich braucht im Gleichgewicht der Anstieg der Nutzungsgrenzkosten[82] von Periode 1 zu Periode 2 nicht mehr den Wert der Anlagemöglichkeit eines früher verfügbaren Extraktionsgewinns (Zins) zu decken, sondern diesen Wert abzüglich der durch den Abbauaufschub der dispositionsrelevanten n-ten Einheit gegenüber der in Periode 2

---

[81] Jede der N Rohstoffeinheiten hat also „eigene" Abbaukosten.

[82] D.h. der Abbaugewinn der in jeder Periode jeweils zuletzt abgebauten Einheit. Dieser wird aber in Periode 2 nicht etwa durch die n-te bestimmt, sondern durch die in Periode 2 marginale N-te Einheit.

marginalen N-ten Einheit zusätzlich ersparten Extraktionskosten: $\left(\text{AGK}^N - \text{AGK}^n\right)$.[83] Genau der letzte Term verkörpert den bereits oben erwähnten Keil, den bestandsbedingt steigende Abbaukosten zwischen die Entwicklung der Preise und der Nutzungsgrenzkosten treiben.

Aus obiger Gleichung lässt sich auch sofort die Bedingung für ein absolutes Sinken der Nutzungsgrenzkosten angeben. Dies ist der Fall, wenn die Steigerung der Abbaugrenzkosten (in Prozent der Grenzgewinne der Vorperiode) größer ist als der Marktzinssatz.

Letztlich sei an dieser Stelle darauf hingewiesen, dass das oben beschriebene Modell die Verallgemeinerung des in a) beschriebenen Falls für eine Kontinuum unterschiedlicher Lagerqualitäten darstellt. Wie oben bereits erwähnt ist die Lagernutzung dann durch einen kontinuierlichen Übergang von besseren zu schlechteren Vorkommen gekennzeichnet. Insofern ließe sich natürlich hier argumentieren, dass die Hotelling-Regel auch diesmal nicht verletzt ist, sondern die Firma nur auf der Hüllkurve von infinitesimal kurzen Hotelling-Pfaden „gleitet".

Welcher Stellenwert kommt den oben erörterten Zusammenhängen in der Ressourcenökonomie zu?

Man könnte die Meinung vertreten, dass unterschiedliche Lagerstätten bzw. restreservenabhängige Abbaukosten Modellkomplikationen sind, die (wie so viele Modellkomplikationen) auf Kosten der Einfachheit die Realitätsnähe wohl etwas erhöhen, aber das Modell nicht grundlegend ändern. Die Bedeutung der hier besprochenen Modellkomplikation ist jedoch tatsächlich weitergehend und wird mitunter als „paradigmatisch" eingestuft.

Befindet sich die Gesellschaft im (sog. malthusianischen oder hotellingschen) Grundmodell ständig im Wartesaal der absehbaren und unausweichlichen Erschöpfungskatastrophe, so wird im „ricardianischen Modell" unter-

---

[83] A.C.Fisher [1981], S. 29 vergleicht zur Erklärung dieses Ergebnisses eine im Boden belassene Rohstoffeinheit mit einer Vorratsinvestition, deren marktzinsgleiche Rendite sich aus der Preissteigerung und einer laufenden Dividende (Vermeidung zukünftiger Zusatzabbaukosten bei einer vorzeitigen Erhöhung der kumulierten Abbaumenge in der Zeit bis zur Realisation dieser Vorratsinvestition) ergibt. Das Ergebnis stellt einen vom Kapitalmarkt her bekannten Umstand dar: Je höher die laufenden Zinszahlungen aus einem Papier, desto geringer die Differenz zwischen Rückzahlungssumme und Kaufsumme. (In diesem „Gleichnis" stellt im Grundmodell eine Vorratsinvestition einen „zero-bond", also ein festverzinsliches Wertpapier ohne laufende Zinseinkünfte dar.)

schiedlicher Lagerqualitäten die physische Verfügbarkeit einer Ressource nur durch die Bereitschaft der Gesellschaft begrenzt, immer höhere Abbaukosten zu tragen. „Im ricardianischen Ansatz ist die Vorstellung eines finiten Bestandes nicht explizit enthalten; die Begrenztheit wird durch den Übergang von einem günstigeren zu einem ungünstigeren Ressourcenlager modelliert." (H. Siebert [1986], S. 1.) Begrenztheit bzw. Knappheit sind im ricardianischen Modell wieder sehr relativ. So muss das Ende der Ressourcennutzung nun nicht mehr mit der Erschöpfung zusammenfallen. Vielmehr könnte eine Gesellschaft „nur" wegen vergleichsweise zu hoher Abbaukosten „freiwillig" auf die Nutzung verzichten, ohne dass der gesamte Rohstoffvorrat extrahiert wird.[84] Übersteigen nämlich irgendwann die marginalen Abbaukosten den Prohibitivpreis, wird der Abbau eingestellt.

Damit sind die Überlegungen des hotellingschen Grundmodells nicht hinfällig, jedoch schwindet bei einer „ricardianischen" Erweiterung des archaischen Grundmodells die preisbestimmende Bedeutung der für das Hotelling-Modell charakteristischen Nutzungsgrenzkosten. Statt dessen treten langfristig die Abbaugrenzkosten nun für die Preishöhe und besonders für die zeitlichen Preisentwicklung („keilartig") in den Vordergrund. Unter Umständen wird bei hinreichend verschlechterten Abbaubedingungen der Konkurrenzpreis sogar fast vollständig durch die Abbaugrenzkosten bestimmt. Die Nutzungskosten sind auch dann noch vorhanden (und werden den Preis tendenziell erhöhen), doch ist ihre Größe vernachlässigbar.

c) Investitionsausgaben

Bisher wurden nur solche Kosten der Ressourcenförderung berücksichtigt, die in der Periode der Förderung zahlungswirksam werden. Diese Annahme ist mit Blick auf die in den Förderindustrien hohen Investitionsausgaben restriktiv.

Bei entsprechend erweiterter Betrachtungsweise ergibt sich das zu maximierende diskontierte Gesamtergebnis aus der Summe der diskontierten Periodenüberschüsse abzüglich den (bzw. dem Barwert der) Investitionsausgaben.[85] In der Literatur wird nun die plausible Annahme getroffen, dass für eine gegebene Lagerstätte die Investitionskosten im Wesentlichen durch die Förderkapazität

---

[84] Im Grunde war diese Erkenntnis schon in der Diskussion der (Un-)Sinnigkeit einer „resource endowment"-Reichweite enthalten.

[85] Vgl. J.M.Hartwick und N.D.Olewiler [1986], S. 74.

der Anlage bestimmt sind. Je größer die Förderkapazität (pro Periode), desto höher die Investitionsausgaben.

Betrachten wir nun noch einmal das Grundmodell, so stellen wir fest, dass die Abbaumenge im Zeitablauf immer weiter sinkt. Geht man hiervon auf ein Modell mit kapazitätsabhängigen Investitionsausgaben über, steht der Ressourcenanbieter vor einem Zusatzproblem: Legt der Betreiber die Kapazität auf die Fördermenge in der Anfangsperiode aus, so ist seine Anlage für die Folgeperioden überdimensioniert.[86] Dimensioniert er die Anlage im Interesse geringerer Investitionsausgaben und einer langfristig höheren Kapazitätsauslastung kleiner, muss er in den ersten Perioden von seinem Hotelling-Pfad abweichen. Schließlich kann er zunächst „nicht genug" fördern. Dieses Abweichen kostet ihn bares Geld, da der Hotelling-Pfad doch gerade seine diskontierten Periodenrückflüsse maximiert. Dieser Effekt wird besonders deutlich, wenn der Betreiber die Investitionsausgaben auf Null reduziert. Dann nämlich verzichtet er im Interesse der Minimierung der Investionsausgaben auf seine gesamte „Hotelling-Rente".

Zwischen diesen beiden polaren Zuständen (Auslegung auf maximale Förderung und „Null-Lösung") wird der Ressourcenanbieter die betriebswirtschaftlich optimale Förderkapazität q^* wählen. Diese ist dadurch gekennzeichnet, dass (ausgehend von der Maximalvariante) die Grenzersparnis an Investitionsausgaben durch Kapazitätsminderung gerade so hoch ist wie die Grenzopportunitätskosten, die diese anfängliche Kapazitätseinschränkung nach sich zieht.[87]

Im Firmengleichgewicht (identischer Minen[88]) gelten nach Bestimmung der optimalen Investitionssumme bzw. Anlagenkapazität nun folgende Überlegungen für die Bestimmung des gleichgewichtigen Abbaupfades.[89]

---

[86] In der betriebswirtschaftlichen Literatur würde man sagen: In allen Folgeperioden entstehen ihm Leerkosten.

[87] Dieses q^* kann (als Randlösung) mitunter auch so groß sein, dass es niemals eine Kapazitätseinschränkung darstellt, namentlich wenn die Bereitstellung von Förderkapazität relativ billig ist. In diesem hier nicht weiter verfolgten Fall darf q^* nicht kleiner sein als das q_t^0, das der Unternehmer ohne Investitionsnotwendigkeit im Anfangszeitpunkt auf einem gewöhnlichen, durch fallende Abbauraten gekennzeichneten Hotelling-Pfad abgebaut hätte. Vgl. J.M.Hartwick und N.D.Olewiler [1986], S. 74.

[88] Für die Berücksichtigung von Investitionskosten bei unterschiedlichen Abbaubedingungen siehe R.D.Cairns [1991].

[89] Vgl. J.M.Hartwick und N.D.Olewiler [1986], S. 74-75.

Anfangs werden die Betreiber unter zwangsweiser Beachtung der Kapazitätsrestriktion ihre Anlagen im Interesse möglichst hoher und früher Gewinne mit konstanter, 100% Auslastung q^* betreiben. Dies bedingt für die Anfangsperioden, in denen die Kapazitätsrestriktion bindet, ein Gleichbleiben des Preises p^* und (bei konstanten Abbaukosten) unveränderte Stückgewinne. Mit der konstanten Fördermenge q^* schwinden nun die Vorräte der Betreibers. Diesen (im Gegensatz zur Hotelling-Regel unvermindert raschen) Ressourcenschwund wird jeder Ressourcenanbieter immer aufs Neue zum Anlass nehmen, eine

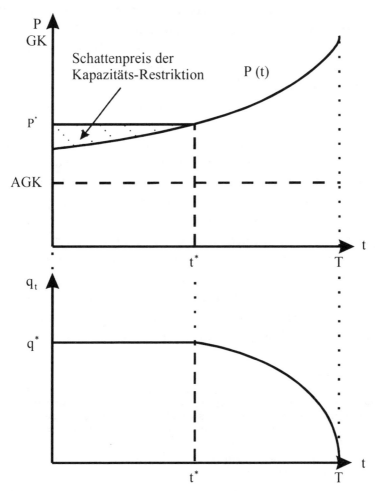

Abbildung 7

Reduzierung des Abbaus zu überprüfen,[90] um für Zeiten höherer Knappheit und höherer Preise und entsprechend höherer nominaler Stückgewinne hinreichend lieferbereit zu sein.

Ein solcher Schritt zu t^* ist jedoch nur dann gleichgewichtig, wenn der gesamte zu t^* verbleibende Ressourcenbestand R^* über die gesamte Restnutzungsdauer zu konstanten diskontierten Stückgewinnen, wie sie zum Zeitpunkt t^* herrschen, abgesetzt werden kann.[91] Dies ist gemäß dem Grundmodell nur auf einem[92] Hotelling-Pfad möglich. Man beachte, dass dieser „Hotelling-Epilog" zwischen t^* und dem Erschöpfungszeitpunkt T nicht mehr im Widerspruch zur Annahme einer Kapazitätsrestriktion q^* steht. Schließlich fällt auf diesem Pfad die Abbaurate ab dem Zeitpunkt t^* beginnend von $q_t^* = q^*$ kontinuierlich bis 0, so dass die Kapazitätsrestriktion nicht mehr bindet. (Parallel zu den fallenden Abbaumengen steigen die Gleichgewichtspreise bis zur Erreichung des Prohibitivpreises, um den wachsenden Diskontierungsdruck aufzufangen.) Siehe dazu Abbildung 7.

Bleibt, wie bereits erwähnt, mit konstanten Abbaugrenzkosten der undiskontierte Perioden(grenz)gewinn während der Bindungswirkung der Kapazitätsrestriktion wie eine Annuität konstant, so sinkt entsprechend der diskontierte Periodengrenzgewinn von t_0 bis t^*. Erst von da an bewegt sich der Markt auf einem Hotelling-Pfad mit konstanten diskontierten Periodengrenzgewinnen. Entsprechend werden während der Wirksamkeit der Kapazitätsrestriktion Grenzgewinne erzielt, deren Barwert (mit abnehmender Tendenz) über den erst im „Hotelling-Epilog" gleichbleibenden abgezinsten Nutzungsgrenzkosten liegt. Die vor t^* existierende Differenz zwischen dem Marktpreis und dem vor t^* gültigen „hypothetischen Hotelling(schatten)preis" wird auch als „Schattenpreis der Kapazitätsrestriktion" bezeichnet.[93] Während nach t^* dieser Schat-

---

[90] Dass aus Gleichgewichtsgründen irgendwann eine Förderreduzierung notwendig ist, ergibt sich schon aus der Tatsache, dass die letzten abgebauten Einheiten zum Prohibitivpreis abgesetzt werden (müssen). Die Nachfrage nach Ressourcen ist aber zu diesem Preis (fast) gleich Null. Entsprechendes muss im Gleichgewicht für das Angebot gelten.

[91] Anderenfalls bestünde „nach Hotelling" der Anreiz, durch intertemporale Umdispositionen den diskontierten Gesamtgewinn zu erhöhen.

[92] Dies ist natürlich nicht der Hotelling-Pfad, der vom Markt eingeschlagen worden wäre, wenn es anfangs überhaupt keine Kapazitätsrestriktion gegeben hätte.

[93] Der Kapitalwert der Summe dieser Kapazitätsschattenpreise ergibt (im Firmenoptimum) gerade die den marginalen Kapazitätserweiterungskosten gleichen Grenz-

tenpreis den Wert Null annimmt,[94] kann bis zum Übergang auf den Hotelling-Pfad (also während der Kapazitätsbindung) dieser „Kapazitätsschattenpreis" den Ressourcenpreis besonders anfänglich aber wesentlich beeinflussen. Dabei gilt: Je höher die Investitionserfordernisse, desto größer und länger wirksam ist der Einfluss dieser wiederum keilförmigen Preiskomponente.[95]

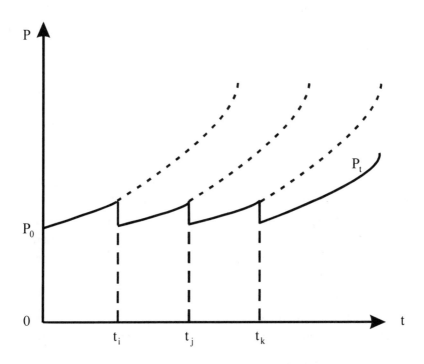

Abbildung 8

---

opportunitätskosten einer marginalen Kapazitätsreduzierung. Vgl. H.F. Campbell [1980].

[94] Schließlich ist nach t* die Kapazität ohnehin nicht ausgelastet. Deshalb wird eine Kapazitätserweiterung zu diesem späten Zeitpunkt keine Zusatzerträge mehr bewirken.

[95] Vgl. J.M.Hartwick und N.D.Olewiler [1986], S. 79. Wiederum liegt also eine Modellkomplikation vor, die den Ressourcenpreis von den Nutzungsgrenzkosten entkoppelt.

d) Neuerschließung von Reserven

Im obigen Text wurden ausschließlich Modelle behandelt, bei denen ein vorgegebener Bestand von Reserven unterstellt war. Bereits bei der Diskussion der Knappheitsindikatoren wurde gezeigt, dass diese Annahme die Realität schlecht widerspiegelt. In diesem Zusammenhang wurde darauf hingewiesen, dass Explorationserfolge den Reservenbestand erhöhen. Was sind nun die Folgen einer nicht erwarteten Vergrößerung des Reservenbestandes durch Explorationserfolge?[96]

Die Nachricht von zusätzlichen Reserven wird in gewisser Weise bei den Produzenten einen „Verfügbarkeitsschock" auslösen, da sie (wegen der entspannten Knappheitslage) ihre zukünftigen Stückgewinnerwartungen nach unten korrigieren (müssen). D.h. ihre Nutzungsgrenzkosten sinken ruckartig. Bei konstanten Abbaugrenzkosten führt dies zu einem Sinken des Gegenwartspreises. Unter Berücksichtigung der neuen Reserven wird der Markt jedoch wieder einen (neuen) Hotelling-Pfad einschlagen, auf dem die Gleichheit der diskontierten Grenzgewinne für den erweiterten Reservenbestand hergestellt ist. Der neue Preispfad wird unter dem alten liegen und deshalb zu einer sofortigen Erhöhung der Förderleistung führen. Abbildung 8 illustriert diesen Zusammenhang. Dabei zeigen t_i, t_j und t_k die Zeitpunkte, zu denen „Verfügbarkeitsschocks" eintreten.

Wie in der unter a) beschriebenen Modellerweiterung wächst der Grenzgewinn auf allen Hotelling-Pfaden „mit dem Zinssatz". Diese Gesetzmäßigkeit wird jedoch wiederum durch den Wechsel zwischen den Pfaden überdeckt.

e) Fortschritt der Abbautechnologie

Bei den obigen Erörterungen wurde die Abbautechnologie stets als konstant angenommen. Auch diese Voraussetzung erwies sich schon bei der Diskussion des Knappheitsindikators „Abbaukosten" in Kapitel II.1.c als problematisch. Bereits an dieser Stelle wurde vielmehr auf die Möglichkeit infolge technischen Fortschritts im Zeitablauf sinkender Abbaukosten hingewiesen. Im allgemeinen wird dabei zwischen autonomen und induziertem (d.h. vom Ausmaß der Ressourcenknappheit abhängigem) technischen Fortschritt unterschieden.

---

[96] Dabei sei angenommen, dass sich nur die Reserven und nicht etwa die Abbaukosten ändern.

Zunächst sei der Fall autonomen technischen Fortschritts analysiert. Hier ist das Sinken der Abbaugrenzkosten ausschließlich zeitabhängig. Die Hotelling-Regel verlangt, wie inzwischen mehrfach betont, die Gleichheit der diskontierten Periodengrenzgewinne. Sinken nun die Abbaugrenzkosten über die Zeit, müssen im Marktgleichgewicht die Rohstoffpreise nicht mehr so stark steigen, um diese Bedingung zu erfüllen. Autonomer technischer Fortschritt dämpft also die Preissteigerung. Bei genügend starkem technischen Fortschritt kann der Ressourcenpreis sogar trotz steigender Nutzungsgrenzkosten fallen. Für die Ressourcenverteilung über die Zeit bedeutet dies, dass zukünftige Generationen tendenziell ein größeres Stück vom Kuchen abbekommen.[97]

Ein etwas anderes Bild ergibt sich für durch steigende Ressourcenknappheit induzierten technischen Fortschritt, der wiederum zu Kostensenkungen führt. Hier seien die Auswirkungen zweier Knappheitssignale untersucht:

Angenommen (nur) ein steigender Preis signalisiere den potentiellen Innovatoren eine sich verschärfende Knappheit. In diesem Fall sinken die technologiebedingten Abbaugrenzkosten ausschließlich infolge von Preissteigerungen. Im Marktgleichgewicht kann eine solche Wirkungskette nie dazu führen, dass der Preis wegen des durch technischen Fortschritt begründeten Kostenverfalls ständig sinkt, denn Bedingung für technischen Fortschritt sind hier ja steigende Preise. Dennoch wird auch hier der technische Fortschritt die Preissteigerungen dämpfen, da die per Hotelling-Regel geforderte Steigerung der Nutzungsgrenzkosten teilweise durch die Kostensenkung aufgefangen wird.

Ein u. E. etwas paradoxes Bild ergibt sich, wenn angenommen wird, dass technischer Fortschritt (nur) durch sinkende Restbestände und die damit empfundene Verschärfung des Ressourcenproblems induziert wird. In diesem Fall sinken die Abbaugrenzkosten nicht unmittelbar mit der Zeit oder dem Preis, sondern mit der Reduzierung des in situ belassenen Restbestandes. Dies ist nun genau die Umkehrung des in b) besprochenen Falles, in dem die Abbaugrenzkosten mit der Reduzierung des in situ verbliebenen Restbestandes steigen. Insofern lassen sich die Ergebnisse von b) durch Verkehrung des Vorzeichens auf den hier besprochenen Fall übertragen. Die Nutzungsgrenzkosten müssen hier also schneller steigen als nach der Hotelling-Regel, da sich

---

[97] Eine solche Lösung ist auch sozial optimal, da der Verzehr zukünftiger Generationen wegen der geringeren Abbaukosten mit einem höheren Netto-Nutzen verbunden ist.

jeder Ressourcenanbieter durch die Verzögerung des Abbaus einer vorzeitigen Senkung der Abbaugrenzkosten beraubt.

f) „Back-Stop"-Technologie

fa) Von der erschöpflichen Ressource zum Back-Stop-Substitut

Technischer Fortschritt braucht sich nicht auf eine Verbesserung der Abbautechnik für die betreffende Ressource zu beschränken. Eine andere Möglichkeit besteht in der Entwicklung von substitutiven Technologien und Recyclingkonzepten. Besonderes Interesse hat in diesem Zusammenhang die Entwicklung von sog. Auffang-Technologien („Back-Stop"-Technologien) gefunden.

Darunter sind Verfahren zu verstehen, mit denen nicht-erschöpfliche Ressourcen so nutzbar gemacht werden können, dass die Endlichkeit erschöpflicher Ressourcen überwunden wird. Hier ist an zwei Fälle zu denken. Entweder die erschöpfliche Ressource wird unmittelbar durch eine nicht-erschöpfliche Ressource substituiert, z.B. der Energieträger Öl durch den Energieträger Sonnenenergie bzw. die kontrollierte Kernfusion und den Energiespeicher Wasserstoff. Ebenfalls denkbar ist es, dass die von der Gesellschaft genutzten Rohstoffe durch den Einsatz nicht-erschöpflicher Energiequellen (Sonnenenergie, kontrollierte Kernfusion) in einen geschlossenen – und damit niemals endenden – Recycling-Kreislauf überführt werden.

Meist wird angenommen, die Leistung der Back-Stop-Technologie stünde zu konstanten Grenzkosten zur Verfügung. Der Übergang von einer erschöpflichen Ressource zu ihrem Back-Stop-Substitut wird dann erfolgen, wenn ihre Grenzkosten nicht mehr über dem Ressourcenpreis liegen, d.h. wenn sie gegenüber dem Abbau erschöpflicher Ressourcen kostengünstiger ist.[98] Dies bedeutet im Gegenschluss, dass der Marktpreis nie über den Grenzkosten der Back-Stop-Technologie liegen wird. Insofern stellen die Grenzkosten der Back-Stop-Technologie den neuen Prohibitivpreis dar, falls sie unterhalb des ursprünglichen Prohibitivpreises liegen. Der Markt wird entsprechend der Hotelling-Regel bei Bekanntwerden der „Back-Stop"-Technologie auf einen Preis-Abbau-Pfad übergehen, bei dem die Erschöpfung der Ressource dann

---

[98] Eine simultane Verwendung von erschöpflichen Ressourcen und Back-Stop-Technologie kann optimal (für die Gesellschaft wie für die Anbieter) sein, wenn die Back-Stop-Technologie steigende Grenzkosten aufweist. Dies gilt auch für technischen Fortschritt im Verlauf des Back-Stop Einsatzes.

erreicht ist, wenn der Ressourcenpreis mit den Grenzkosten der „Back-Stop"-Technologie gleichgezogen hat. Diese Zusammenhänge sollen im folgenden anhand von Abbildung 9 etwas detaillierter erläutert werden.

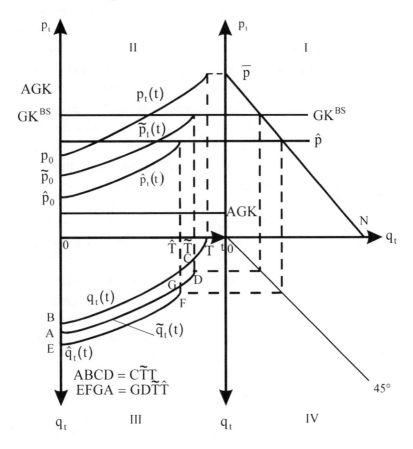

Abbildung 9[99]

Die Abbildung zeigt im 2. Quadranten mit $p_t(t)$ die Entwicklung des Preises der erschöpflichen Ressource auf einem Hotelling-Pfad ohne Back-Stop-Substitut. Hier steigt die Differenz zwischen Preis und Abbaugrenzkosten der Hotelling-Regel folgend mit einer Rate, die dem Zinssatz entspricht. Der 1. Quadrant zeigt die (als in der Zeit invariant angenommene) Nachfragekurve für

---

[99] Die in der Abbildung eingetragenen Kurven $\hat{p}_t(t)$ und $\hat{\overline{p}}$ werden erst in Abschnitt 6.a), unten erörtert.

die betreffende Ressource. Über die 45°-Linie im 4. Quadranten erhält man im 3. Quadranten den Zeitpfad der Ressourcenausbeutung $q_t(t)$, der dem Preispfad nach der Hotelling-Regel entspricht. Das Integral unter dieser Kurve vom Nutzungsbeginn (0) bis zum Erschöpfungszeitpunkt (T) der Ressource bildet den gesamten Ressourcenbestand ab. In T ist der durch die Hotelling-Regel definierte Preispfad auf den prohibitiven Preis $\bar{p}$ angestiegen. Damit ist auch das Bestandsgleichgewicht gewahrt. Ein anderer Zeitpfad des Ressourcenpreises (und der Ressourcennutzung) ist gleichgewichtig, wenn eine Back-Stop-Technologie existiert, mit der eine nicht-erschöpfliche Ressource genutzt werden kann, deren Leistungen mit denen der erschöpflichen Ressource identisch sind. Abbildung 9 stellt diese Zusammenhänge unter der Annahme dar, dass die Back-Stop-Technik zu jedem Zeitpunkt mit Sicherheit zu den angegebenen Kosten zur Verfügung stehe. Die Grenzkosten des Back-Stop-Substituts GK^{BS} sind als konstant eingetragen. GK^{BS} gibt (in dem hier stets unterstellten Fall vollständiger Konkurrenz) den Preis der Back-Stop-Ressource wieder, weil bei ihr – anders als bei der erschöpflichen Ressource – keine Nutzungsgrenzkosten in den Preis einkalkuliert werden. Die Back-Stop-Grenzkosten bilden eine Obergrenze für den Preis der erschöpflichen Ressource. Niemand ist bereit, für die erschöpfliche Ressource einen Preis zu zahlen, der höher liegt, als der Preis der konkurrierenden Back-Stop-Ressource. Liegt GK^{BS} unter dem prohibitiven Preis $\bar{p}$, so beeinflusst die Existenz einer Back-Stop-Technologie die Lage des Hotelling-Pfades für die erschöpfliche Ressource.

Die Tatsache, dass der Preis der erschöpflichen Ressource in Zukunft nicht weiter steigen kann, sobald die durch GK^{BS} gegebene Höchstgrenze erreicht ist, reduziert natürlich die zukünftigen Gewinnmöglichkeiten. Dadurch werden die Nutzungskosten gesenkt. Da diese Preisbestandteil sind, verschiebt die Existenz der Back-Stop-Technologie den Hotelling-Preispfad in der Abbildung von $p_t(t)$ nach $\tilde{p}(t)$. Da mit dem niedriger verlaufenden Zeitpfad $\tilde{p}(t)$ in jedem Zeitpunkt mehr von der erschöpflichen Ressource abgebaut wird als im Fall ohne Back-Stop-Technologie, liegt ihr Erschöpfungszeitpunkt $\tilde{T}$ vor T.

Da die Back-Stop-Technologie das Problem zukünftiger Ressourcenknappheit entschärft, ist diese Änderung des Gleichgewichtspfades vom Standpunkt einer „sozialen Wohlfahrtsmaximierung" als positiv anzusehen.

Eine gleichgewichtige Entwicklung führt zu einer Situation, in der die erschöpfliche Ressource gerade vollständig aufgebraucht ist, wenn ihr Preis auf

GK^{BS} angestiegen ist $\left(\tilde{p}(\tilde{T}) = GK^{BS}\right)$. Auch auf dem durch die Existenz der Back-Stop-Technik modifizierten Abbaupfad für die erschöpfliche Ressource ist also die Bedingung für ein Bestandsgleichgewicht erfüllt. In $\tilde{T}$ wechselt die Wirtschaft von der erschöpflichen Ressource auf die Back-Stop-Ressource über. Aus der Back-Stop-Technologie wird die Back-Stop-Technik.

Eine andere Entwicklung kann nicht gleichgewichtig sein: Ist noch ein Restbestand der erschöpflichen Ressource in der Erde, wenn ihr Preis auf GK^{BS} angestiegen ist, so wird dieser niemals genutzt werden, ist also verschwendet. Ist dagegen die erschöpfliche Ressource schon vollständig abgebaut, ehe ihr Preis auf GK^{BS} angestiegen ist, steht in dieser Situation einer positiven Nachfrage kein Angebot gegenüber.

Die dem Hotelling-Pfad entsprechende zeitliche Entwicklung der Abbaurate bei der Existenz einer Back-Stop-Technologie ist im 3. Quadranten mit $\tilde{q}(t)$ abzulesen. Da die Bestandsmenge der erschöpflichen Ressource nicht von der Existenz einer Back-Stop-Technologie abhängt, muss das Integral unter den beiden Abbaukurven $q_t(t)$ und $\tilde{q}_t(t)$ in den Grenzen von 0 und T bzw. $\tilde{T}$ gleich sein. In Abbildung gilt (soll gelten!) ABCD = CT$\tilde{T}$.

fb) Fortschritt in der Back-Stop-Technologie

Natürlich ist auch die Back-Stop-Technik selbst dem Wandel unterworfen. Wir können eine Verbesserung dieser Technik durch einen Verfall der Kosten ihres Einsatzes abbilden.

In Abbildung 10 sind die Grenzkosten der Back-Stop-Technologie vor Einführung des technischen Fortschritts GK_0^{BS}. Solange die alte Technik gilt, bewegt sich der Preis der erschöpflichen Ressource entlang des Gleichgewichtspfades $p_0(t)$. Wird in t_1 die Innovation bekannt, die die Back-Stop-Grenzkosten von GK_0^{BS} auf GK_1^{BS} senkt, so wechselt der Preis der erschöpflichen Ressource auf den Gleichgewichtspfad $p_1(t)$ über. Der nach t_1 niedrigere Preis der erschöpflichen Ressource erhöht natürlich ihre Abbaugeschwindigkeit. Der Erschöpfungszeitpunkt (T_1) ist daher früher erreicht, als es ohne technischen Fortschritt der Fall gewesen wäre (T_0). Allerdings steht in T_1 die Back-Stop-Technologie als „Ablösung" zu Grenzkosten in Höhe von $p_1(T_1)$ bereit.[100]

---

[100] Zu dieser („Rück-")Wirkung der in der Zukunft eingesetzten Back-Stop-Technik auf den Abbaupfad der gegenwärtig genutzten erschöpflichen Ressource

Es sei darauf hingewiesen, dass die Neuigkeit von Kostenfortschritten bei „Back-Stop"-Technologien insofern ähnlich wie das Bekanntwerden von neuen Reserven und der in Teil a) beschriebene (planmäßige) Übergang auf ein kostenungünstigeres Lager wirkt, als die Nutzungsgrenzkosten der erschöpflichen Ressource in allen Fällen im Übergangszeitpunkt schlagartig gesenkt werden. Im Unterschied zu der in a) besprochenen Komplikation[101], ergibt sich bei der unerwarteten Reservenausweitung bzw. bei unerwarteten „Back-Stop"-Fortschritten auch ein Sprung in den Preisen.

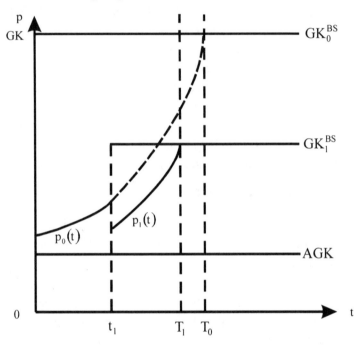

Abbildung 10

g) Unsicherheit

In den vorangegangenen Abschnitten wurde stillschweigend die Annahme getroffen, dass die Entscheidungsträger glauben, bei der Bestimmung der

---

schreiben J.M.Hartwick, N.D.Olewiler [1998], S.49: „If the oil extraction phase is the dog, the back stop may be the tail wagging the dog."

[101] – die von den Marktteilnehmern antizipiert wurde –

Abbaupfade mit Gewissheit die zukünftige Knappheitssituation einschätzen zu können. Diese Annahme ist mit dem Blick auf Unsicherheiten z.B. bezüglich der Reserven-, Technologie- und Kostenentwicklung sicherlich äußerst restriktiv.

Deshalb stellen sich zwei Fragen:
1) Wie geht die Gesellschaft ex ante am besten mit dem Problem der Unsicherheit um?
2) Wie geht der Markt ex ante mit diesem Problem um?

Die vollständige Analyse dieses Problems geht natürlich weit über den Rahmen dieses einführenden Buches hinaus.[102] Wir wollen uns hier auf einige exemplarische Ausführungen beschränken.

Im folgenden sei zunächst eine (beliebige) Nachfrageunsicherheit[103] am einfachen Zweiperiodenmodell ohne die Berücksichtigung von Abbaukosten untersucht.[104] In diesem einfachen Modell kann man sich vorstellen, dass die Zahlungsbereitschaft in der zweiten Periode, ZB_2, eine Zufallsvariable darstelle, die einen von zwei denkbaren Werten annehme (ZB_2^+ für eine hohe Nachfrage, ZB_2^- für eine geringe Nachfrage). Dabei ist (π) die Wahrscheinlichkeit für eine hohe Nachfrage, $(1-\pi)$ die für eine geringe Nachfrage. Folglich ist der hier wiederum über die Zahlungsbereitschaft gemessene Gesamtnutzen einer Zweiperiodengesellschaft mit bekanntem Vorrat $\underline{R}$ unsicher, bzw. eine Zufallsvariable:

$$W = ZB_1(q_1) + ZB_2(\underline{R} - q_1)/(1+r)$$

Die Wahl des sozial optimalen Abbaupfades reduziert sich nun ex ante auf die Bestimmung einer sozial optimalen Menge für die erste Periode q_1^*. Diese muss (im Rahmen der konventionellen Risikoökonomie) den erwarteten diskontierten Nettonutzen der Gesellschaft, also den folgenden Ausdruck maximieren:

---

[102] Für einen ersten relativ leicht zugänglichen Überblick über Nachfrage-, Zins-, Reserven-, und Kostenunsicherheiten siehe G.Fishelson [1990]. Formal anspruchsvoller ist die Darstellung bei N.Hanley et al. [1997], S. 266-270.

[103] Für einen Überblick über andere Unsicherheiten siehe A.C.Fisher [1981], S. 44 ff. oder J.M.Hartwick und N.D.Olewiler [1986], S. 122 ff.

[104] Diese Annahme dient lediglich der Vereinfachung der Darstellung.

$$E[W] = ZB_1(q_1) + \pi\ [ZB_2^+ \cdot (\underline{R} - q_1)/(1+r)] + (1-\pi)[ZB_2^- \cdot (\underline{R} - q_1)/(1+r)]$$

Die durch einmaliges Ableiten nach q_1 leicht herleitbare notwendige Bedingung, die dieses q_1^* erfüllen muss, ist durch folgende Gleichung gegeben:

$$MZB_1(q_1^*) = \pi\ MZB_2^+ \cdot (\underline{R} - q_1^*)/(1+r) + (1-\pi) \cdot MZB_2^- \cdot (\underline{R} - q_1^*)/(1+r)$$

Diese Bedingung drückt die plausible Forderung aus, dass der Nutzenentgang bei Verzicht auf die letzte abgebaute Einheit in Periode 1 gerade durch den erwarteten diskontierten Nutzenzuwachs durch den Zusatzverzehr dieser Einheit in Periode 2 aufgewogen wird.

Zunächst fällt auf, dass das optimale q_1^* damit ganz ähnlich bestimmt wird wie unter Sicherheit. Die unsichere Grenzzahlungsbereitschaft wird lediglich durch ihren Erwartungswert ersetzt. (Sollte die Zahlungsbereitschaft in Periode 2 bekannt – also keine Zufallsvariable – sein, reduziert sich die obige Gleichung auf die schon bekannte Optimierungsbedingung.)

Der sozial optimale Pfad ist eine Seite. Fragen wir nun, ob der Markt in seinem intertemporalen Gleichgewicht mit der Unsicherheit hinsichtlich der Nachfrage genauso umgehen wird.

Zunächst wird unter idealen Voraussetzungen[105] eine Erweiterung des Systems Walras'scher Zukunftsmärkte in der Weise unterstellt, dass die Zukunftsmärkte nun *bedingt* sind. Die Zukunft betreffende Kontrakte auf diesen *Contingent Markets* verpflichten nur dann zum Ressourcentransfer und der Kaufpreiszahlung, wenn eine ganz bestimmte Bedingung eingetreten ist. Dabei korrespondieren die Bedingungen mit den alternativen zukünftigen (und ex ante zufälligen) Weltzuständen.[106]

In unserem Fall wird es damit neben dem *Spot Market* für Periode 1 zwei *Contingent Markets* geben, einen für den Fall hoher Nachfrage in Periode 2 und einen für den Fall geringer Nachfrage in Periode 2. Auf allen drei Märkten werden sich Gleichgewichtspreise bilden, die mit p_1, p_2^+ und p_2^- bezeichnet werden sollen. Die Verschiebung des Verkaufs einer Einheit in Periode 1 wird für den Ressourcenanbieter den Verzicht auf p_1 und den Zusatzerlös von p_2^+

---

[105] Insbesondere: Konsumenten und Anbieter kennen die Knappheitswahrscheinlichkeiten.

[106] Angenommen wird dabei, dass die Bedingungen der contingent markets eine vollständige Zerlegung aller möglichen Nachfrageentwicklungen darstellen.

mit Wahrscheinlichkeit (π) oder p_2^- mit Wahrscheinlichkeit $(1-\pi)$ bedeuten. Man beachte, dass bei der beschriebenen Marktkonstellation auch ein seriöser Anbieter eine Einheit auf beiden *Contingent Markets* zugleich anbieten kann, da die Lieferbedingungen auf den beiden Märkten einander ausschließen. Nur auf einem der Märkte wird er später liefern müssen. Welcher dies ist und welchen Preis er tatsächlich erhält (p_2^+ oder p_2^-), ist allerdings ungewiss. Nehmen wir an, dass der Ressourcenanbieter risikoneutral ist, oder risikoneutrale Zwischenhändler existieren, wird er eine Verschiebung des Verkaufs vornehmen, wenn der Erwartungswert[107] der diskontierten *Contingent Prices*, d.h. $[\pi\, p_2^+/(1+z)+(1-\pi)p_2^-/(1+z)]$, den *Spot Price* übersteigt. Im Marktgleichgewicht muss also der genannte Ausdruck dem *Spot Price* gleichen.

Wie gewohnt entspricht der *Spot Price* der Grenzzahlungsbereitschaft für die Ressource in Periode 1. Ähnliches gilt für p_2^- und p_2^+. Sie geben unter der Bedingung der jeweiligen Nachfragedeterminante die beiden denkbaren Grenzzahlungsbereitschaften wieder. Die Gleichgewichtsbedingung für eine Marktlösung ergibt sich demnach als:

$$p_1 = \pi\, p_2^+/(1+z)+(1-\pi)p_2^-/(1+z)$$

$$= \{\pi\, p_2^+ + (1-\pi)p_2^-\}/(1+z)$$

$$MZB_1(q_1^*) = \pi\, MZB_2^+/(1+z)+(1-\pi)MZB_2^-/(1+z)$$

Damit beschreitet der Markt unter den in Kapitel II.3. gewählten Bedingungen also gerade den zuvor als optimal identifizierten Abbaupfad. Interpretiert man den Ausdruck in den geschweiften Klammern als erwarteten *Spot Price* in Periode 2, ergibt sich als Pendant zur bekannten Hotelling-Regel, dass der erwartete Grenzgewinn „mit dem Zinssatz steigt". Regelmäßige Voraussetzung

---

[107] Da für den Rohstoffanbieter ungewiss ist, welchen Preis er für die Lieferung in Periode 2 wirklich erhält, wird er die entsprechenden Contingent Prices hinsichtlich ihrer Eintrittswahrscheinlichkeit gewichten. Bei Risikoneutralität wird der entsprechende Korrekturfaktor genau die Eintrittswahrscheinlichkeit sein. Dafür braucht der betrachtete Anbieter nicht einmal unbedingt selber risikoneutral zu sein. Wenn er risikoscheu ist, so hat das zitierte Ergebnis Bestand, so lange andere Marktteilnehmer risikoneutral sind. Diese können ihm nämlich als Zwischenhändler für Periode 2 gerade den Erwartungswert der Spot Prices für die fest zugesagte Überlassung einer Ressourceneinheit garantieren.

dafür sind die Existenz vollständiger Contingent Markets und risikoneutraler Marktteilnehmer.

Neben der Nachfrage ist in der realen Welt auch der Umfang der Reserven (bzw. der Explorationserfolg) ex ante unsicher.[108] Die Konsequenzen einer solchen Unsicherheit auf die sozial optimale Lösung wie die Marktlösung können in ähnlicher Weise betrachtet werden, wie dies oben für die Nachfrageunsicherheit geschehen ist.[109] Im allgemeinen ergibt sich, dass der optimale Abbau q_1^* bei unsichererem Reservenbestand kleiner ist als der optimale Abbau in Periode 1 bei Sicherheit.[110] Das bedeutet, dass bei Unsicherheit bezüglich der Größe des erwarteten „cakes" die anfängliche Entnahme geringer ist als auf dem normalen Hotelling-Pfad. Dies kann sogar dazu führen, dass der Abbau entgegen dem Hotelling-Pfad in der zweiten Periode größer ist als in der ersten Periode. (Dieser Zusammenhang gilt, wenn das für unwahrscheinlich gehaltene $\underline{R}^+$ sehr viel größer ist als $\underline{R}^-$ und sich nach Periode 1 die Gewissheit von $\underline{R}^+$ herausstellt).[111]

Auch hier gilt, dass bei Existenz von entsprechenden *Contingent Markets*[112] und risikoneutralen Marktteilnehmern die Markt- und die Optimallösung übereinstimmen werden.

---

[108] Das entstehende Problem ist sehr schön im Titel einer Abhandlung von M.C.Kemp [1976] erfasst: „How to eat a cake of unknown size?" Vgl. auch J. M.Hartwick, N.D.Olewiler [1998], S. 302 - 304.

[109] Dazu muss das obige Modell nur leicht variiert werden, indem man den Restreservenbestand $\underline{R} - q_1$ in den obigen Beziehungen ex ante, d.h. in Periode 1, als Zufallsvariable auffasst, die sich in Periode 2 mit π zu $\underline{R}^+ - q_1$ und mit $(1-\pi)$ zu $\underline{R}^- - q_1$ realisiert.

[110] Vgl. z.B. G.Fishelson [1990].

[111] Vgl. M.C.Kemp [1976], S. 300. Für den Spezialfall einer exponential verteilten Reservemenge vgl. G.C.Loury [1978], S. 631.

[112] Im Modellfall gäbe es bei dem obigen Beispiel zwei contingent markets: Den einen unter der Bedingung $\underline{R}^+$, den anderen unter der Bedingung $\underline{R}^-$. Die Anzahl der auf beiden bedingten Zukunftsmärkten gehandelten Einheiten wird sich um die Differenz zwischen $\underline{R}^+$ und $\underline{R}^-$ unterscheiden.

5. Marktversagen

Aus den letzten Abschnitten konnte man den Eindruck gewinnen, dass die „invisible hand" des Marktes die Problematik erschöpflicher Ressourcen stets sozial optimal löst. Wie so oft trügt jedoch der Schein.

Für eine Vielzahl von Fällen kann gezeigt werden, dass Marktlösung und sozial optimale Lösung nicht übereinstimmen. Ob dieser Umstand schon rechtfertigt, von Markt*versagen* zu sprechen, mag dahingestellt bleiben.[113]

Als mögliche Gründe für ein Auseinanderfallen der Marktlösung und der sozial optimalen Lösung sollen zunächst die drei Kernannahmen aus Kapitel II.3 bezüglich der Marktoptimalität hinterfragt werden. Im zweiten Schritt soll zusätzlich untersucht werden, ob die institutionellen Vorstellungen, die wir uns im letzten Kapitel vom *Markt* gemacht haben, tatsächlich der Realität nahekommen. Hier werden wir uns besonders mit Fragen der Marktmacht sowie der Nichtexistenz eines vollständigen Systems von Gegenwarts- und (bedingten) Zukunftsmärkten mit risikoneutralen Zwischenhändlern auseinandersetzen.

a) Verteilung

Aus der Gleichsetzung von gesellschaftlichem Nutzen und diskontierter Nettozahlungsbereitschaft ergab sich die Pareto-Bedingung, dass durch keine Reallokation der erschöpflichen Ressourcen die diskontierte Nettozahlungsbereitschaft erhöht werden könne. Nun ist jedoch bekannt, dass ein Paretooptimaler Zustand nicht unbedingt als sozial optimal angesehen werden muss. Schließlich lässt das Pareto-Kriterium Verteilungsaspekte unberücksichtigt. So können in der Gesellschaft Werturteile über die Verteilung existieren, nach denen bestimmte Pareto-Optima unakzeptabel erscheinen können. Diese allgemeine Erkenntnis gilt natürlich auch für Pareto-optimale Marktergebnisse. Wie andere Märkte bietet auch der Ressourcenmarkt keine Gewähr dafür, dass die im Gleichgewicht herrschende Verteilung als sozial tolerabel oder gar optimal angesehen wird. Ist diese Bedingung nicht erfüllt, so wird die Aggre-

---

[113] Schließlich darf das Ergebnis des Marktmechanismus nicht ausschließlich anhand eines Vergleichs mit Idealergebnissen beurteilt werden, die u.U. mit keinem realen Allokationsmechanismus erreichbar sind. Sollte der Markt z.B. trotz eines Nichterreichens der Optimallösung immer noch bessere Ergebnisse liefern als alle andere Mechanismen, relativiert sich sein Versagen erheblich. Vgl. auch die im IV. Kapitel erfolgende pragmatische Würdigung marktwirtschaftlicher Allokationsanreize.

gation der auf Märkten maßgebenden Zahlungsbereitschaften kaum als Näherungsgröße für den sozialen Bruttonutzen aus der Ressource akzeptiert werden. Damit wäre bereits die erste der in Kapitel II.3. genannten Bedingungen für die Optimalität des Konkurrenzgleichgewichts verletzt.

Verteilungsprobleme sind jedoch nicht für den Ressourcenmarkt spezifisch und sollten nicht ohne weiteres als Argument dienen, gerade hier den Marktmechanismus mittels Regulierung außer Kraft zu setzen. Andere – z.B. steuerliche – Maßnahmen dienen dem Verteilungsziel effizienter als der Umweg über die Regulierung spezieller Märkte.

Gerade bei der Ressourcennutzung können allerdings Konflikte zwischen *zeitpunktbezogenen* und *intertemporalen* Verteilungszielen entstehen. Verfolgt man z.B. das Ziel, die Folgen einer Ressourcenverknappung für schwächere Einkommensschichten in der Gegenwart abzumildern, so führt dies zu einer weniger sparsamen Verwendung dieser Ressource. Die „Armen" der Gegenwart werden auf Kosten zukünftiger Generationen, denen weniger Ressourcen hinterlassen werden, geschützt. Mit umgekehrten Vorzeichen gilt dies für Preissteigerungen bei sich verknappenden Ressourcen. Sie dienen einerseits den Interessen zukünftiger Generationen, würden aber andererseits gerade denjenigen wirtschaftlich schwachen Ländern der Dritten Welt, die nicht selbst Anbieter der betreffenden Ressourcen sind, schwere Lasten aufbürden. Dieses Problem tritt auch auf, wenn andere Rationierungsmittel als der Preis angewendet werden. So wäre es z. B. kaum realistisch anzunehmen, dass die Länder der Dritten Welt im Verteilungsschlüssel bei einer weltweiten Ölrationierung etwa durch die Internationale Energieagentur (IEA) im Vergleich zu den Industrieländern letztendlich stärker berücksichtigt würden als durch Marktpreise. Weitgehend unabhängig vom jeweils gewählten Allokationsmechanismus gilt wohl meist: „Elend der Arme! Glücklich der Besitzende!"

b) Ungleichheit privater und sozialer Abbaukosten

Eine wichtige Bedingung für die soziale Optimalität des konkurrenzwirtschaftlichen Abbaupfades besteht in der Gleichheit von privaten und sozialen Abbaukosten. Bei der Förderung, dem Transport, der Aufbereitung und beim Verbrauch erschöpflicher Ressourcen entstehen jedoch eine Reihe negativer Externalitäten, etwa in Form von Landschaftsverschandelung, Ölverschmutzung der Meere, Aufheizen der Erdatmosphäre oder Abfallverursachung. Diese externen Effekte wirken oft weit in die Zukunft hinein und sind häufig irreversibel. Da sie naturgemäß nicht im Ressourcenpreis einkalkuliert sind und außerdem kumulierende Umweltbeeinträchtigungen einen um so größeren Schaden anrichten, je früher sie verursacht werden, ergibt sich hieraus im Marktgleichgewicht ein gegenüber dem Optimum zu schneller Ressourcenabbau.

Neben diesen gravierenden externen Kosten der Ressourcenausbeutung, die für eine Übernutzung von Ressourcen durch den Marktmechanismus verantwortlich gemacht werden, wird in der Literatur auch auf einen (vermutlich vergleichsweise unbedeutenden) externen Ertrag des Ressourcenabbaus hingewiesen, der tendenziell eine Unterbeanspruchung herbeiführt. Die bei der Suche nach Ressourcen und der Entwicklung neuer Techniken gewonnenen Informationen stehen (wenigstens zum Teil) nicht nur denjenigen zur Verfügung, die Kosten für derartige Aktivitäten tragen, sondern auch anderen Firmen.[114] Angesichts derartiger positiver externer Effekte werden solche Aktivitäten am Markt unter dem optimalen Niveau durchgeführt. Dies senkt die Geschwindigkeit der Ressourcenausbeutung.

c) Ungleichheit privater und sozialer Diskontrate

Eine weitere Grundvoraussetzung für die Pareto-Optimalität der Marktlösung besteht in der Gleichheit von privater und sozialer Diskontrate. Dabei geht es im Sinne der oben im Exkurs zu Abschnitt II.2. als „normativ-positiv" bezeichneten Analyse um die Beziehung der privaten Diskontrate zur *tatsächlichen* sozialen Diskontrate und nicht zu einer sozialen Diskontrate, die die Gesellschaft sich womöglich bei Einhaltung übergeordneter ethischer Normen zu eigenen machen *sollte*.[115] Mögliche Gründe für eine Divergenz zwischen der privaten und der tatsächlichen sozialen Diskontrate werden in der Literatur ausführlich erörtert.[116] Lediglich zwei in der Ressourcenökonomie sehr geläufige Argumente, die eine zu hohe private Diskontrate zu begründen scheinen, seien hier kurz diskutiert.

---

[114] Ansätze zur Internalisierung dieser positiven Externalität sind im in Abschnitt II.1. zitierten dry-hole money zu erblicken.

[115] Würde sich bei einer normativ-normativen Analyse ergeben, dass die einzig zu rechtfertigende soziale Diskontrate bei Null liegt, so wäre natürlich jede am Markt vorgenommene positive Diskontierung per se (und damit ohne jede weitere Diskussion) zu hoch.

[116] Allerdings beziffert J.Rowse [1991] die Wohlfahrtsverluste einer Überhöhung der privaten Diskontrate um 12% auf höchstens 3%.

So wird in der auf Marglin[117] zurückgehenden Literatur argumentiert, dass das Wohlergehen zukünftiger Generationen eine von jedem Mitglied der Gegenwartsgeneration antizipierte Wohlfahrtskomponente darstelle, die durch den gesamten *in situ* verbliebenen (nicht durch die Gegenwartsgeneration abgebauten) Ressourcenbestand bestimmt wird. Da der Einfluss des Ressourcenverzehrs eines Gegenwartsindividuums auf den insgesamt in situ verbliebenen Rest verschwindend gering ist, trägt das antizipierte Wohlergehen zukünftiger Generationen Eigenschaften eines öffentlichen Gutes. Dessen Bereitstellung (hier durch Ressourcenentnahme*verzicht*) leidet jedoch bekanntlich am Problem des Gefangenendilemmas.[118] Hat jeder einzelne gegenwärtige Entscheidungsträger nur die Interessen seiner eigenen Kinder und Enkel im Sinn und wäre nur zu ihren Gunsten zu einem zurückhaltenden Konsum erschöpflicher Ressourcen bereit, so wäre der Anreiz, sich tatsächlich ressourcenschonend zu verhalten, noch geringer als bei einem „allgemeinen" Generationenaltruismus.

Es ist nämlich unwahrscheinlich, dass die eigenen Nachkommen in den Genuss der nicht konsumierten Ressourcen kommen. Der Ersparniseffekt, den jeder einzelne mit seinem Verzicht erzielen könnte, würde vielmehr über alle Mitglieder der gegenwärtigen und zukünftigen Generation diffundieren. Der Anteil, in dessen Genuss die Nachkommen des Entscheidungsträgers kämen, wäre also zu vernachlässigen.

Dieses Zusatzproblem würde natürlich entschärft, wenn alle gegenwärtigen Ressourcennachfrager von einer Moral gelenkt würden, die sie nicht zwischen den Auswirkungen ihres Tuns für ihre eigenen Nachkommen und für andere Individuen unterscheiden ließe. Ein allgemeiner „Zukunftsaltruismus" schlüge sich, unbeschadet der weiterhin gültigen Beobachtungen von Marglin, im Marktergebnis durchaus konservierend nieder.

---

[117] Vgl. S.A.Marglin [1963], insb. S. 99 ff.

[118] Vgl. z.B. J.Weimann [1996]. Ist, anders als soeben unterstellt, den gegenwärtigen Individuen das Schicksal der zukünftigen Generationen gleichgültig, so kann eine Marktallokation den zukünftigen Bedürfnissen ohnehin nicht Rechnung tragen. In dieser Situation ist allerdings auch der demokratische Staat (in dem die Gegenwartsgeneration als Souverän agiert) über die staatlich organisierte Bereitstellung des vom Markt nicht gelieferten öffentlichen Gutes unfähig, die Situation für die zukünftigen Generationen zu verbessern.

Ein der Argumentation Marglins strukturell ähnlicher Effekt, wenn auch mit geringerem Zeithorizont und alleinigem Bezug zum eigenen Konsum, lässt sich bei der Existenz der bereits im Rahmen der Indikatordiskussion erwähnten Selbstbedienungs-Ressourcen (*open access resources*) beobachten: Hat ein Ressourcenanbieter ein dauerhaftes und ausschließliches Eigentumsrecht an einem Ressourcenvorkommen, so ist es – wie oben ausgeführt – in seinem eigenen Interesse, für jede Einheit der Ressource zu fragen, ob nicht der in der Zukunft damit zu erzielende Gewinn höher sei, als der Gewinn aus dem sofortigen Abbau. Diese Berücksichtigung der Nutzungskosten bei der Gewinnmaximierung hat eine konservierende Wirkung, die auch im sozialen Interesse ist.

Beutet der Anbieter die Ressource jedoch gemeinsam mit anderen unter rechtlichen Umständen aus, bei denen jeder Eigentumsrechte nur an der von ihm geförderten Menge erwirbt, so wird dieser Anreiz stark geschmälert, bzw. entfällt völlig. Verzichtet ein Anbieter hier auf den Abbau einer Einheit, so konserviert er diese nicht – wie im Fall exklusiver Nutzung – für die eigene künftige Verwendung, sondern überläßt sie den Konkurrenten. Eine Konservierung von Ressourcen verursacht demnach positive externe Effekte, im Extremfall sogar ausschließlich externe Effekte. Hier besteht also ein Anreiz zu einem Extraktionswettlauf, der zum Ressourcenraubbau führt.

In beiden soeben diskutierten Fällen von „Marktversagen" liegt die am Markt offenbarte Neigung, im Interesse einer zukünftigen Verwendung (durch den Entscheidungsträger selbst oder durch seine Nachkommen) sparsam mit den Ressourcen umzugehen, unterhalb der „wahren" bzw. „eigentlichen" Neigung, dies zu tun. Dies scheint – wie gelegentlich in der Literatur zu lesen – auf eine zu hohe private Diskontrate hinzudeuten.

Aus der oben beschriebenen „Zukunftsignoranz" kann man dies u.E. aber gerade *nicht* folgern. Die „Zukunftsignoranz" liegt nicht zwangsläufig in einer ungebührlichen Geringschätzung der Zukunft bzw. einer „Vergegenwärtigung" individueller Zeitpräferenzen. Sie ist vielmehr entgegen den eigentlichen Zeitpräferenzen darin begründet, dass wegen bestimmter Widrigkeiten in der Struktur der Rahmenbedingungen, unter denen die Entscheidung erfolgt, die eigenen zukünftigen Vorteile einer Zurückhaltung im Gegenwartskonsum nahe oder gleich Null sind.[119] Ähnlich kann man im Bereich der Umweltökonomie ja aus der Unterversorgung mit Umweltschutz nicht schließen, dass kein Interesse/keine grundsätzliche Opferbereitschaft hinsichtlich der Erhöhung der Umweltqualität besteht.[120]

Auf der anderen Seite lässt sich leicht zeigen, dass die oben geschilderten Konservierungshemmnisse *dieselben Wirkungen* auf das Gegenwartsverhalten haben wie eine die soziale Diskontrate bei weitem übersteigende private Diskontrate.

So lautete die ursprüngliche Hotelling-Bedingung:

$$(P_0 - AGK) = (P_t - AGK)e^{-\tilde{z}t}$$

Hier sieht man nun deutlich, dass z.B. das Open-Access-Problem den Ausdruck $(P_t - AGK)$ sehr klein werden lässt, da der Verzicht auf den Abbau der letzten Einheit in Periode 0 eben nicht die Abbaumöglichkeit in Periode t mit dem Gewinn $(P_t - AGK)$ eröffnet. Schließlich wird die fragliche Einheit bis dahin schon längst von anderen Ressourcenanbietern extrahiert worden sein. (Ähnliches lässt sich über die Wirkung einer drohenden Enteignung sagen, die ja in den Augen des derzeitigen Eigners sein gegenwärtiges „Eigentum auf Abruf" nicht schonenswerter als eine Selbstbedienungsressource werden lässt.) Der für die Attraktivität des Abbaus in Periode 0 „notwendige" Preis wird knapp oder gar nicht über den Abbaugrenzkosten AGK liegen. Entsprechend hoch ist der Abbau in dieser Periode.

Genau das gleiche Resultat hätte sich für eine hohe private Diskontrate $\tilde{z}$ ergeben, die den Abzinsungsfaktor $e^{-\tilde{z}t}$ sehr klein, im Grenzfall sogar gleich Null hätte werden lassen.

Doch mag das Resultat auch das gleiche sein, so liegt doch eine völlig andere Ursache vor. Schließlich beschleunigt der (Noch-) Ressourceneigner im oben ebenfalls kurz angesprochenen Fall einer drohenden Enteignung den Abbau nicht etwa, weil er die Zukunft geringschätzt (zu hoch abdiskontiert),

---

[119] Wenn sich jemand weigert, Anleihen eines in Konkurs gehenden Schuldners mit einer Rendite von 4% zu erwerben, liegt dies (unabhängig davon, ob die zeitliche Präferenzrate größer als 4% ist) daran, dass ein derzeitiger Konsumverzicht zugunsten eines Kaufs der Anleihe keinerlei Früchte tragen wird.

[120] Auch hier schlägt die Öffentlichkeitseigenschaft von „Umweltschutz" der Durchsetzung entsprechender individueller Präferenzen über den Markt ein Schnippchen.

sondern weil er sein Ressourceneigentum anders als durch Gelderlöse nicht in die Zukunft hinüberretten kann.

Folglich ist es sicherlich angemessen zu sagen, dass die private Diskontrate bei den oben diskutierten Problemen „intertemporaler Gefangenendilemmata" (wie im Fall einer drohenden Enteignung) lediglich weit über der sozialen zu liegen *scheint*.

d) Das Fehlen vollständiger Zukunftsmärkte

Oben konnte gezeigt werden, dass der Markt mit dem Problem der intertemporalen Allokation erschöpflicher Ressourcen nicht schlechter fertig wird als ein „wohlwollender Diktator". Jedoch war dieses ermutigende Ergebnis an die Existenz eines Systems (bedingter) Zukunftsmärkte und risikoneutraler Marktakteure geknüpft. Um die möglichen Auswirkungen eines Fehlens vollständiger Zukunftsmärkte isoliert zu analysieren, seien bis auf weiteres risikoneutrale Ressourcenanbieter angenommen.

Die Vorstellung eines Walrasschen Auktionators, der unter risikoneutralen Marktteilnehmern Konkurrenzgleichgewichte in einem vollständigen System von Gegenwarts- und (bedingten) Zukunftsmärkten herstellt und damit für eine „sozial optimale" intertemporale Allokationerschöpflicher Ressourcen sorgt, ist sicher sehr künstlich. Eine wichtige Divergenz zwischen Modell und Realität liegt darin, dass in Wirklichkeit kein vollständiges (geschweige denn ein bedingtes und über mehrere Generationen reichendes) System von Zukunftsmärkten existiert. Deshalb sind dem Anbieter wie dem Nachfrager die für eine Ressource in Zukunft zu erzielenden Preise nicht mit Sicherheit bekannt. Vielmehr müssen sich die Marktteilnehmer an Preis*erwartungen* orientieren und können ihre Kalkulation nicht auf den sicheren Preisen eines Systems Walrasscher Auktionen aufbauen. Für risikoneutrale Anbieter gilt dabei, dass bei Unsicherheit der Erwartungswert eines zukünftigen Preises die alleinige kalkulationsmaßgebliche Preisgröße ist. Er ist für die Abbaudisposition ebenso gut, wie ein mit Sicherheit erwarteter Preis. Dennoch stellt sich auch für risikoneutrale Ressourcenanbieter die Frage, wie sie ohne eine Walrassche Zukunftsauktion ihre dispositionsrelevanten Erwartungen allein auf Basis von

Vergangenheits- und Gegenwartsinformationen bilden und welche Auswirkungen dies auf den Ressourcenabbau hat.[121]

Besondere Beachtung hat dabei in der Literatur die sogenannte extrapolative Erwartungsbildung gefunden.[122] Die Anbieter schreiben hier einen in der Vergangenheit beobachteten Trend in der Weise fort, dass sie einen Anteil der letzten beobachteten Preisveränderung zum aktuellen Preis addieren. Diese Summe stellt dann die Preiserwartung für die Folgeperiode dar usw.

Gehen wir einmal davon aus, dass der Preis einer konkurrenzwirtschaftlich angebotenen Ressource im Zeitverlauf gefallen ist, z.B. weil die Nachfrage (gegebenenfalls sogar „zufällig") gefallen ist. Bilden die Anbieter ihre Preiserwartungen aufgrund einer Fortschreibung von in der Vergangenheit beobachteten Trends, so werden sie wegen des für die Zukunft befürchteten weiteren Preisverfalls ihr Gegenwartsangebot ausweiten. Dies beschleunigt den Preisverfall der Ressource und bestätigt damit sogar die pessimistischen Preiserwartungen. Auf diese Weise kommt es zu einer vorschnellen Ausbeutung der Ressource, wenn sich die Erwartungen bezüglich eines weiteren Nachfragerückgangs später als falsch herausstellen.[123]

Wird dagegen infolge einer Extrapolation von Erfahrungen aus der Vergangenheit zukünftig eine Verknappung der Ressource erwartet, die sich dann nicht einstellt, ist eine analoge Fehlentwicklung in Form eines zu langsamen Ressourcenabbaus die Folge. Eine solche Preiserwartungsbildung kann eine Ursache für eine rückwärts geneigte Angebotskurve sein: Je höher die Preise bzw. die Preissteigerung gegenüber der Vorperiode, desto höher die Preiserwartungen für die nächste Periode, desto geringer das Gegenwartsangebot.[124]

---

[121] Vgl. für vergleichbare einführende Überlegungen in der Wechselkurstheorie J.Williamson [1983], S. 226-227.

[122] Für einen kurzen Überblick über andere hier nicht behandelte Erwartungsbildungsmuster siehe J.Williamson [1983], S. 227.

[123] Reagieren Gegenwartspreise auf Änderungen erwarteter Preise sehr elastisch und wird diese Reagibilität im Zeitablauf nicht gedämpft, so kann dies sogar zu einer explosionsartigen Preisentwicklung, die nicht auf eine gleichgewichtige (geschweige denn effiziente) Entwicklung zusteuert, führen. Vgl. A.C.Fisher [1981], S. 45-52 und die dort angegebene Literatur. Für ähnliche Beobachtungen auf dem Devisenmarkt siehe J.Williamson [1983], S. 227.

[124] Näheres bei W.Ströbele [1987], S. 53 ff.

Wechseln nun die oben beschriebenen Erwartungen miteinander ab, so entstehen Preisschwankungen, die Ineffizienzen infolge aufwendiger Anpassungsprozesse bedingen.

Die Bedeutung dieser häufig in der Literatur zu findenden Gedankengänge wird allerdings durch folgende Überlegung relativiert: Die Annahme einer Bildung von Preiserwartungen aufgrund bloßer Extrapolation erscheint zu naiv. Für die Firmen existieren andere Möglichkeiten der Erwartungsbildung.[125] Dies gilt insbesondere, wenn Terminkontraktmärkte existieren, weil hier den besser Informierten Arbitragegewinne winken.[126] Wie bereits erwähnt, existieren diese Märkte aber nur mit einer vergleichsweise geringen zeitlichen Tiefe, so dass das beschriebene Problem zumindest für mittelfristige Dispositionen relevant bleibt.

Dennoch sollte man auch im Zusammenhang mit den Problemen unvollständiger Information den Begriff des „Marktversagens" vorsichtig verwenden. Es könnte irreführend sein, den sich (wenn auch bisweilen eher schlecht als recht) mit Informationsproblemen plagenden Marktmechanismus mit einem nirgends existierenden vollständig informierten Allokationsmechanismus zu vergleichen. Ein Marktversagen könnte eher festgestellt werden, wenn begründet werden könnte, dass der Markt mit Informationsproblemen systematisch schlechter fertig wird, als konkurrierende Mechanismen.

e) „Unnötige" individuelle Risikoaversion

Neben den Schwierigkeiten der Erwartungsbildung haben die Ressourcenanbieter in der realen Welt noch mit einem weiteren Problem zu kämpfen: ihrer Risikoaversion. Dies liegt daran, dass sie (und andere Marktteilnehmer) in der realen Welt (z.B. wegen ungewisser Reserven- und Technologieentwicklung) unsichere Zahlungs(bereitschafts)ströme eben nicht mit dem Erwartungswert ihres Barwertes, d.h. nicht „fair" oder risikoneutral, bewerten.[127]

---

[125] G.Pflug und G.Winckler [1982] zeigen die stabilisierende Wirkung einer rationalen Erwartungsbildung auf.

[126] Näheres zur Funktionsweise von Terminkontraktmärkten und Warenterminegeschäften bei W.Ströbele [1987], S. 50 ff.

[127] Dieses Problem wird auch durch die Existenz von Versicherungen nicht vollständig gelöst. Zum einen sind z.B. Versicherer selbst risikoavers (verlangen eine Risikoprämie), zum anderen können asymmetrische Informationen die dauerhafte Ausbildung eines Risikotransfer- bzw. Versicherungsmarktes verhindern, drittens können die Transaktionskosten von Versicherungsarrangements einfach zu hoch sein.

Um die allokativen Verwerfungen finanzieller Risikoaversion isoliert zu untersuchen, sei unterstellt, dass die Preiserwartungen der Ressourcenanbieter objektiv richtig seien, d.h. die Vorstellungen der Ressourcenanbieter von der Wahrscheinlichkeitsverteilung der zukünftigen *Spot Prices* und die tatsächliche Wahrscheinlichkeitsverteilung übereinstimmen. Damit wären die im letzten Abschnitt behandelten Probleme der Erwartungsbildung irrelevant.

Dennoch wird unter (Nachfrage-)Unsicherheit nun das von risikoaversen Anbietern bei ihrer Mengendisposition berücksichtigte „Gegenwarts-Sicherheits-Äquivalent" eines in Zukunft unsicheren *Spot Prices* kleiner als der diskontierte Erwartungswert des *Spot Prices* (die diskontierte erwartete Grenzzahlungsbereitschaft) sein. Die Anbieter werden wegen ihrer Risikoaversion und der Unsicherheit des zukünftigen Preises einen Risikoabschlag vornehmen. Damit ist eine Verschiebung des Abbaus in Periode 2 nicht mehr so lohnend wie zuvor, d.h. die Anbieter werden ihre Vorräte rascher abbauen. Im Gleichgewicht bedeutet dies, dass die erwarteten Grenzgewinne bei Risikoaversion stärker steigen müssen als der Zinssatz, da sie eine Risikoprämie enthalten. Unterstellt man eine mit der Zukünftigkeit zunehmende Unsicherheit, führt dies zu einem mit der Zukünftigkeit zunehmenden Risikozuschlag bei den erwarteten Gleichgewichtspreisen, der wie eine („gesellschaftlich nicht gerechtfertigte") Diskontratenerhöhung wirkt.

Jedoch ist es falsch zu vermuten, dass finanzielle Risikoaversion immer zu einer übermäßig hohen Abbaurate führt. So lassen sich im Bereich der Reservenunsicherheit genau gegenteilige (aber dennoch gesellschaftlich nachteilige) Folgen einer (wegen fehlender Versicherungsverträge nicht beseitigten) finanziellen Risikoaversion zeigen. Dies ist besonders deutlich für solche Risiken, die sich grundsätzlich sehr einfach innerhalb der Gesellschaft risikoneutral versichern (ausgleichen) ließen, weil sie für die Gesellschaft als Ganzes vollends risikolos sind.[128] Um dies zu illustrieren, sei folgendes Beispiel betrachtet:

Investor A erwäge ein Investitionsprojekt a, dessen Erfolg von der zukünftigen Ausprägung (I oder II) einer Determinante D abhänge. Mit der Wahrscheinlichkeit 0,5 erwartet A die Ausprägung I, mit der Wahrscheinlichkeit 0,5 die Ausprägung II. Tritt I ein, macht A einen Gewinn von 100 DM, tritt II ein,

---

[128] Vgl. K.J.Arrow und R.C.Lind [1970] für die risikoallokativen Auswirkungen eines „allgemeinen Ausgleichs" innerhalb der Gesellschaft.

entsteht ein Verlust von 90 DM. Der Erwartungswert liegt also bei 5 DM. Ein anderer Investor (B) erwäge ein Investitionsprojekt b, dessen Erfolg auf umgekehrte Weise mit D verknüpft sei und deren Ausprägungen I und II Investor B ebenfalls jeweils die Wahrscheinlichkeiten 0,5 beimesse. Für B ergebe sich beim Eintreten von I ein Verlust von 90 DM beim Eintreten von II ein Gewinn von 100 DM. Der Erwartungswert von B liegt also ebenfalls bei 5 DM. Für die Gesellschaft (bestehend aus A und B) als Ganzes ist es am besten, wenn die Projekte a und b beide durchgeführt werden. Ganz gleich, ob D in der Ausprägung I oder II eintritt, die Gesellschaft gewinnt stets 10 DM, wenn a und b durchgeführt werden.[129]

Wird dieses gesellschaftlich erwünschte Ergebnis sich bei individueller Optimierung von A und B einstellen? Sind die beiden risikoneutral, so ist dies der Fall. Nehmen wir dagegen einmal an, dass A und B risikoavers sind, also als Kompensation für die mit den obigen Projekten verbundenen Risiken (des Scheiterns) einen erwarteten Mindestgewinn verlangen. Wird dieser mit DM 6 angenommen, führt keiner der beiden Investoren sein Projekt durch, obwohl es „gesellschaftlich erwünscht" gewesen wäre.

Das Ergebnis verändert sich, wenn ein Versicherungsarrangement besteht, in dem die beiden Investoren ihre Risiken zusammenlegen können. Garantiert z. B. Investor A (B) dem B (A) eine Zahlung von 95 DM, wenn die Ausprägung I (II) eintritt, so ist jedem Investor ein Gewinn von 5 DM sicher. Beide Projekte werden also nun durchgeführt, da durch die vollständige Versicherung der Investitionsrisiken die Risikoprämie in Höhe von 6 DM entbehrlich geworden ist.

Interpretiert man das obige Beispiel als den Beginn von Explorationsvorhaben, bei dem sicher ist, dass eine bestimmte Region ein Vorkommen enthält, nur nicht sicher ist, in wessen *claim* sich dieses befindet, so käme die Exploration und Ausbeutung dieses Vorkommens nicht zustande. Insofern kann von vom Markt nicht „fair" versicherten Explorationsrisiken eine „zu" ressourcenschonende Tendenz ausgehen. Zu beachten ist, dass die Exploration erfolgt

---

[129] Dabei ist vorausgesetzt, dass keine Divergenzen zwischen individueller und „gesellschaftlicher" Projektbewertung, etwa in Form externer Effekte, bestehen. Außerdem ist unterstellt, dass die Individuen die Eintrittswahrscheinlichkeit der beiden Merkmalsausprägungen I und II korrekt einschätzen.

wäre, hätten sich alle *claims* in der Hand eines großen (monopolistischen) Anbieters bzw. eines Konsortiums/*joint ventures* befunden.[130]

f) Marktmacht

Bei unserer Ableitung der Gleichgewichte auf Ressourcenmärkten wurde regelmäßig vollständige Konkurrenz unterstellt. Ein Seitenblick auf verschiedene Rohstoffmärkte (z.B. Erdöl und Kupfer)[131] lässt diese Annahme als bisweilen etwas blauäugig erscheinen. Eine auch nur annähernd vollständige Untersuchung monopolistischer bzw. oligopolistischer Anbieter- und Nachfragerstrukturen würde allerdings weit über den Rahmen dieses einführenden Buches hinausreichen. Gleichwohl seien einige Anmerkungen zu monopolistischen Ressourcenanbietern gemacht, die auch in der Literatur im Vordergrund stehen.[132]

Traditionellerweise tritt der Monopolist auf der Bühne der Ökonomie (wegen der Ersetzung des Preises durch den durch seine Angebotsmenge bestimmten Grenzerlös) als Schurke auf. Infolge seiner Marktmacht verkauft er zu wenig zu einem zu hohen Preis und beutet damit die Konsumenten aus. Als Ressourcenanbieter schlüpft er dagegen (gerade deswegen) in eine ungewohnte Rolle. Seine restriktive Outputpolitik schont den Ressourcenbestand und wirkt damit den oben besprochenen Tendenzen des Marktmechanismus zur vorschnellen Ausbeutung von Ressourcen entgegen. So wird er zu „*the conservationist's friend*" – womöglich zur Überraschung beider.[133]

Es kann allerdings gezeigt werden, dass dieses intuitiv plausible Resultat nicht unter allen Umständen gelten muss.[134]

Wir betrachten im folgenden zunächst den für den monopolistischen Eigner einer erschöpflichen Ressource gewinnmaximalen Abbaupfad. Anschließend

---

[130] Vgl. z.B. D.Cansier [1987], S. 75 f.

[131] Vgl. W.Ströbele [1987], S. 75-124

[132] Neben dem Grenzfall des Monopols werden in der Literatur natürlich auch andere Formen von Marktmacht in der Ressourcenindustrie untersucht. Vgl. z.B. N.Hanley et al. [1997], Kap. 9.2. oder J.Hartwick, N.Olewiler [1998], Kap. 9.

[133] R.Solow [1974]. Vgl. außerdem G.M.Heal [1981]. Diesen Zusammenhang hatte schon Hotelling vermutet.

[134] Näheres dazu z.B. bei A.C.Fisher [1981] und J.E.Stiglitz [1976].

werden wir ihn unter verschiedenen Bedingungen mit dem konkurrenzwirtschaftlichen Abbaupfad vergleichen.

Grundsätzlich gilt für den Monopolisten wie für seinen „Kollegen" aus dem Modell mit vollständiger Konkurrenz, dass der Pfad so beschaffen sein muss, dass der Grenzgewinn mit einer dem Zinssatz entsprechenden Rate wächst. Eine dem Fall der vollständigen Konkurrenz analoge Argumentation zeigt, dass ein anderer Pfad nicht intertemporal gleichgewichtig sein kann. Hier endet allerdings die Analogie: Während sich der Grenzgewinn bei vollständiger Konkurrenz aus der Differenz zwischen Preis und Abbaugrenzkosten ergibt, erwirtschaftet der Monopolist aus einer zusätzlich verkauften Einheit (aus den in mikroökonomischen Lehrbüchern erklärten Gründen) lediglich die Differenz zwischen Grenzerlös und Abbaugrenzkosten. Die den monopolistischen Verhältnissen angepasste Version der Hotelling-Regel verlangt also, dass die Differenz zwischen Grenzerlös und Abbaugrenzkosten „mit dem Zins" wachsen möge. Vernachlässigen wir (wie Hotelling in seinem klassischen Artikel und wie die meisten Lehrbuchautoren bei der Diskussion des monopolistischen Ressourcenanbieters[135]) die Abbaugrenzkosten, so können wir die „monopolistische Hotelling-Regel" für zwei aufeinander folgende Perioden schreiben als

$$\frac{GE_t - GE_{t-1}}{GE_{t-1}} = z.$$

Anders ausgedrückt ist die Wachstumsrate des monopolistischen Grenzerlöses (W_{GE}) im intertemporalen Gleichgewicht gleich dem Zinssatz. Bezeichnen wir die Preiselastizität der Nachfrage bei einem in der Periode t geltenden Preis P_t mit $\Phi(P_t)$, so können wir den Grenzerlös einer Periode durch die als Amoroso-Robinson-Relation bekannte Formel

$$GE_t = P_t \left(1 - 1/\Phi(p_t)\right)$$

ausdrücken. In die obige Gleichung für die Hotelling-Regel eingesetzt ergibt dies

$$\frac{P_t\left(1-1/\Phi(P_t)\right) - P_{t-1}\left(1-1/\Phi(P_{t-1})\right)}{P_{t-1}\left(1-1/\Phi(P_{t-1})\right)} = z.$$

---

[135] Vgl. z. B. N.Hanley et al. [1997], S. 230 ff.

Von dieser Formulierung ausgehend können wir am besten herausfinden, wie sich der monopolistische intertemporal gleichgewichtige Preispfad von seinem konkurrenzwirtschaftlichen Gegenstück unterscheidet. Von diesem Ergebnis können wir dann auf einen Vergleich der unter den beiden Marktformen gleichgewichtigen zeitlichen Abbauprofile schließen und so die Story vom ressourcenschonenden Monopolisten überprüfen. Setzen wir (nur zur Abkürzung der Schreibweise) für $(1-1/\Phi(P_t))$ den Ausdruck $f(P_t)$ und verfahren entsprechend für t-1, so lautet die „monopolistische Hotelling-Regel"

$$\frac{P_t f(P_t) - P_{t-1} f(P_{t-1})}{P_{t-1} f(P_{t-1})} = z.$$

Wir wollen nun für einen Vergleich zwischen Monopol und vollständiger Konkurrenz wissen, ob im intertemporalen Gleichgewicht der Grenzerlös schneller oder langsamer steigt als der monopolistische Gleichgewichtspreis. Haben wir dies herausgefunden, so können wir damit auch angeben, ob der monopolistische Gleichgewichtspreis schneller oder langsamer steigt als der Preis unter vollständiger Konkurrenz. Dazu brauchen wir dann bloß noch unsere schon früher gewonnene Erkenntnis, dass der Grenzerlös im Monopol und der Preis unter vollständiger Konkurrenz mit einer Rate wachsen, die dem Zins gleicht, zu verwenden. Aus dem Vergleich zwischen den unter den beiden Marktformen gleichgewichtigen Preispfaden folgt dann unmittelbar der Vergleich zwischen den entsprechenden intertemporal gleichgewichtigen Abbauprofilen.

Mit R = {>=<}[136] fragen wir also zunächst, ob der monopolistische Grenzerlös im Gleichgewicht schneller wächst als der monopolistische Preis:

$$\frac{P_t f(P_t) - P_{t-1} f(P_{t-1})}{P_{t-1} f(P_{t-1})} R \frac{P_t - P_{t-1}}{P_{t-1}}$$

Nach einigen (rein algebraischen) Umformungen zeigt sich, dass dies äquivalent ist mit

$$f(p_t) R f(P_{t-1}).$$

---

[136] Das Symbol „R" steht für „Relation". Eine Verwechslung mit „R" für „Ressource" erscheint (fast) ausgeschlossen.

Betrachten wir im folgenden exemplarisch den Fall $f(P_t) > f(P_{t-1})$.[137]

Hier gilt also, dass die Wachstumsrate des monopolistischen Grenzerlöses (W_{GE}) größer ist als die Wachstumsrate des monopolistischen Preises (W_{pM}). Da die zuerst genannte Größe im Gleichgewicht dem Zins entspricht, gilt

$$z = (W_{GE}) > (W_{pM}).$$

Da wir andererseits wissen, dass die Wachstumsrate des Preises im Konkurrenzgleichgewicht (W_{pKonk}) gleich dem Zins ist, können wir schließen

$$(W_{pM}) < (W_{pKonk}).$$

Unter der Bedingung $f(P_t) > f(P_{t-1})$ wächst also der Preis im monopolistischen intertemporalen Gleichgewicht mit geringerer Rate als der Preis im Konkurrenzgleichgewicht. Fragen wir nun nach dem ökonomischen Gehalt dieser Bedingung.

Aus der oben eingeführten Definition für die Kurzschreibweise $f(\cdot)$ folgt, dass die obige Bedingung gerade erfüllt ist, wenn $\Phi(P_t) > \Phi(P_{t-1})$ gilt, d. h. die Preiselastizität der Nachfrage im Laufe der Zeit zunimmt. Dies bedeutet nichts anderes, als dass die Nachfragekurve[138] mit zunehmendem Preis (abnehmender Menge) immer unelastischer verläuft. Zur Klasse der Nachfragekurven, die diese Eigenschaft aufweisen, gehören insbesondere lineare Nachfragekurven.

Wir illustrieren im folgenden den Vergleich zwischen monopolistischem und konkurrenzwirtschaftlichem intertemporalen Abbauprofil für den Fall einer linearen Nachfragekurve. Wir wählen zur simultanen Veranschaulichung von intertemporalen Preis- und Abbaupfaden die oben in Abbildung 9 eingeführte beliebte 4-Quadrantendarstellung: Dabei stellen wir die Zeit wieder als kontinuierliche Variable dar.

---

[137] Die Relationen „≤" werden weiter unten erörtert.

[138] Wir unterstellen eine im Zeitablauf invariante Nachfragekurve.

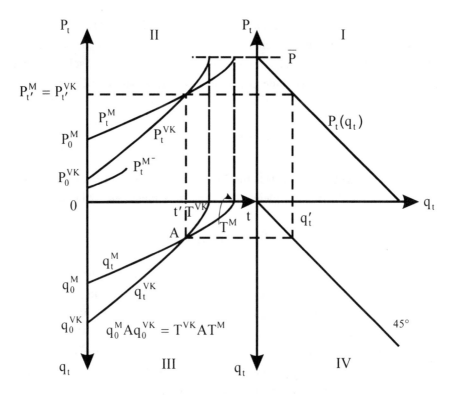

Abbildung 11

In der obigen Abbildung zeigt P_t^{VK} den Preispfad im intertemporalen Konkurrenzgleichgewicht. Der Preis steigt gemäß der Hotelling-Regel mit einer dem Zinssatz gleichen Rate. Der Preis des monopolistischen Anbieters ist zu Beginn des Betrachtungszeitraums höher als bei vollständiger Konkurrenz. $\left(P_0^M > P_0^{VK}\right)$ Entsprechend ist die monopolistische Abbaumenge niedriger als die konkurrenzwirtschaftliche $\left(q_0^M < q_0^{VK}\right)$. Dann steigt der monopolistische Preis mit geringerer Rate als der Konkurrenzpreis, wie oben gezeigt. Höheres Ausgangsniveau und geringere Wachstumsrate des Monopolpreises führen dazu, dass der entsprechende Preispfad „eines Tages" (t') den konkurrenzwirtschaftlichen Preispfad schneidet. Von dort an bietet der Monopolist billiger an als die konkurrenzwirtschaftliche Industrie. Entsprechend wird der prohibitive Preis und damit gemäß der Bedingung des Bestandsgleichgewichts der Erschöpfungszeitpunkt der Ressource im Monopolfall später (nämlich in T^M statt in T^{VK}) erreicht.

Im hier illustrierten Fall der linearen Nachfragekurve „stimmt" also die anfangs erzählte Geschichte vom (vergleichsweise) ressourcenschonenden Monopolisten.

Zur Förderung des Verständnisses der obigen Ausführungen sei betont, dass unter den Bedingungen von Abbildung 11 kein monopolistischer Abbaupfad existiert, der die oben abgeleitete Bedingung eines mit geringerer Rate als dem Zins wachsenden Gleichgewichtspreises sowie die Forderung des Bestandsgleichgewichts erfüllt und qualitativ anders verläuft[139] als der in Abbildung 11 eingetragene. Betrachten wir zur Illustration den Pfad P_t^{M-}. Er bildet zwar eine Preisentwicklung ab, bei der –wie nach der obigen Ableitung gefordert– der Monopolpreis langsamer als mit dem Zins wächst, schneidet jedoch den konkurrenzwirtschaftlichen Hotelling-Pfad nicht. Er muss notwendigerweise mit der Forderung nach Bestandsgleichgewichtigkeit in Konflikt geraten, weil bei seiner Geltung in jeder Periode mehr abgebaut würde, als im (per definitionem bestandsgleichgewichtigen) Hotelling-Pfad unter den Bedingungen vollständiger Konkurrenz. Die Ressource wäre zweifellos erschöpft, ehe der betreffende Pfad den prohibitiven Preis erreicht hätte.

Die oben *für den Fall einer linearen und im Zeitablauf invarianten Nachfragekurve* aufgefädelte Argumentationskette lässt sich wie folgt abbilden:

Im intertemporalen Gleichgewicht

- wächst der Monopolpreis mit geringerer Rate als der konkurrenzwirtschaftliche Preis;
- muss daher (Bestandsgleichgewicht!) der Preis des Monopolisten zunächst über und später unter dem konkurrenzwirtschaftlichen Preis liegen;
- nimmt sich der Monopolist folglich bei der Ausbeutung eines gegebenen Ressourcenvorrates mehr Zeit als die unter den Bedingungen der vollständigen Konkurrenz anbietende Industrie und wird somit (relativ!) zum Konservator.

---

[139] Der Pfad verläuft „qualitativ" anders, wenn er den konkurrenzgleichgewichtigen Pfad nicht genau einmal und (aus der Perspektive des Nullpunktes betrachtet) von oben schneidet.

Die oben zugrundegelegte lineare Nachfragekurve ist ein Spezialfall einer Nachfragekurve, die für zunehmende Preise (abnehmende Mengen) immer elastischer verläuft. Dass die Gestalt der Nachfragekurve für den Vergleich von intertemporal gleichgewichtigen Abbauprofilen unter alternativen Marktformen kritisch ist, hatte J.E. Stiglitz (1976) für den Fall einer Nachfragekurve mit konstanter Preiselastizität der Nachfrage (z.B. $q = aP^{-\Phi}$, wobei a eine Konstante ist) gezeigt.

Die Konsequenzen einer konstanten Preiselastizität der Nachfrage im Erörterungszusammenhang werden unmittelbar sichtbar, wenn wir die oben besprochene monopolistische Hotelling-Regel

$$\frac{P_t\left(1-1/\Phi(P_t)\right)-P_{t-1}\left(1-1/\Phi(P_{t-1})\right)}{P_{t-1}\left(1-1/\Phi(P_{t-1})\right)} = z$$

noch einmal anschauen. Bei konstanter Preiselastizität der Nachfrage gilt $\Phi(P_t) = \Phi(P_{t-1}) = \Phi$. Setzen wir dies in die obige Bedingung ein und teilen durch $(1-1/\Phi)$ so folgt

$$\frac{P_t - P_{t-1}}{P_{t-1}} = z.$$

Dies bedeutet, dass die monopolistische Hotelling-Regel in die „klassische" (d.h. konkurrenzwirtschaftliche) Hotelling-Regel übergeht und daher die gleichgewichtigen Abbauprofile unter den beiden hier betrachteten Marktformen identisch sind.

Eine analoge Argumentation zeigt, dass entgegen der zunächst (auf die Kenntnis der mikroökonomischen Marktformenlehre gestützten) naheliegenden Vermutung ein Monopolist die Ressource sogar schneller ausbeutet als die konkurrenzwirtschaftliche Industrie, wenn die Nachfragekurve eine mit sinkender Absatzmenge fallende Preiselastizität der Nachfrage aufweist.[140]

---

[140] Gehen wir von unserer Modellannahme einer im Zeitverlauf invarianten Nachfragekurve ab, so wird dieser Fall allerdings unwahrscheinlicher. Zur Bewegung auf der Nachfragekurve kommt eine Bewegung der Kurve selbst hinzu. Da die Anpassungs- und Substitutionsmöglichkeiten der Nachfrager im Laufe der Zeit zunehmen, wird die Nachfragekurve nach und nach immer elastischer. Dies würde die Ressourcenfreundlichkeit des Monopolisten im Vergleich zur konkurrenzwirtschaftlichen Industrie selbst im Falle einer zunächst „ungünstig beschaffenen" Nachfragekurve (bei der die Preiselastizität der Nachfrage mit sinkender Menge sinkt) verbessern. Wir unterstreichen jedoch, dass wir mit dieser Überlegung unser obiges Modell mit zeitinvarianter Nachfragekurve verlassen.

Dreh- und Angelpunkt des obigen Vergleichs zwischen dem konkurrenzwirtschaftlichen und dem monopolistischen Abbauverhalten war die Gestalt der Nachfragekurve. In der Literatur werden zu diesem Thema noch einige über die obige „nachfragezentrierte" Argumentation hinausgehende Überlegungen vorgetragen. Wir wollen sie abschließend kurz zusammenfassen:

Gegen die zunächst plausible Geschichte vom ressourcenschonenden Monopolisten spricht, dass sich das aus der statischen Theorie bekannte Argument, eine Betrachtung alternativer Marktformen sei ceteris paribus nicht sinnvoll, weil die Produktionstechnik von der Marktform abhängen könne, auch auf den Ressourcenmonopolisten übertragen lässt. Setzt der Monopolist eine überlegene Großtechnik ein, so wirkt dies einer (eventuell vorhandenen) konservierenden Tendenz entgegen.

Für die konservierende Wirkung eines Monopolisten spricht jedoch neben dem eingangs erwähnten Gedankengang, dass bei einem Monopolisten geringere Unsicherheit über die künftige Preisentwicklung bestehe als beim einzelnen Anbieter unter konkurrenzwirtschaftlichen Bedingungen, da die Lage der Nachfragekurve leichter vorherzusagen sei als das Gleichgewicht im Konkurrenzfall. Die oben angesprochenen Risikoabschläge für zukünftige Gewinne, die die Abbaugeschwindigkeit erhöhen, könnten folglich beim Monopolisten geringer ausfallen als bei vollständiger Konkurrenz.[141] In die gleiche Richtung zielt das Argument, die Möglichkeiten zur Risikominderung durch Diversifizierung könnten im Monopol größer sein als bei vollständiger Konkurrenz. Auf der anderen Seite kann – nach dem im vorstehenden Abschnitt e) gesagten – eine Monopolisierung natürlich auch explorationsfördernd und damit abbaufördernd wirken, da das Explorationsrisiko für den alleinigen Inhaber aller *claims* geringer sein mag.

Der Nettoeffekt der verschiedenen gegenläufigen Tendenzen ist im allgemeinen schwer abzuschätzen. Die Autoren neigen der in der Literatur vorherrschenden Einschätzung zu, dass die konservierende Tendenz des Monopols als Regelfall zu betrachten sei.

---

[141] Nach W. Ströbele [1987], S. 50 trifft ähnliches auch auf vertikal konzentrierte Rohstoffunternehmen zu. Vor diesem Hintergrund ist der von H.Siebert [1987], S. 94 erörterte Versuch erdölfördernder Entwicklungsländer, in den Weiterverarbeitungs- und Endverbrauchsmarkt vorzudringen, verständlich (sog. Downstream-Integration).

* * *

Für den Abbau erschöpflicher Ressourcen ergeben sich eine Reihe von Abweichungen des Marktgleichgewichts vom sozialen Optimum. Viele Defekte des Marktmechanismus bewirken, dass das Marktgleichgewicht einen im Vergleich zum optimalen Abbaupfad zu schnellen Ressourcenverzehr bewirkt. Da es aber auch gegenläufige Tendenzen gibt, kann nicht mit Sicherheit gesagt werden, welches Vorzeichen der Nettoeffekt hat. Außerdem muss auch an dieser Stelle vor voreiligen Schlussfolgerungen aus den Modellen für die Realität gewarnt werden, da im Rahmen der bisherigen Darstellung darauf verzichtet wurde, die Interaktion mehrerer Gründe für Marktversagen zu untersuchen.[142] In der wissenschaftlichen Literatur (vor allem aber in der wirtschaftspolitischen Diskussion) herrscht allerdings die Meinung vor, der unkorrigierte Marktmechanismus trage dem gesellschaftlichen Anliegen der Ressourcenkonservierung in zu geringem Maße Rechnung.

6. Staatliche Regulierung

a) Do's and Don'ts staatlicher Ressourcenpolitik

Wie im letzten Kapitel gesehen, leidet die Marktlösung unter Umständen an zahlreichen und erheblichen Schwächen. Die sich in einer suboptimalen Extraktionsgeschwindigkeit niederschlagenden Abweichungen vom sozialen Optimum ergaben sich auf Grund folgender Problembereiche: Verteilung, externe Abbaukosten, (scheinbar) zu hohe private Diskontraten, Ungewissheit und Marktmacht. Bei allen diesen Schwachstellen ist der Staat bzw. die Staatengemeinschaft natürlich aufgerufen, suboptimale „Lösungen" des Ressourcenproblems durch den Markt zu korrigieren.

Auf der anderen Seite muss an dieser Stelle noch einmal betont werden, dass der Markt grundsätzlich ein geeignetes System zum Umgang mit knappen (privaten) Gütern darstellt. Außerdem muss eine vollständige Analyse neben

---

[142] In der Literatur finden sich jedoch Ansätze, die mehrere Gründe für Marktversagen und Modellkomplikationen simultan erfassen. So untersucht z.B. R.Pethig [1982a] die Bedeutung von Investitionskosten des Ressourcenabbaus für eine oligopolistische Industrie, die eine Allmende-Ressource abbaut. W.Ströbele [1987], S. 67 ff., analysiert das Verhalten eines Monopolisten in Erwartung einer Backstop-Technologie.

dem Problem des „Marktversagens" auch dem des „Staatsversagens" Rechnung tragen. Unseres Erachtens stellt sich vor der Frage nach den staatlichen „DOs" die Frage nach den entsprechenden „DON'Ts", will der Staat mit seinen Maßnahmen das Kind nicht mit dem Bade ausschütten.

Vermutet man einen zu sorglosen Umgang des Marktes mit den Ressourcen, so ist der Staat zunächst einmal aufgefordert, alles zu unterlassen, was die marktimmanenten ressourcenschonenden Kräfte[143] schwächen könnte. Hierzu zählt der Verzicht auf eine (meist aus Gründen der nationalen Unabhängigkeit vorgenommene) Subventionierung der einheimischen Extraktionsindustrie. Sie verhindert (über zu niedrige Konsumentenpreise) eine Anpassung der Verbraucher und bewirkt damit ein höheres Abbautempo.

Auch politische Höchstpreise (zum Beispiel für Energie), die gern aus Gründen der Verteilungsgerechtigkeit gesetzt werden, sind ein zweifelhaftes Instrument der Ressourcenpolitik. In einer sich rasch wandelnden Umwelt weisen sie ein starkes Beharrungsvermögen auf. Sie führen daher zu verzerrten Signalen bezüglich der Knappheitsrelationen zwischen verschiedenen erschöpflichen Ressourcen sowie zwischen erschöpflichen Ressourcen und natürlich oder künstlich reproduzierbaren Gütern. Damit werden Anpassungsprozesse in die falsche Richtung gelenkt. Müssen die Preise schließlich doch den veränderten Gegebenheiten angepasst werden, so geschieht dies häufig in abrupter und daher unbekömmlicher Weise.

Ein interessantes Beispiel für die Folgen einer Politik der Blockade marktwirtschaftlicher Anpassungsprozesse geben die Erfahrungen mit Energieregulierungen in den USA ab. Subventionierung der heimischen Ölförderung und Regulierung des Erdgaspreises hatten zu einer vorschnellen Ausbeutung günstiger Ölvorkommen und mangelnden Anstrengungen bei der Exploration von Erdgas sowie der Entwicklung anderer Energiequellen geführt. Konsumenten und Produzenten hatten sich auf die Verfügbarkeit billiger Energie eingestellt, so dass sich eine höchst energieintensive (und daher für Energiepreissteigerungen besonders anfällige) Wirtschaftsstruktur ergab.

Die Störung marktlicher Anpassungsprozesse durch eine staatliche Regulierung kann für den Übergang von einer erschöpflichen Ressource zu ihrem Back-Stop-Substitut mit Hilfe der in Abschnitt 4.f), oben, erklärten Abbildung 9 dargestellt werden:

---

[143] Für eine pragmatische Würdigung dieser Beiträge vgl. Kapitel IV.

Hier bezeichnet $\hat{p} < GK^{BS}$ den staatlich fixierten Höchstpreis, der den Entscheidungsträgern von t = 0 an bekannt sei. Er beeinflusst die Allokation schon ehe der Gleichgewichtspreis auf $\hat{p}$ angestiegen ist:

Da der Preis nach Erreichen von $\hat{p}$ nicht mehr nach der Hotelling-Regel steigen kann, senkt die Preisobergrenze die Nutzungsgrenzkosten für den gesamten Abbauzeitraum. Der Hotelling-Pfad wird daher nach unten (in Abb. 9 nach $\hat{p}_t(t)$) korrigiert. Entsprechend wird die erschöpfliche Ressource früher $\left(\text{in } \hat{T}\left(<\tilde{T}<T\right)\right)$ abgebaut. Anders als im Fall der Backstop-Grenzkosten als „natürlicher Preisobergrenze" steht jedoch beim staatlichen Höchstpreis $\hat{p}$ die Back-Stop-Technik im Erschöpfungszeitpunkt noch nicht zum herrschenden Preis zur Verfügung. Die Preisfixierung verhindert also den reibungslosen Übergang von der erschöpflichen Ressource zum Back-Stop-Substitut.

Neben dieser in der modelltheoretischen Darstellung von Abb. 9 sichtbaren Friktion muss noch eine andere wirtschaftspolitisch bedeutsame Eigenschaft der Regulierung erwähnt werden: Eine Preisobergrenze verschlechtert die Bedingungen für die Entwicklung und Anwendung einer Back-Stop-Technologie:

- Der vorzeitige vollständige Abbau der erschöpflichen Ressource in $\hat{T}$ verkürzt die Zeit, die für die Entwicklung und Einführung der Back-Stop-Technik zur Verfügung steht.

- Der vom Beginn der Ressourcennutzung an in jedem Zeitpunkt niedrigere Preis der erschöpflichen Ressource im Höchstpreismodell schwächt gegenüber dem unregulierten Pfad $p_t(t)$ den Druck auf die Volkswirtschaft zur Entwicklung der Back-Stop-Technologie ab.
Dieser Punkt ist für die wirtschaftspolitische Diskussion besonders wichtig: Es wird häufig übersehen, dass sich der technische Fortschritt nicht nur autonom oder durch staatliche Programme induziert weiterentwickelt. Vielmehr wird er auch von Knappheiten, die die Marktakteure voraussehen, geleitet. Einer ungebundenen Preisbildung kommt hier eine wichtige Signal- und Lenkungsfunktion zu.

So wichtig und richtig die ressourcenpolitische Zurückhaltung des Staates im oben beschriebenen Sinne ist, so wenig hilft sie, das „Marktversagen" in den zuvor diskutierten Fällen zu beseitigen, oder doch zumindest zu lindern.

In diesem Zusammenhang ist allerdings vorab erneut zu bemerken, dass weder die Verteilungsproblematik (innerhalb einer Generation) noch das Problem externer Abbaukosten oder der Marktmacht spezifisch für die Ressourcenökonomie sind. Im Gegenteil, mit dem Auftreten solcher Probleme muss regelmäßig gerechnet werden. Deshalb sei im folgenden nicht näher auf sie eingegangen.

Anders sieht dies bei den übrigen Formen des Marktversagens aus, da sie unmittelbar an der für das Ressourcenproblem typischen Intertemporalität anknüpfen. Im Einklang mit der Literatur wird im folgenden der Schwerpunkt auf die Korrektur einer suboptimalen Abbaugeschwindigkeit unter Sicherheit gelegt, bevor staatliche Maßnahmen wider das Marktversagen aus Ungewissheit gestreift werden.

Bei der folgenden Analyse staatlichen Handelns zur Korrektur der Extraktionsgeschwindigkeit wird durchgängig davon ausgegangen, dass der Markt zu einer zu hohen Abbaurate führt. Diese Annahme ist nicht zwingend, da es nicht *das* Marktversagen gibt, sondern unterschiedliche Arten von Marktversagen, die (auch vom Vorzeichen her) verschiedene Abweichungen vom Optimum provozieren. Wie bereits ausgeführt, ist der Netto-Effekt dabei nicht eindeutig bestimmt. Dessen ungeachtet, sei jedoch im folgenden das zentrale staatliche Ziel unterstellt, eine Streckung der Reserven zu erreichen. Welche Instrumente stehen dem Staat dafür zur Verfügung?

b) Zinspolitik

Aus den vorangegangenen Kapiteln wissen wir, dass ein im Vergleich zum sozialen Optimum zu rascher Abbau des Marktes Ausdruck einer (zumindest scheinbar) zu hohen privaten Diskontrate $\tilde{z}$ bzw. z sein kann. In der Literatur ist deshalb die (naheliegende) Frage diskutiert worden, ob die zu einem vorzeitigen Ressourcenabbau führenden Marktkräfte durch eine Niedrigzinspolitik korrigiert werden können. Hierdurch soll erreicht werden, dass die kapitalwertmaximierenden Entscheidungsträger zukünftige Abbaugewinne mit einer niedrigeren Diskontrate abzinsen. Damit würde ein Aufsparen der Ressource in situ, also eine Vorratsinvestition attraktiver.

Bei dieser Argumentation darf jedoch nicht übersehen werden, dass eine Niedrigzinspolitik Sachinvestitionen jeder Art, und eben nicht nur Vorratsinvestitionen der Ressourcenindustrie stimulieren würde. Zunächst würden auch die Kapitalkosten notwendiger Abbauanlageninvestitionen der Ressourcenindustrie geringer. Dies führt nach dem in Kapitel II.4. Gesagten tendenziell zu einer Höherdimensionierung der optimalen Anlagengröße, zu einer Ausweitung der Förderkapazität, was wiederum den Ressourcenabbau beschleunigen würde.[144]

Auch ein zweites Argument lässt die Wirksamkeit einer Niedrigzinspolitik zweifelhaft erscheinen. Glaubt man den gängigen Erklärungsmustern der Makroökonomen, wird eine Niedrigzinspolitik ganz allgemein mit steigender Investitionstätigkeit zu einer Nachfrageerhöhung führen. Damit wird auch die Nachfrage nach dem zu konservierenden Rohstoff, und ergo ceteris paribus der Preis steigen. Dies wird tendenziell zu einer Steigerung der aktuellen Extraktionstätigkeit führen.

Welche der beiden gegenläufigen Tendenzen einer Diskontratensenkung überwiegt, ist unbestimmt.

Die Möglichkeiten, die Zinspolitik treffsicher in den Dienst der Ressourcenpolitik zu stellen, müssen zusätzlich auch aus einem anderen Grunde skeptisch beurteilt werden. Schließlich ist (unter Rückgriff auf die makroökonomischen Erklärungsmuster) die Diskontratenpolitik schon reichlich im Dienste anderer wirtschaftspolitischer Ziele engagiert. Und so fällt es schwer, sich die Bundesbank oder eine Europäische Zentralbank als Ressourcenkustos vorzustellen.

c) Steuerpolitik

Wenn Anhaltspunkte dafür vorliegen, dass der vom Markt verfolgte Abbaupfad einer erschöpflichen Ressource zu einer vorzeitigen Erschöpfung führt, könnte eine Besteuerung der erschöpflichen Ressource angezeigt sein. Die in der Literatur regelmäßig genannten Fiskalinstrumente staatlicher Ressourcenpolitik sind dabei die Besteuerung des Abbaugewinns, der Abbaumenge und des Abbauwertes.[145]

---

[144] Vgl. z.B. W.Buchholz [1997].

[145] Will der Staat die intertemporale Wohlfahrt maximieren, so muss er einen optimalen Steuerpfad bestimmen. In der Praxis geht es allerdings eher um zu einzelnen Zeitpunkten festzulegende Steuersätze.

ca) Rentenabgabe

Bemessungsgrundlage bei der Rentenabgabe ist der operative Gewinn aus der Abbautätigkeit (Abbaugewinn).[146] Hinsichtlich einer solchen Rentenabgabe kann gesagt werden, dass sie keinen unmittelbaren Einfluss auf das Abbauverhalten kapitalwertmaximierender Ressourceneigner besitzt, da ein konstanter Periodensteuersatz im Optimierungskalkül „vor die Summe der diskontierten Periodengewinne gezogen" werden kann. Eine solche Steuer lässt dem Anbieter keinen Raum, durch eine Veränderung seines Abbaupfades seinen Gewinn (nach Steuern) im Vergleich zur Ursprungslösung zu mehren. Somit ist sie zumindest kurz- bis mittelfristig ressourcenallokativ irrelevant und eignet sich damit zunächst nicht zu einer Korrektur des Gleichgewichtspfades.[147]

Allerdings kann sich langfristig ein Einfluss auf die relative Attraktivität von Neu-Explorationen oder sonstige Abbauinvestitionen im Vergleich zu anderen industriellen Betätigungsfeldern ergeben. Schließlich rechnen sich nach Einführung einer besonderen Ressourcengewinnsteuer diese nicht mehr so gut (wie vorher und wie andere Gewerbe). Deshalb kann die Einführung einer Abbaugewinnsteuer mittelbar rohstoffkonservierende Wirkungen haben.[148]

cb) Abbaumengensteuer

Bei der Abbaumenge als (linearer) Steuerbemessungsgrundlage stellen sich die Dinge anders dar. Intuitiv wird dies deutlich, wenn man einen (festen) Steuerbetrag pro abgebauter Einheit als Substitut vom Markt ignorierter Nutzungsgrenzkosten versteht, wie dies z.B. beim Open-Access-Defekt der Fall ist. „Schafft es" die Mengensteuer also, gerade die Abbaukosten um die (im Vergleich zu den optimalen sozialen Gesamtgrenzkosten des Abbaus einer Einheit) nicht internalisierten Nutzungsgrenzkosten zu erhöhen, stellt sie ein geeignetes Mittel dar, das Marktversagen zu korrigieren. Natürlich wird dies – wie bei der Internalisierung externer Effekte mit Hilfe der Pigousteuer – wegen

---

[146] Für eine Übersicht über die verschiedenen Spielarten einer Rentenabgabe in der Praxis vgl. D.Cansier [1987], S. 81 f.
[147] Vgl. D.Cansier [1987], S. 58 f.
[148] Vgl. J.M.Hartwick und N.D.Olewiler [1986], S. 69

allfälliger Informationsdefizite bei Steuerfestsetzung ein niemals vollständig erreichbares Ziel bleiben.[149] Pragmatische Lösungen sind hier gefragt.

Die Wirkungen einer Besteuerung des Abbaus der erschöpflichen Ressource mit konstantem Steuersatz können mit folgenden Plausibilitätsüberlegungen verdeutlicht werden.

Vor der Steuereinführung ist der Anbieter gerade indifferent zwischen dem heutigen und dem morgigen Abbau einer Einheit, wenn die diskontierten Grenzgewinne identisch sind. Zur genaueren Analyse der Auswirkungen einer Steuerlösung sei eine zeitlich pro Einheit konstante Förderabgabe St unterstellt. Diese Förderabgabe belastet den undiskontierten Periodengrenzgewinn beider Perioden in gleicher Weise. Jedoch ist der Barwert der Förderabgabe für die gegenwärtige Periode größer. Allgemein: Der Barwert der Förderstückabgabe sinkt, je weiter sie in der Zukunft liegt.[150] Verschiebt der Anbieter also den Abbau einer Einheit von heute auf morgen, spart er Zinsen, da die Steuer erst später fällig wird.[151] Dabei gilt: Je höher die Förderabgabe, desto höher die betriebswirtschaftlichen Abbaustückkosten (inkl. Mengensteuer), desto stärker lohnt sich eine Verschiebung des Abbaus in die Zukunft. Der gleichgewichtige Preispfad verläuft flacher, der Anfangspreis ist höher, die Abbaugeschwindigkeit kleiner und die Reichweite länger.[152]

Die (teilweise) Überwälzung der Steuer übt auf die Ressourcenabnehmer dieselbe Wirkung aus wie eine auf andere Gründe zurückgehende Preissteigerung: Für alle Verwender der betreffenden Ressource wird es vergleichsweise rentabler, den Einsatz dieser Ressource zu vermindern. Die Suche nach jeder erdenklichen Möglichkeit, dies zu tun, wird stimuliert.

In dieser großen Breitenwirkung der Besteuerung sich verknappender Ressourcen liegt ihr Vorzug gegenüber einer Subventionierung von ressourcensparenden Aktivitäten.[153] Beide Methoden erreichen eine Veränderung der relativen Preise zuungunsten der sich verknappenden Ressource. Eine Subventionierung selektiert aber von vornherein bestimmte Strategien der Ressourcen-

---

[149] Vgl. D.Cansier [1987], S. 50.

[150] Die Abbaugewinnsteuer hatte deshalb nicht diese Wirkung, weil bei „mit dem Zins steigenden" Nominalgewinnen auch die Steuerlast mit dem Zins steigt.

[151] Die hiervon ausgehende Anreizwirkung ist den betriebswirtschaftlichen Vorteilen einer großzügigen Abschreibungsregelung ähnlich.

[152] Vgl. J.M.Hartwick und N.D.Olewiler [1986], S. 67 f., A.Endres [1987].

[153] Z.B. der Subventionierung einer Substitutionstechnologie.

schonung. Dabei ist natürlich nicht garantiert, dass diese bevorzugten Strategien in allen Anwendungsfällen die effizientesten sind. Subventioniert man z. B. Recycling, um ein bestimmtes Metall zu schonen, so gehen von dieser Subventionierung keine Anreize aus, den Metallverbrauch auf andere Weise zu senken. Neben dem Recycling kommt aber z.B. eine Verlängerung der Lebensdauer von Produkten, in die das Metall eingeht oder eine Drosselung der Nachfrage nach solchen Produkten in Betracht. Schlimmer vielleicht noch, gehen von der Subventionierung bekannter ressourcensparender Aktivitäten keine Anreize zur Entwicklung und Einführung ganz neuer Strategien aus.

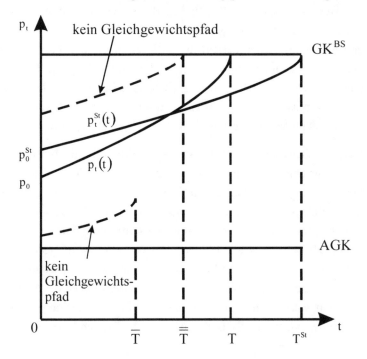

Abbildung 12

Es scheint allerdings wichtig, dass Steuern zur Ressourcenschonung nicht schockartig, sondern allmählich, nach einem vorher bekannt gemachten Zeitplan eingeführt werden, um unnötige Anpassungsreibungen zu mindern oder möglichst ganz zu vermeiden. Außerdem könnte eine aufkommensneutrale Ausgestaltung Friktionen lindern.

Die hier diskutierten Wirkungen einer Besteuerung von Abbaumengen können mit folgender Abbildung veranschaulicht werden.

Hier bezeichnet $P_t^{St}(t)$ den Pfad der intertemporal gleichgewichtigen Preisentwicklung (Hotelling-Pfad) der besteuerten Ressource.[154] Dieser Pfad verläuft zunächst oberhalb und dann unterhalb des ohne Besteuerung geltenden Pfades. Die Besteuerung verlängert die Lebensdauer der erschöpflichen Ressource von T auf T^{St}. Die Plausibilität der in der Abbildung eingetragenen Kurvenverläufe kann mit den folgenden Überlegungen verdeutlicht werden:

- Die Besteuerung der erschöpflichen Ressource verlangsamt das Wachstum des Ressourcenpreises gegenüber dem unregulierten Verlauf. Während im unregulierten Verlauf die Differenz zwischen Preis und Abbaugrenzkosten nach der Hotelling-Regel exponentiell wächst, bildet im Falle der Regulierung der Steuersatz einen Preisbestandteil, der im Zeitverlauf nicht mitwächst. Die Differenz zwischen Preis und Abbaugrenzkosten wird demnach mit geringerer Rate wachsen als im unregulierten Fall.

- Der gleichgewichtige Anfangspreis im Modell mit Besteuerung p_0^{St} muss über dem Ausgangspreis im unregulierten Fall p_0 liegen. Andernfalls ergäbe sich (wegen des im vorstehenden Punkt aufgezeigten Zusammenhangs) ein in jedem Zeitpunkt unter dem unregulierten Gleichgewichtspreis $p_t(t)$ liegender Preis und damit eine über der ohne Regulierung gleichgewichtigen Förderrate $q_t(t)$. Dies würde jedoch in einem Zeitpunkt $\overline{T} < T$ auf eine Situation führen, in der die Ressource erschöpft wäre, ehe der Gleichgewichtspreis auf die Grenzkosten des Substituts angestiegen wäre. Eine solche Situation kann nicht gleichgewichtig sein. Wir finden vielmehr die Bedingung für das Bestandsgleichgewicht verletzt.

- Schließlich kann der regulierte Preispfad p_t^{St} (Abbaupfad q_t^{St}) nicht in jedem Zeitpunkt über (unter) dem unregulierten Pfad p_t (q_t) verlaufen. Dies würde nämlich dazu führen, dass der Preis der erschöpflichen Ressource zu einem Zeitpunkt $\overline{\overline{T}} < T$ auf die Grenzkosten des Substituts angestiegen wäre, in dem die Ressource noch nicht abgebaut ist. Das dauer-

---

[154] Die anderen Bezeichnungen entsprechen den bei Abbildung 9 erklärten.

hafte Verbleiben eines Teils der Ressource in situ ist jedoch mit einem Bestandsgleichgewicht nicht vereinbar.

cc) Abbauwertsteuer

Die Bemessungsgrundlage der Steuer ist hier nicht wie zuvor die Menge, sondern der Verkaufspreis.[155] Welche Wirkungen hat nun eine solche Steuer auf den Abbaupfad?

Gemäß der Hotelling-Regel steigen die Grenzgewinne mit einer dem Marktzins gleichen Rate. Bei konstanten Abbaugrenzkosten folgt daraus, dass im Gleichgewicht die Preise mit einer geringeren Rate als der Zinssatz steigen. Kalkuliert nun ein Ressourcenanbieter die Wirkung einer Abbauwertsteuer auf der Grundlage seines ursprünglichen, ohne Abbauwertsteuer geplanten Abbauprofils, wird er feststellen, dass zwar die Steuer pro Stück über die Zeit proportional zum Preis steigt. Da jedoch der Preis langsamer steigt als der Marktzins und die Grenzgewinne, gilt dies auch für die Steuerlast pro Stück. Entsprechend fällt im Zeitablauf der Barwert der Steuerlast pro Stück![156] Dies macht die Verschiebung des Abbaus in die Zukunft attraktiver. Die Folge ist (wie bei der Einführung bzw. Erhöhung einer Mengensteuer) eine Verflachung des Gleichgewichtpfades bei höherem Anfangspreis, also eine Ressourcenstreckung in die Zukunft.[157]

* * *

Zusammenfassend lässt sich sagen, dass bei den ressourcenpolitisch wirksamen Rohstoffsteuern der „allokative Hebel" in einer Veränderung „des Verhältnisses der intertemporalen marginalen Renten" besteht (D. Cansier [1987], S. 62). Damit hängt ganz grundsätzlich die Effektivität einer steuerli-

---

[155] Vgl. D.Cansier [1987], S. 56 ff. Eine solche Steuer wird auch „royalty" genannt. Um Verwechslungen mit dem bisher eingeführten royalty-Begriff zu vermeiden, verzichten wir im folgenden auf diese Bezeichnung.

[156] H.-W.Sinn [1982] diskutiert in diesem Zusammenhang sogar einen mit der Zeit fallenden Steuersatz, um die Verschiebung des Abbaus in die Zukunft (neben der Diskontwirkung) noch attraktiver zu gestalten. Besonders bei sehr kleinen Abbaukosten erscheint dies als probates Mittel, da sich ansonsten die Wertsteuer der allokativ irrelevanten Rentenabgabe stark angenähert hätte.

[157] Vgl. z.B. D.Cansier [1987], S. 58, N.Hanley et al. [1997], S. 265.

chen Rohstoffpolitik von der „intertemporalen Arbitragesensibilität" der Anbieter gegenüber Steuern ab.[158]

d) Eigentumspolitik

In Kapitel II.5 konnte gezeigt werden, dass lückenhafte oder unzuverlässige Eigentumszuweisungen zu zu niedrigen Nutzungsgrenzkosten bzw. (scheinbar) zu einer zu hohen privaten Diskontrate führen. Bevor man diesen Defekt durch Steuern zu beheben sucht, könnte man natürlich auch bemüht sein, das Übel an seiner Wurzel zu fassen, und Eigentumsrechte an Open-Access-Ressourcen zu versteigern, zu verlosen oder irgendwie sonst unter die Leute zu bringen. Dies mag verteilungspolitisch, gerade im internationalen Rahmen, keine einfache Aufgabe sein. Dennoch erscheint im Kontext erschöpflicher Ressourcen eine solche Maßnahme als geeignet, knappheitsverschärfende Selbstbedienungs-Defekte auszumerzen.[159] Ressourcenpolitisch hat so die Ausweitung der Hoheitsgewässer zur Exklusivnutzung erschöpflicher Meeresbodenschätze durchaus ihren Charme.

e) Staatliche Informationspolitik

Die Produktion von Informationen sowie Forschung und Entwicklung sind für private Entscheidungsträger mit Problemen öffentlicher Güter behaftet. Die Früchte dieser Aktivitäten fallen nicht exklusiv demjenigen zu, der sie durch-

---

[158] Diese (und somit die intertemporale Steuerwirkungen von Steuern) wird in der Literatur mitunter als gering erachtet. (Vgl. D.Cansier [1987], S. 63 ff.) Zusätzlich muss betont werden, dass in obiger einführender Analyse immer von den Bedingungen des Grundmodells ausgegangen wurde. Diese sind aber - wie gesehen - eher unrealistisch. Eine Erweiterung der Betrachtung reicht aber über den Rahmen dieses Buches hinaus. (Für eine Analyse der Wirkungen verschiedener Steuersysteme auf die Abbaureihenfolge von Lagerstätten unterschiedlicher Qualität vgl. D.Cansier [1987], S. 69 ff.) Außerdem ignoriert die oben vorgestellte Analyse mögliche „Interaktionen" mit den Gründen des Marktversagens, z.B. der Risikoaversion. Zu letztem Punkt vgl. ebenfalls D.Cansier [1987], Kap. IV.

[159] Nach H.Siebert [1987], S. 71 f. wäre dies - ganz im Sinne der ökonomischen Theorie der Evolution von Institutionen - auch eine historisch „typische" Entwicklung, da in der Menschheitsgeschichte Nutzungsrechte an einem Gut eine regelmäßige Antwort auf Verknappungen des Gutes darstellten. Ein historisches Beispiel stellt das in den 30er Jahren in den USA eingeführte Quotensystem bei der Erdöl- und Erdgasförderung dar. Vgl. auch D.Cansier [1987], S. 29, 143.

führt. Wenn es sich auch keineswegs um reine öffentliche Güter handelt[160], so liegt es doch nahe, anzunehmen, dass der Markt eine zu geringe Versorgung bereitstellt. Es wird daher vielfach als Aufgabe des Staates angesehen, Informationen über erwartete Trends zur Verknappung einzelner Ressourcen zur Verfügung zu stellen. Darüber hinaus soll er an der Entwicklung ressourcensparender Techniken durch eigene Projekte und die Unterstützung privater Projekte teilnehmen. Hier geht es auch darum, die mit solchen privaten Investitionen für die Gesellschaft möglicherweise verbundenen (externen) Lerneffekte zu fördern. Die Notwendigkeit zu staatlichem Engagement sehen einige Autoren dadurch erhöht, dass es sich bei derartigen Projekten um extrem kapitalintensive, langfristige und risikobehaftete Aktivitäten handle. Der Staat müsste hier insbesondere die Wirkungen einer zu hohen Diskontierung unsicherer zukünftiger Gewinne korrigieren. Allerdings besteht gerade bei staatlichen Großprojekten die Gefahr, dass sie zur „fetten Beute" des „Rent-Seeking"[161] von Interessengruppen werden. Hier kann die Alimentierungsfunktion durchaus die Funktion der Ressourcenschonung in den Hintergrund drängen.

Bei staatlicher Unterstützung von Forschungs- und Entwicklungsprojekten verleiten pauschale Kostenübernahmen möglicherweise zu einer Verletzung der Effizienz. Außerdem ist vielfach darauf hingewiesen worden, dass der Staat dazu neigt, sich zu einseitig auf bestimmte technologische Optionen festzulegen.

Neben der Bereitstellung von ressourcenrelevanten Informationen „an den Markt" könnte es aber auch Aufgabe des Staates sein, die Fähigkeit des Marktes zur Verarbeitung dieser Informationen mittels der Schaffung geeigneter institutioneller Voraussetzungen zu stärken. In diesem Zusammenhang könnte der Staat bemüht sein, langfristige Warenterminmärkte zu etablieren, um das Problem der Preiserwartungsbildung zumindest teilweise zu lindern.

---

[160] Das Patentrecht trägt zum Schutz derartiger Aktivitäten bei. Außerdem wird der Urheber in der Regel in den Genuss von Pioniergewinnen kommen, da Nachahmung seitens der Konkurrenz Zeit in Anspruch nimmt.

[161] Vgl. z.B. Ch.B.Blankart [1998], B.S.Frey, G.Kirchgässner [1994], S. 210-212.

* * *

Die Neigung des Staates, die oben aufgeführten Instrumente der ressourcenpolitischen Zukunftsvorsorge einzusetzen, hängt vom „Problembewusstsein" seiner Bürger ab: Sind die Bürger kurzsichtig, so wird das Verhalten des demokratischen Staates dies reflektieren. Von einem „antiautoritären Staat" kann nicht erwartet werden, dass er wider die Präferenzen der ihn tragenden Bürgerschaft handelt. Seine bedeutendste Aufgabe besteht somit in der Korrektur von Problemen öffentlicher Güter, welche die Bürger gerne gelöst sehen wollen, dezentral am Markt aber aufgrund bestimmter Widrigkeiten nicht lösen können.[162]

Insgesamt ergibt sich dennoch, dass spezifische staatliche Eingriffe zur Verhinderung einer vorzeitigen Erschöpfung von Ressourcen – soweit diese private Güter sind – weniger wünschenswert erscheinen, als im Bereich der (durch die Öffentlichkeit von Gütern stark geprägten Problematik der) Umweltverschmutzung. Vom Markt gehen nämlich schon kräftige Impulse zur intertemporalen Entknappung aus. In diesem Zusammenhang sollte der Staat darauf bedacht sein, diese Impulse nicht durch eigenes Handeln zu konterkarieren. Der Schwerpunkt staatlicher Aktivität sollte unserer Einschätzung nach dort liegen, wo der Abbau erschöpflicher Ressourcen mit externen Effekten verknüpft ist. Für die Ausgestaltung entsprechender Instrumente der staatlichen Politik bietet die Umweltökonomie einige Orientierung.

---

[162] Die Fähigkeit des Staates, diese Aufgabe zu erfüllen, hängt natürlich auch vom Einfluss von Interessengruppen ab.

III. ERNEUERBARE RESSOURCEN

Natürliche Ressourcen werden in erschöpfliche und erneuerbare Ressourcen unterteilt. Letztere unterscheiden sich von ersteren – wie bereits in der Einleitung erwähnt – durch ihre Regenerationsfähigkeit. Darunter ist die „natürliche" Fähigkeit der Ressource zu verstehen, über den Einsatz anderer Ressourcen (z.B. Licht und Biomasse) eine vergleichsweise rasche, nicht von menschlichem Zutun abhängige Bestandsausweitung (Regenerierung) zu leisten.

Mit dieser „Definition" regenerierbarer Ressourcen lassen sich erschöpfliche Ressourcen auch ohne weiteres als Spezialfall regenerierbarer Ressourcen verstehen: Ihre Regenerationsrate ist vom Bestand unabhängig und liegt bei *null*. Hinsichtlich der Abgrenzung zwischen beiden Gruppen sei auch bemerkt, dass die gesonderte Behandlung erneuerbarer Ressourcen nicht impliziert, dass erneuerbare Ressourcen unerschöpflich wären. Vielmehr sind auch erneuerbare Ressourcen – insbesondere bei entsprechendem menschlichem Tatendrang – prinzipiell durchaus erschöpflich bzw. ausrottbar.[1]

Ungeachtet der erheblichen wirtschaftlichen Bedeutung regenerierbarer Ressourcen haben im Vergleich zu den erschöpflichen Ressourcen die erneuerbaren Ressourcen erst erheblich später Beachtung seitens der Ökonomie gefunden. So reichen die ersten Versuche einer statischen Analyse erneuerbarer Ressourcen (am Beispiel der Fischwirtschaft) lediglich in die 50er Jahre zurück. Die in der Theorie erschöpflicher Ressourcen seit Hotelling übliche dynamische Betrachtung des Problems unter Berücksichtigung einer durch die Diskontrate ausgedrückten zeitlichen Präferenzstruktur setzte sich im Fall der erneuerbaren Ressourcen erst in den 70er Jahren durch. Ein wesentlicher

---

[1] Vgl. z.B. U.Hampicke [1991], R.B.Berrens et al. [1998], M.L.Farmer, A.Randall [1998], die auf die Bedeutung von „safe minimum standards" hinweisen. Allgemein zur Ökonomie bedrohter Tier- und Pflanzenarten vgl. S.Geisendorf, S.Gronemann, U.Hampicke, H.Immler [1999], U.Hampicke [1991a], T.M.Swanson [1995]. Es lässt sich zeigen, dass die Ausrottung unter Umständen sogar „sozial optimal" sein kann. Dies hat zur Diskreditierung des Konzepts der sozialen Wohlfahrtsmaximierung beigetragen und der Suche nach einem operablen Konzept der nachhaltigen Entwicklung als neuem gesellschaftlichen Leitbild Elan verliehen. Näheres in Kapitel V, unten.

Grund hierfür liegt sicherlich in dem nicht unerheblichen mathematischen Aufwand, der mit der ökonomischen Analyse erneuerbarer Ressourcen verbunden ist.[2]

Dennoch sollen die Grundstrukturen sowie Hauptergebnisse dieser Theorie im folgenden mit einem Minimum an mathematischen Hilfsmitteln eingeführt werden. Als Pendant zu der im ersten Teil des Buches diskutierten „Mine" steht nun der „Fischteich" als Idealvorstellung einer erneuerbaren Ressource.[3]

Wie im letzten Kapitel dieses Buches beginnt die Analyse mit einer kurzen und elementaren („naturwissenschaftlichen") Bestandsaufnahme des Problems. Daran anschließend soll das ökonomische Grundmodell analysiert werden. In diesem Zusammenhang soll wiederum kurz beleuchtet werden, inwieweit der Markt eine zuvor als optimal identifizierte Lösung erreicht. Danach sei eine in der Literatur vieldiskutierte Modellkomplikation (die Bestandsabhängigkeit der Ernte- bzw. Fangkosten) hinsichtlich ihrer Wirkung auf das Optimum und das Marktgleichgewicht untersucht. Schließlich werden die Notwendigkeit einer staatlichen Korrektur von Marktversagen und dazu geeignete Instrumente betrachtet. Wo möglich, wird im Interesse einer effizienten Darstellung auf Ergebnisse der Analyse erschöpflicher Ressourcen verwiesen.

1. Indikatoren der Ressourcenverfügbarkeit

Wie im Falle der erschöpflichen Ressourcen stellt sich auch bei den erneuerbaren Ressourcen die Frage nach der Schärfe des Knappheitsproblems. Vor dem Hintergrund der Überfischung der Weltmeere mit immer ausgefeilteren Techniken und der Abholzung der tropischen Regenwälder sehen viele Kritiker

---

[2] Ein kurzer wissenschaftsgeschichtlicher Abriss findet sich in G.R.Munro und A.D.Scott [1985], insb. S.628 u.636f.
Eine ökonomische Analyse regenerierbarer Ressourcen, die nicht der in diesem Buch fortgesetzten ressourcenökonomischen Tradition folgt, sondern Naturschutzökonomie (u.a.) als angewandte Nutzen-Kosten-Analyse behandelt, findet sich bei U.Hampicke [1991a]. Vgl. auch die dort gegebenen Literaturhinweise.

[3] Neben den hier im Mittelpunkt stehenden fischereiwirtschaftlichen Anwendungen werden in der Literatur auch gerne forstwirtschaftliche Zusammenhänge als exemplarisch für die Ökonomie regenerierbarer Ressourcen dargestellt. Vgl. z.B. U.Hampicke [1992], J.M.Hartwick, N.D.Olewiler [1998], Ch. 10, J.Kahn [1998], Chs. 11, 12, T.Tietenberg [1998], Ch. 10. Aus Platzgründen behandeln wir forstwirtschaftliche Aspekte im folgenden allenfalls am Rande.

die Gefahr, dass die Menschheit ihre eigenen Lebensgrundlagen aushöhlt, hier in noch höherem Maße gegeben als bei den erschöpflichen Ressourcen.

Im folgenden werden einige Methoden der quantitativen Erfassung der Ressourcenverfügbarkeit vorgestellt. Es zeigt sich, dass dabei auch die naturgesetzlich-biologischen Rahmenbedingungen der ökonomischen Analyse in die Betrachtung einbezogen werden müssen.

a) Biologische Bestandsaufnahme

Als Maße für die Ressourcenverfügbarkeit bieten sich unmittelbar der Bestand X und die jährliche Fang- bzw. Erntemenge y an. Abgesehen von der Schwierigkeit der geeigneten Abgrenzung zwischen Reserven und Ressourcen, ermöglicht die Kenntnis des Bestandes wie des jährlichen Verbrauches y jedoch keine sinnvolle Knappheitsbestimmung über die Berechnung von Reichweiten nach dem Vorbild erschöpflicher Ressourcen. Vielmehr ist es denkbar, dass ein endlicher Bestand regenerierbarer Ressourcen die Entnahme eines konstanten jährlichen Verbrauchs (Erntemenge) y ad infinitum ermöglicht. Dies wird dann der Fall sein, wenn die Erntemenge mindestens durch das jährliche Bestandswachstum (vor der Aberntung) ausgeglichen wird.

Bereits hier wird ersichtlich, dass das Knappheitsproblem auf der naturgesetzlichen/biologischen Ebene zusätzlich durch das jährliche Wachstum w beschrieben wird.[4] Dieses Wachstum wird im allgemeinen vom gegenwärtigen Bestand[5] abhängen. So wird das Wachstum eines Null-Bestandes ebenfalls Null sein, da sich eine ausgerottete Spezies schwerlich vermehren kann. Auf der anderen Seite wird das Wachstum des biologisch begrenzten Maximalbestandes X^{max} (der biologischen Sättigungsmenge) per definitionem ebenfalls Null sein.

---

[4] Unter Wachstum ist hier die absolute Bestandszunahme zu verstehen.

[5] Im allgemeinen wird das Wachstum zusätzlich vom Bestand anderer Ressourcen (d.h. Boden, Tiere, Pflanzen) abhängen. So können verschiedene Populationen um Nahrungsquellen rivalisieren oder ihre Bestände durch Jäger-Beute-Beziehungen interdependent sein. In der Literatur finden sich eine Reihe von interessanten (aber auch komplizierten) Multispezies-Modellen. Vgl. z.B. J.M.Hartwick, N.D.Olewiler [1998], S. 373 ff. . Die Abhängigkeit des Regenerationsverhaltens von der verfügbaren Fläche thematisieren A.Endres, V.Radke [1999], V.Radke [1999c]. Diese und andere Komplikationen seien hier ignoriert.

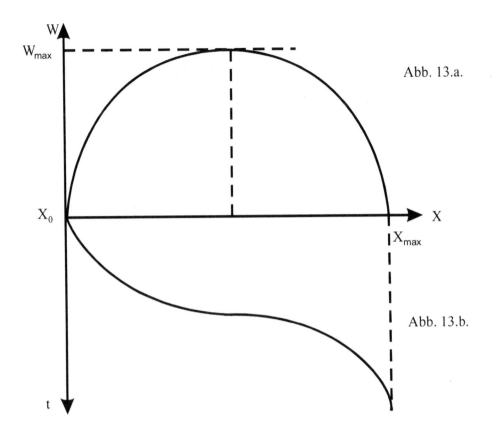

Abb. 13.a.

Abb. 13.b.

Abbildung 13

Die genaue Abhängigkeit des Wachstums w von X für Bestände zwischen 0 und X^{max} wird in der Literatur häufig durch das „Schaefer-Modell" beschrieben. Dieses unterstellt einen parabolischen Zusammenhang zwischen w und X gemäß Abbildung 13a.[6]

Damit wird das größte Bestandswachstum w^{max} für einen Bestand in Höhe der Hälfte des Maximalbestandes erreicht. Wie groß nun dieses Wachstum w^{max} in Relation zum Bestand $\frac{1}{2} X^{max}$ ist, ergibt sich aus dem ressourcenspezifischen Wachstumsfaktor. Überläßt der Mensch die Population sich selbst, ergibt sich bei Gültigkeit der obigen Zusammenhänge damit ein logistischer

---

[6] Wie bereits erwähnt, sind erschöpfliche Ressourcen in diesem Modell als Spezialfall durch eine Wachstumsfunktion beschrieben, die für alle Bestände den Wert Null annimmt, d.h. auf der X-Achse liegt.

Bestandsverlauf über die Zeit, wie er im unteren Teil der Abbildung (13b) dargestellt ist. Ein solcher Verlauf würde allerdings nicht nur die vollständige Abstinenz des Menschen sondern auch die Abwesenheit anderer Störfaktoren voraussetzen.

Dies heißt allerdings nicht, dass eine menschliche Nutzung der Ressource immer zu einer Bestandssenkung führen muss. Ist die Nutzung y geringer als der natürliche Bestandszuwachs w (liegt also y in Abbildung 13a unterhalb der Parabel), so wird sich vielmehr eine Bestandsmehrung einstellen. Übersteigt hingegen die Nutzung y den natürlichen Bestandszuwachs w (liegt der Nutzungspunkt oberhalb der Parabel), so sinkt der Ressourcenbestand. In zeitdiskreter Darstellung ergibt sich damit allgemein folgende Beziehung für die Entwicklung des Bestandes von Periode 0 zu Periode 1:[7]

$$X_1 = X_0 + w(X_0) - y_0.$$

b) Die maximale nachhaltige Ernte

Wie bereits erwähnt, muss die Menschheit im Falle erneuerbarer Ressourcen glücklicherweise nicht zwischen vollständiger Abstinenz und langfristiger Ausrottung der Ressource wählen. Vielmehr lässt sich eine nachhaltige (bestandserhaltende) Nutzung verwirklichen, wenn die jährliche Ernte y_0 gerade dem jährlichen Wachstum $w(X_0)$ entspricht. Dann bleibt der Bestand unangetastet, d. h. es gilt $X_0 = X_1$. Die diese Bedingung erfüllenden Erntemengen sind also gerade durch die Wachstums-Parabel in Abbildung 13a gegeben. Damit stellen alle Fang-Loci auf der Wachstums-Parabel biologische Gleichgewichte in dem Sinne dar, dass eine im Zeitablauf konstante menschliche Nutzung in dieser Höhe den Ressourcenbestand ad infinitum unverändert lässt.[8] Dabei ist $y^{MSY} = w^{max}$ die maximale bestandserhaltende, d.h. in einem biologischen Gleichgewicht maximal abbaubare Jahreserntemenge. Diese wird in der Literatur als *maximum sustainable yield* oder *maximale nachhaltige Ernte* (MSY) bezeichnet.

---

[7] „Endbestand = Anfangsbestand + Zugänge ./. Abgänge".

[8] Der hier angesprochene Gedanke einer auf Dauer aufrecht zu erhaltenen Ressourcennutzung ist eines der Leitmotive der modernen ressourcenökonomischen Diskussion. Wir werden uns unten in Teil V ausführlich damit befassen und auch seine weitreichende gesellschaftspolitische Dimension ausleuchten.

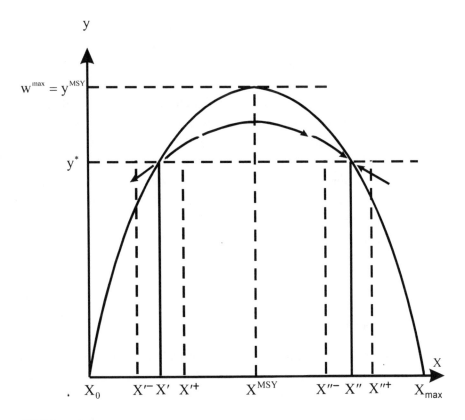

Abbildung 14

Für eine beliebige biologisch gleichgewichtige Abbaumenge y^*, die kleiner als y^{MSY} ist, fällt auf, dass es zwei denkbare Fangpositionen gibt. Eine korrespondiert mit einem hohen X'', die andere mit einem niedrigen Ressourcenbestand X'.

Unabhängig von ihrer noch zu untersuchenden unterschiedlichen ökonomischen Attraktivität unterscheiden sich diese beiden biologischen Gleichgewichtsloci hinsichtlich ihrer Stabilität gegenüber kleinen (zufälligen) Abweichungen des (Gleichgewichts-) Bestandes. Betrachten wir z.B. den Punkt $(X''; y^*)$. Eine kleine zufällige Bestandssenkung auf X''^- führt zu einer Steigerung des (Brutto-)Wachstums und damit bei konstantem y^* zu einem Nettowachstum auch nach Abzug der Erntemenge. Dieser Nettozuwachs wird solange erfolgen bis wiederum der Gleichgewichtsbestand X'' erreicht wird. Eine kleine zufällige Bestandserhöhung von X'' auf X''^+ führt dagegen zu einer Senkung des Wachstums und bei konstanter Fangmenge y^* zu einer kleinen „Überfischung", die der anfänglichen Bestandsstörung entgegenwirkt, bis der ursprüngliche Gleichgewichtsbestand X'' wieder erreicht wird. Gleichgewichte rechts der MSY-Situation sind also stabil in dem Sinne, dass eine zufällige kleine Änderung des Bestandes die Population bei unveränderter Fangmenge in den Gleichgewichtszustand zurückkehren lässt.

Gleichgewichtszustände links der MSY-Lösung hingegen sind instabil. Betrachten wir die Gleichgewichtsposition $\left(X'; y^*\right)$. Eine zufällige kleine Bestandssenkung auf X'^- führt zu einer Senkung des Bestandswachstums. Bei konstanter Fangmenge y^* wird dies zur Überfischung führen, die den Bestand weiter verringert und in der Folgeperiode das Überfischungsproblem weiter verschärft. Letztendlich wird die fortlaufende Ernte der „Gleichgewichtsabbaumenge" y^* in der Ausrottung der Population enden. Auch die Auswirkungen einer zufälligen Bestandsmehrung von X' auf X'^+ lassen sich leicht nachvollziehen. Eine solche Bestandsmehrung führt zu einem Nettowachstum, da der Bestandszuwachs nun die alte, konstante Fangmenge y^* übersteigt. Der damit verbundene Bestandsaufbau wird sich bei konstanter Abbaumenge y^* solange fortsetzen, bis der stabile Gleichgewichtsbestand X'' erreicht ist.

Für $X^{MSY} = \frac{1}{2} X^{max}$ ergibt sich, dass es gegenüber zufälligen Bestandsmehrungen stabil und gegenüber zufälligen Bestandssenkungen instabil ist.

Nun könnte man versucht sein, die Größe y^{MSY} als oberes Verfügbarkeitsmaß, Kapazitätsgrenze[9] oder sogar als optimale Soll-Erntemenge zu interpretieren. Tatsächlich ist dies auch der von Biologen und Ökologen regelmäßig beschrittene Weg. Für den (utilitaristischen) Ökonomen ist die normative Kraft der maximalen nachhaltigen Ernte dagegen beschränkt. Schließlich sind in ihre Bestimmung weder die Erntekosten noch der Erntenutzen eingegangen. Insofern stellt sich für den Ökonomen schon bei einer statischen Betrachtung die (meist zu verneinende) Frage, ob das Maximum einer Aktivität gleichzeitig das ökonomische Optimum dieser Aktivität beschreibt. Daneben ist auch das Zeitprofil der Nutzung aus ökonomischer Sicht unzureichend in der Größe y^{MSY} berücksichtigt. Unterstellt man z.B. einen Ausgangsbestand X, der nicht X^{MSY} entspricht, kann (muss) für einen gewissen Zeitraum mehr (weniger) als y^{MSY} geerntet werden, ehe die „Zielkonstellation" $\left(X^{MSY}; y^{MSY}\right)$ erreicht

---

[9] So könnte man z.B. die Differenz zwischen der Größe y^{MSY} und der tatsächliche Erntemenge in Prozent der y^{MSY} ausdrücken, um so ein Maß für die ungenutzte „Bio-Kapazität" bzw. Restverfügbarkeit zu erhalten.

wird. Über die Vorteilhaftigkeit unterschiedlicher Zeitprofile dieser Anpassung sagt die Größe y^{MSY} nichts.

c) Ökonomische Knappheitsindikatoren

Die Ausgangsüberlegungen, die bei den erschöpflichen Ressourcen zum Vorschlag ökonomischer Verfügbarkeitsindikatoren wie Abbaukosten und Preisen führten, gelten für erneuerbare Ressourcen grundsätzlich in gleicher Weise. So kann man auch hier vermuten, dass sich geringere Bestände in höheren Ernte- bzw. Fangkosten niederschlagen. Ebenfalls kann man vermuten, dass der Ressourcenpreis nicht nur die gegenwärtigen, sondern auch die zukünftigen Knappheitsverhältnisse abbildet. Auf der anderen Seite gelten hier grundsätzlich dieselben Einwände gegen die „ökonomischen" Knappheitsindikatoren *Kosten*, *Preise* und *Nutzungskosten*, die oben schon für erschöpfliche Ressourcen besprochen wurden. Die technologische Entwicklung[10], externe Kosten[11] und spekulative Preissprünge[12], Wettbewerbseinschränkungen und nicht zuletzt das Open-Access-Problem[13] seien als Beispiele genannt.

* * *

Auch bei den erneuerbaren Ressourcen muss man erkennen, dass sich die Dringlichkeit des Knappheitsproblems nur schlecht durch Knappheitsindikatoren beschreiben lässt. Gegenüber den erschöpflichen Ressourcen wird die Lage dadurch erschwert, dass wegen der Regenerationsmöglichkeit keine sinnvollen Reichweitenangaben gemacht werden können. Die Verwendung der bei Bestandsbewahrung größtmöglichen Fang- bzw. Erntemenge y^{MSY} als Referenzmaß ignoriert die ökonomischen Aspekte des (ökonomischen) Knappheitsproblems und ist somit als ökonomische Norm ungeeignet. Auf der anderen Seite leiden denkbare „ökonomische" Indikatoren an den bereits oben in Teil II.1. diskutierten Unzulänglichkeiten.

---

[10] Man denke insbesondere an effizientere Fang- bzw. Ernteverfahren sowie leistungsfähigere Entdeckungsverfahren (z.B. bei der Ortung von Fischschwärmen).

[11] Die Umweltauswirkungen einer industriellen Landwirtschaft dienen als Beispiel.

[12] Ein Blick in die Wirtschaftspresse verrät, dass einige erneuerbare, organische Ressourcen ebenso börsenmäßig gehandelt werden wie mineralische Rohstoffe.

[13] Dies wird besonders am Beispiel der Fisch- und Waldbestände außerhalb von Hoheits- oder wirtschaftlichen Schutzzonen deutlich.

Deshalb ist es (wie im ersten Teil des Buches) unumgänglich, das Knappheitsproblem umfassender, im Rahmen eines ökonomischen Modells zu beschreiben und zu analysieren. Wiederum sollte uns dieses Modell auch in die Lage versetzten, eine sozial optimale Lösung mit der Marktlösung zu vergleichen, und so dazu beitragen, staatlichen Handlungsbedarf bei der Bewirtschaftung regenerierbarer Ressourcen zu identifizieren.

2. Der „sozial optimale" Fang-/Erntepfad – ein einfaches Grundmodell

a) Konzept

Die nutzentheoretischen Annahmen, die zur Bestimmung des optimalen Umgangs mit erschöpflichen Ressourcen gemacht wurden, sind natürlich auch für das Problem erneuerbarer Ressourcen gültig. Es geht wiederum um die Maximierung des bereits bekannten Ausdrucks für den „intertemporalen Gesamtnutzen" W, der von der Nutzung einer Ressource ausgeht:

$$W = \int_{t=0}^{T} U_t(y_t) e^{-\tilde{r}t} dt$$

Dabei gibt y_t die Fang-/Erntemenge, $U_t(\cdot)$ den (hier wiederum als direkt von der Erntemenge abhängig unterstellten) Nutzen im Zeitpunkt t und $\tilde{r}$ die (zeitinvariante) soziale Diskontrate an. T bestimmt den Entscheidungshorizont, der im folgenden zu „unendlich" gesetzt wird. U soll wiederum als „Nettonutzen" verstanden werden, bei dem der aus dem Konsum der Ressource gezogene Nutzen bereits um den Wert der bei der Ernte verzehrten Produktionsfaktoren gekürzt ist. Bei der Maximierung müssen nun allerdings andere Nebenbedingungen beachtet werden, als dies bei der Nutzung erschöpflicher Ressourcen der Fall war. Insbesondere gelten (im stetigen Fall) nun: $dX_t/dt = w(X_t) - y_t$ sowie $0 \leq X_t \leq X^{max}$. Dabei geben X_t den Ressourcenbestand, dX_t/dt die Änderung desselben, $w(X_t)$ den Regenerationsbeitrag der Ressource sowie y_t die Erntemenge (jeweils zum Zeitpunkt t) an. Wiederum sei für den sozialen (Netto-)Nutzen, der von der Ressourcennutzung ausgeht, der Überschuss der sozialen Zahlungsbereitschaft über die volkswirtschaftlichen Erntekosten dieses Gutes angesetzt. Unter dieser Konvention ergibt sich dann (wie im Fall der erschöpflichen Ressourcen) als zu maximierende Größe:

$$W = \int_{t=0}^{T} [ZB_t(y_t) - AK_t(y_t)]e^{-\bar{r}t} dt$$

Dabei geben ZB_t die Zahlungsbereitschaft und AK_t die Fang-/Erntekosten zum Zeitpunkt t an.[14] Wir sehen, dass der Einfluss des Überschusses der Zahlungsbereitschaft über die Kosten (des Nettonutzens) zukünftiger Perioden auf den Nutzenbarwert W wiederum mit wachsender Diskontrate und zunehmender Zukünftigkeit abnimmt. Dies spricht für eine Konzentration der Ressourcennutzung in der Gegenwart. Diese Konzentration wird nun allerdings umso unattraktiver, je „schneller" der Grenznutzen mit zunehmendem Konsum in einer Periode abnimmt. Die Frage nach dem sozial optimalen Erntepfad ist also erneut (d.h. wie beim Abbaupfad für erschöpfliche Ressourcen) die Frage nach dem Ausgleich dieser beiden gegenläufigen Tendenzen.

Wie bereits für den (mathematisch einfacheren) Fall erschöpflicher Ressourcen, so geht (erst recht) bei den erneuerbaren Ressourcen eine formale Herleitung der Lösung dieses Optimierungsproblems weit über den Rahmen dieses Buches hinaus.[15] Im folgenden soll eine anschauliche Erklärung der Eigenschaften der Lösung genügen. Dabei seien zunächst wiederum konstante Abbau- bzw. Ernte- oder Fanggrenzkosten unterstellt. Sie hängen weder von der Erntemenge, noch vom Bestand, noch vom Zeitpunkt der Ernte ab.

b) Eigenschaften des Optimums

Das Ziel der folgendenden Betrachtungen ist die Herleitung der Optimalitätsbedingungen für einen längeren Ernte- bzw. Abbaupfad. Um diese Aufgabe so einfach wie möglich zu gestalten, untersuchen wir zunächst einen willkürlich herausgegriffenen diskreten Dreiperiodenausschnitt (Periode 0 bis 2) dieses

---

[14] Wegen der Analogie der Fang- bzw. Erntekosten in der Theorie regenerierbarer Ressourcen zu den Abbaukosten in der Theorie der erschöpflichen Ressourcen verwenden wir hier wie dort die Abkürzung AK.

[15] Siehe z.B. V.Radke [1999a], Kap. 4. Eine „Do-It-Yourself" Gebrauchsanleitung für das „Handwerkszeug" der Kontroll-Theorie im Rahmen ressourcenökonomischer Fragestellungen findet sich in W.Ströbele [1987] S. 173-181. Vgl. auch die Darstellung bei E.Feess [1998], S. 336-346.

Erntepfades. Anschließend wird das Ergebnis für den Gesamtzeitraum verallgemeinert.

Bei der Herleitung auf der Grundlage des erwähnten Dreiperiodenausschnitts sei angenommen, dass außerhalb des betrachteten Ausschnitts das optimale Bestands- und Ernteprofil für alle anderen Perioden bis zum Beginn von Periode 0 und ab dem Anfang von Periode 2 bereits (irgendwie) bestimmt sei. Daraus folgt, dass in diesem Fall nicht nur die Wachstumsfunktion $w(X_t)$, sondern auch der (optimale) Anfangsbestand[16] $\underline{X_0}$ und der (optimale) Bestand zu Beginn von Periode 2, $\underline{X_2}$, als Datum vorgegeben sind. Aus der eingangs eingeführten Beziehung zwischen Anfangsbestand, Endbestand, Ernte und Wachstum lassen sich nun folgende Gleichungen ableiten. (Dabei seien unveränderliche Größen durch Unterstreichungen gekennzeichnet.)

$$X_1 = \underline{X_0} + w(\underline{X_0}) - y_0$$

$$\underline{X_2} = X_1 + w(X_1) - y_1$$

Setzt man nun die erste in die zweite Gleichung ein, folgt unmittelbar folgende Beziehung:

$$\underline{X_2} = \underline{X_0} + w(\underline{X_0}) + w[\underline{X_0} + w(\underline{X_0}) - y_0] - y_0 - y_1$$

Danach ergibt sich der (auf jeden Fall zu erreichende) Bestand zu Beginn von Periode 2 als der Anfangsbestand in Periode 0, vermehrt um die Regenerationsbeiträge und vermindert um die Erntemengen in den Perioden 0 und 1. (Diese sind die unabhängigen Variablen in der Optimierungsaufgabe.) Damit reduziert sich das Optimierungsproblem auf die Bestimmung der optimalen Ernte in den Perioden 0 und 1. Die Umstellung der obigen Gleichung ergibt nun für den „inneren Zusammenhang" zwischen den Erntemengen in Periode 0 und 1:

$$y_1 = \underline{X_0} - \underline{X_2} + w(\underline{X_0}) + w[\underline{X_0} + w(\underline{X_0}) - y_0] - y_0$$

---

[16] Dieser entspricht dem Endbestand von Periode „-1".

Bedenkt man, dass der Ausdruck $[\underline{X}_0 + w(\underline{X}_0) - y_0]$ gerade den Anfangsbestand in Periode 1 beschreibt, lässt sich diese Beziehung auch schreiben als:

$$y_1 = \underline{X}_0 - \underline{X}_2 + w(\underline{X}_0) + w(X_1) - y_0$$

Welche Wirkung hat nun eine marginale Erhöhung der Ernte in Periode 0 auf die Erntemöglichkeit in Periode 1? Die erste Ableitung von y_1 nach y_0 ergibt $dy_1/dy_0 = -1 - dw/dX_1$.[17] Das heißt, dass die Ernte in Periode 0 die Erntemöglichkeit in Periode 1 auf zweierlei Art beeinflusst:

- Zunächst gibt es den von der erschöpflichen Ressourcen her bekannten Primäreffekt, nach dem eine Einheit nur einmal abgebaut werden kann: Der Fang eines Fisches in Periode 0 reduziert den Anfangsbestand in Periode 1 gerade um einen Fisch; der Fang eines Fisches in Periode 0 schließt den Fang dieses Fisches in Periode 1 aus. Entsprechend ist die erste Ableitung des Bestandes in Periode 1, X_1, nach der Ernte in Periode 0, y_0, gerade -1.

- Daneben beeinflusst y_0 die Erntemöglichkeit in Periode 1 aber auch mittelbar über das durch X_1 bestimmte Regenerationsvermögen $w(X_1)$ in Periode 1. Der Ausdruck dw/dX_1 verkörpert gerade den marginalen Beitrag der letzten in Periode 0 geernteten Ressourceneinheit zum Regenerationsvermögen in Periode 1, den „marginalen Regenerationseffekt". Auf den Fischteich bezogen gibt dw/dX_1 also an, welche Zusatzregenerierung der letzte in Periode 0 gefangene Fisch in Periode 1 mittels Fortpflanzung bewirkt hätte. Vgl. dazu Abbildung 15.

---

[17] Für die erste Ableitung von $w(X_1) = w[\underline{X}_0 + w(\underline{X}_0) - y_0]$ nach y_0 gilt (nach der Kettenregel) gerade: $w'[\underline{X}_0 + w(\underline{X}_0) - y_0](-dy_0/y_0) = -w'(X_1)$.

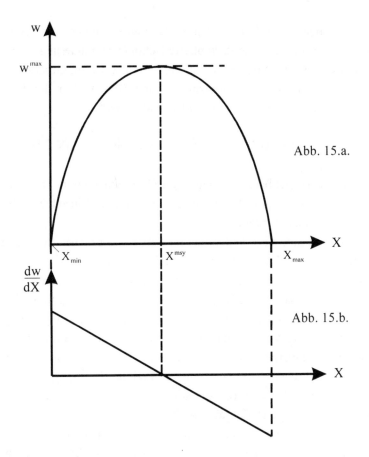

Abbildung 15

Bei Betrachtung von Abbildung 15 fällt auf, dass dieser marginale Regenerationseffekt nicht positiv sein muss. Je nachdem ob X_1 größer oder kleiner als X^{MSY} ist, wird die mit der Erhöhung von y_0 verbundene Senkung von X_1 das Regenerationsvermögen in Periode 1 stärken oder schwächen.

Für eine Ernte in Periode 0 lässt sich die folgende „Nutzen-Kosten-Analyse" aufstellen:

Die Erhöhung der Ernte um dy_0 führt in Periode 0 zu einer Erhöhung des Nettonutzens um $[MZB_0(y_0) - AGK]dy_0$. Der (undiskontierte) Nettonutzen in Periode 1 sinkt jedoch dadurch um $[MZB_1(y_1) - AGK][1 + dw/dX_1]dy_0$. Berücksichtigt man die Diskontierung, so stellen sich die Periode 1 betreffenden Opportunitätsgrenzkosten einer Ernteerhöhung in Periode 0 als $[MZB_1(y_1) - AGK][1 + dw/dX_1]/[1 + r]$ dar. Eine so geartete Erhöhung der

Ernte in Periode 0 wird dann den Gesamtnutzenbarwert der Gesellschaft erhöhen (mindern), wenn die diskontierte Nettonutzenminderung in Periode 1 kleiner (größer) als die Nutzenerhöhung in Periode 0 ist. Im Gesamtnutzenmaximum (Optimum), in dem Grenznutzen und Grenzkosten der Ernte (des Abbaus) ausgeglichen sind, muss entsprechend gelten[18]:

$$[\mathrm{MZB}_0(y_0) - \mathrm{AGK}] = [\mathrm{MZB}_1(y_1) - \mathrm{AGK}][1 + dw/dX_1]/[1+r]$$

Dieser für alle benachbarten Perioden im Optimum gültige Zusammenhang erlaubt trotz seiner Einfachheit einige interessante Einsichten über eine ökonomisch optimale Ernte- bzw. Fangpolitik.

Zunächst fällt auf, dass, anders als im Fall erschöpflicher Ressourcen, der Nettogrenznutzen $[\mathrm{MZB}_t - \mathrm{AGK}]$ von Periode zu Periode i.a. *nicht* mit der sozialen Diskontrate steigt. Arithmetisch (formal) liegt dies am Term $[dw/dX_1]$, dem „marginalen Regenerationseffekt". Auch ökonomisch (inhaltlich) ist diese Abweichung von der in II.2. ermittelten Lösung verständlich. Schließlich muss bei Verschiebung der Ernte einer Einheit von Periode 0 nach 1 der Grenznutzenverzicht in Periode 1 nicht allein durch einen gestiegenen (undiskontierten) Grenznutzenzuwachs in Periode 1 ausgeglichen werden. Vielmehr ermöglicht dieser Konsumaufschub in Periode 1 (u.U.) dank des marginalen Regenerationseffektes einen Mehrkonsum.

Zweitens können wir die Frage beantworten, wann ökonomische Überlegungen eine für erschöpfliche Ressourcen im einfachen Grundmodell undenkbare *Steigerung* der jährlichen Erntemenge empfehlen. Dazu sollte in Erinnerung gerufen werden, dass eine Steigerung der Periodenerntemenge ein Fallen des (undiskontierten) Periodengrenznutzens nach sich zieht. Eine solche Konstellation ist nach obiger Gleichung nur „zulässig", wenn unter Annahme einer positiven Diskontrate der Term $[1 + dw/dX_1]/[1+r]$ größer als eins ist, bzw. dw/dX_1 größer als der Diskontsatz r ist. Dieser Fall wird dann eintreten, wenn der Bestand in Periode 1 relativ gering ist. In einem solchen Fall nimmt dw/dX_1 gemäß Abbildung 15b große Werte an; die Ernteverschiebung von Periode 0 nach Periode 1 wird nun durch die Natur reichlich belohnt.[19]

---

[18] Für den Fall, dass, wie bei den erschöpflichen Ressourcen, dw/dX_1 überall gleich 0 ist, gilt damit der aus Kapitel II.2. bereits bekannte Zusammenhang.

[19] Für sehr große Bestände in Periode 1 gilt entsprechend das Gegenteil. Für Bestände in Periode 1, die über X^{MSY} liegen, wird hingegen ein Vorziehen der Ernte

Wenden wir uns nun der Möglichkeit eines dauerhaften Zusammenfallens des ökonomischen Optimums mit einem biologischen Gleichgewicht zu. Dazu sei in Erinnerung gerufen, dass ein Kennzeichen der biologischen Gleichgewichtslösung („auf ewig") konstante Periodenerntemengen sind. Damit müssen für ein biologisches Gleichgewicht bei konstanten Ernte- (Fang- oder Abbau-) Grenzkosten auch die undiskontierten Nutzungsgrenzkosten konstant bleiben! Diese Konstanz ist nach obiger Gleichung nur dann ökonomisch optimal, wenn $[1+dw/dX_1]=[1+r]$ gilt, wenn also in Periode 1 ein Bestand X^* erreicht wird, dessen marginaler Regenerationsbeitrag dw/dX^* gerade der sozialen Diskontrate entspricht. Geht man von einer positiven sozialen Diskontrate aus, so ergibt sich unmittelbar aus Abbildung 15, dass X^* kleiner als X^{MSY} sein muss.

Formal können diese Überlegungen wie folgt zusammengefasst werden:
Damit das biologische Gleichgewicht auch ökonomisch gleichgewichtig ist, muss gelten

$$MZB_0(y_0) - AGK = MZB_1(y_1) - AGK.$$

Im ökonomischen Gleichgewicht gilt stets (s. o.)

$$MZB_0(y_0) - AGK = \frac{[MZB_1(y_1) - AGK][1+dw/dX_1]}{1+r}.$$

Setzen wir die zweite Gleichung in die erste ein, so folgt

$$MZB_1(y_1) - AGK = \frac{[MZB_1(y_1) - AGK][1+dw/dX_1]}{1+r}$$

und damit

$$r = dw/dX_1.$$

Die Eleganz der Lösung bei einem möglichen Zusammenfall des ökonomischen Optimums mit dem biologischen Gleichgewicht berechtigt natürlich noch nicht zu der Annahme, dass diese Lösung von Anbeginn an herrscht.

---

von der Natur belohnt, da gemäß Abbildung 15b eine solche vorgezogene Aberntung die Regenerationskraft der Natur steigert.

Überlegen wir kurz, was passiert sein muss, wenn das ökonomisch optimale X_1 aus irgendwelchen Gründen kleiner als das bio-ökonomische Gleichgewicht X^* ist. In diesem Fall liegt gemäß Abbildung 15b der optimale marginale Regenerationsbeitrag dw/dX_1 über dw/dX^*. Aus der weiterhin gültigen allgemeinen Optimalitätsbedingung:

$$\left[MZB_0(y_0) - AGK \right] = \left[MZB_1(y_1) - AGK \right] \left[1 + dw/dX_1 \right] / \left[1 + r \right]$$

folgt deshalb, dass der Nettogrenznutzen in Periode 1 gegenüber Periode 0 gesunken sein muss.[20] Dies ist, wie bereits mehrfach betont, gleichbedeutend mit einer Steigerung der Fangmenge in Periode 1 gegenüber Periode 0.

Diese Überlegungen lassen sich durch Abbildung 16 verdeutlichen, in der die vier dick eingezeichneten Punkte alternative Fang-/Bestandspositionen in Periode 1 beschreiben. Die auf diese *loci* weisenden Pfeile zeigen an, ob die Erntemenge in Periode 1 gegenüber Periode 0 aus wohlfahrtsökonomischen Gründen gesteigert (nach oben weisende Pfeile) oder gesenkt werden müsste (nach unten weisende Pfeile). Auf Gerade AA empfiehlt die Wohlfahrtsökonomie konstante Fangmengen.

Die Konstanz der Erntemengen war jedoch nur eine Bedingung eines biologischen Gleichgewichtes. Daneben mussten diese Fangmengen auch dem natürlichen Periodenwachstum gleichen, um so die Bestandserhaltung zu gewährleisten und damit die Möglichkeit einer dauerhaft konstanten Ernte zu eröffnen. Graphisch fand eine solche Fangpolitik darin ihren Niederschlag, dass die Fangposition immer auf der Wachstumsparabel lag (siehe oben). Liegt der Fang-/Bestandslocus unterhalb der Wachstumskurve, ergibt sich in der Folgeperiode ein Bestandsaufbau, liegt er oberhalb der Kurve, so ergibt sich zwingend ein Bestandsabbau in der Folgeperiode.

Ist nun eine ökonomische Optimallösung denkbar, die beide Bedingungen eines biologisch gleichgewichtigen Zustands erfüllt? Genau dieser Punkt wird in Abbildung 17 (einem sog. Phasendiagramm[21]) durch den Schnittpunkt $\left(X^*; y^* \right)$ der biologischen Gleichgewichtskurve und der Gerade AA bestimmt.

---

[20] Da dw/dX_1 größer als dw/dX^* bzw. r ist, muss der Bruch $[1 + dw/dX_1]/[1+r]$ größer als eins sein.

[21] Vgl. auch V.Radke [1999c] Kap. 4, W.Ströbele [1987] S. 177 ff.

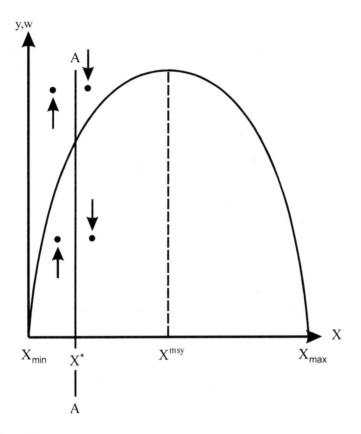

Abbildung 16

Dieser Punkt ist ein ad infinitum gültiges bio-ökonomisches Gleichgewicht, da hier die Optimalität einer konstanten Erntemenge mit biologisch unveränderten Bedingungen, d.h. einem konstanten Regenerationsbeitrag und Bestand zusammenfällt. In Abbildung 17 geben die waagerechten (von der jeweiligen Fang-/Bestandsposition in Periode 1 wegweisenden Pfeile) an, in welche Richtung sich der Bestand in der Folgeperiode für eine biologisch nicht gleichgewichtige Ausgangslage entwickeln wird.

Für die „südwestlich" von $(X^*; y^*)$ gelegene Fang-/Bestandsposition zeigt der gestrichelte Pfeil „qualitativ"[22], wie der bioökonomische Optimalzustand

---

[22] Es können beliebig viele Pfeile gezeichnet werden, die „Start" und „Ziel" verbinden. Eine den Rahmen dieses Buches sprengende infinitesimale Betrachtung von Differentialgleichungssystemen erlaubt es prinzipiell, die optimal zeitliche Abfolge von Periodenernten und -beständen im Phasendiagramm deutlich zu machen. Vgl.

über eine sukzessive Fang- und Bestandserhöhung erreicht werden kann. Für die „nordöstlich" von $(X^*; y^*)$ gelegene „Startposition" markiert der gestrichelte Pfeil die entsprechend zielführenden Ernte- und Bestandssenkungen.

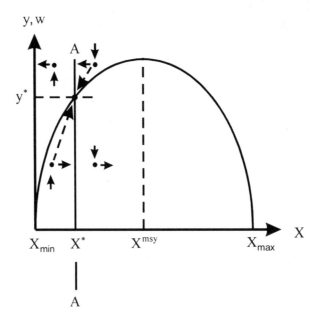

Abbildung 17

Einsichtig ist, dass die erstmalige „ökonomisch gerechtfertigte" Erreichung eines biologischen Gleichgewichtszustandes im Zeitpunkt t das endgültige Münden des ökonomischen Optimalpfades in diese biologische Gleichgewichtslösung für alle Folgeperioden impliziert. Schließlich schreibt die Optimalitätsbedingung für den Fall, dass sich die Gesellschaft zum Zeitpunkt t im Fanglocus $(X^*; y^*)$ befindet, für Periode t+1 den Fang von y^* Einheiten vor. Damit befindet sie sich für Periode t+1 wieder in $(X^*; y^*)$ etc.

Hinsichtlich des Einflusses der sozialen Diskontrate auf den Gleichgewichtsbestand wird aus der geforderten Gleichheit der Diskontrate und des marginalen Regenerationsbeitrages dw/dX^* klar, dass ein steigender Zins den Gleichgewichtsbestand nach links verschiebt, da hier die Steigung der Regenerationsfunktion größer ist. Auch intuitiv überzeugt dieses Ergebnis, selbst bei

---

z.B. C.W.Clark [1990], H.Siebert [1983], S. 115 ff. sowie W.Ströbele [1987] S. 177 ff.

anfänglich hohen Beständen. Schließlich ist eine hohe Diskontrate der Ausfluss einer (Über-(?))Betonung gegenwartsnaher Ernten bzw. Fänge. Teilt man diese Präferenz, so erscheint es durchaus sinnvoll, die Bestände durch anfängliches Überfischen zu Lasten späterer Konsummöglichkeiten „herunterzufahren".

An dieser Stelle sei noch einmal betont, dass sich für eine nichtnegative Diskontrate ein ökonomisch gerechtfertigtes biologisches Gleichgewicht nur für Bestände ergeben kann, die nicht größer als X^{MSY} sind.[23] Schließlich wäre für größere Bestände der Ausdruck dw/dX_1 negativ. (Eine Erhöhung des Bestandes wirkt hier nämlich regenerationshemmend.) Daraus folgt sofort, dass die biologische Maximallösung des Problems, nämlich eine ewig konstante Erntemenge y^{MSY} unter Bewahrung des korrespondierenden Bestands X^{MSY} nur dann ökonomisch gerechtfertigt ist, wenn die soziale Diskontrate gerade Null ist. Hier beträgt der marginale Regenerationseffekt für den Bestand X^{MSY}, d.h. dw/dX^{MSY}, gerade Null.

Dieses Ergebnis darf jedoch nicht dahingehend missverstanden werden, dass bei einer positiven sozialen Diskontrate (und konstanten Abbaugrenzkosten) die ständige Aberntung der Menge y^{MSY} ökonomisch unattraktiver wäre als die ständige, biologisch gleichgewichtige Aberntung einer geringeren Menge y^* – im Gegenteil. Jedoch ist für eine Gesellschaft, die sich auf die Gleichgewichtslösung $\left(y^*; X^*\right)$ „eingestellt" hat, eine zeitweilige Fangeinschränkung notwendig, um den Bestandsaufbau von X^* nach X^{MSY} zu leisten. Diese durch eine Hintanstellung gegenwärtiger Konsumwünsche gekennzeichnete „Investition" ist jedoch bei einer positiven sozialen Diskontrate für die Gesellschaft unattraktiv.

Auch wenn bio-ökonomische Gleichgewichte regelmäßig im Mittelpunkt der ressourcenökonomischen Literatur stehen (und auch im folgenden stehen sollen), impliziert die oben beschriebene Möglichkeit des Mündens des ökonomisch optimalen Erntepfades in eine biologische Gleichgewichtslösung noch lange nicht die Zwangsläufigkeit einer solchen Entwicklung. So ist die Optimalität der Ausrottung einer erneuerbaren Ressource bei hinreichend

---

[23] Dies kann sich allerdings ändern, wenn nicht nur die Ernte y, sondern auch der Bestand X Wohlfahrt generiert (d. h., einen „Existenzwert" hat). Vgl. hierzu V.Radke [1995c]. Auch bestandsabhängige Erntekosten können dieses Ergebnis ändern (vgl. Abschnitt III. 4 unten).

großen Diskontraten genauso denkbar wie eine ewig andauernde Folge von Ungleichgewichtszuständen.[24]

3. Der Gleichgewichtserntepfad – ein einfaches Grundmodell

Wie bei den erschöpflichen Ressourcen stellt sich auch bei regenerierbaren Ressourcen die Frage, ob ein konkurrenzwirtschaftlicher Marktmechanismus eine sozial optimale intertemporale Allokation dieser Ressourcen anreizt, ob also die Gleichgewichtslösung mit der Optimallösung übereinstimmt. Hinsichtlich der Terminologie ist zu bemerken, dass hier die konkurrenzwirtschaftliche Gleichgewichtslösung und nicht (notwendigerweise) die biologische Gleichgewichtslösung gemeint ist.

Diese Frage ist für das einfache Grundmodell dann zu bejahen, wenn man wie im den erschöpflichen Ressourcen gewidmeten Teil des Buches zunächst ein System vollständiger Zukunftsmärkte, die Internalisierung aller Kosten, sowie die Identität zwischen privater und sozialer Diskontrate unterstellt. Unter dieser Voraussetzung wird jeder preisnehmende Ressourcenanbieter seine Ernte auf den verschiedenen Zukunftsmärkten so anbieten, dass es unter Berücksichtigung des marginalen Regenerationsbeitrages keine Möglichkeit gibt, seinen diskontierten Gesamtgewinn zu erhöhen. Da im Marktgleichgewicht der Ressourcenpreis auf jedem der Zukunftsmärkte der marginalen Zahlungsbereitschaft (= Bruttogrenznutzen des Ressourcenabbaus) entspricht, wird die Gleichgewichtslösung des Marktes *idealiter* der ökonomischen Optimallösung entsprechen.

Wie bereits angedeutet, muss diese ökonomische Gleichgewichtslösung jedoch nicht biologisch gleichgewichtig sein. Ein solches Ergebnis darf dabei nicht als Marktversagen interpretiert werden, da ja auch der ökonomische Optimalpfad durchaus von biologischen Gleichgewichtslösungen abweichen kann (s.o.). So kann ein ewig[25] „in Bewegung" befindlicher Markt regenerierbarer Ressourcen nicht nur ökonomisch gleichgewichtig in dem Sinne sein, dass der Markt keine andere Lösung zulässt, sondern ein solch biologisch-ungleichgewichter Nutzungspfad mag u.U. auch sozial optimal sein.

---

[24] Vgl. J.M. Hartwick, N.D. Olewiler [1998], S. 226 ff. und 360 ff. .

[25] – hinsichtlich der Periodenbestandsmenge, der Periodenerntemenge, und damit hinsichtlich des Periodenpreises –

4. Modellkomplikationen

Wie im Fall erschöpflicher Ressourcen stellt sich die Frage nach den Konsequenzen von Verallgemeinerungen der recht restriktiven Annahmen des zuvor analysierten Grundmodells. Mit Blick auf die erheblichen analytischen Schwierigkeiten einer Verallgemeinerung des Grundmodells wird sich dieses Buch auf die Erweiterung beschränken, die hinsichtlich der Realitätsnähe wohl am dringendsten ist: die Einführung bestandsabhängiger Fangkosten.[26]

Bisher wurde unterstellt, dass die Fang- bzw. Erntekosten nur von der aktuellen Fang- bzw. Erntemenge abhängen. Jedoch ist es gerade am Beispiel der Fischerei offensichtlich, dass i.a. die Fangaufwendungen bzw. die durchschnittliche Fangzeit mit schwindenden Beständen steigen. Es ist eben kostengünstiger, aus „dem Vollen" zu schöpfen, als dieselbe Fangmenge mühsam, d.h. zeit-, personal- und kapitalintensiv, zusammenzusuchen. Jeder Angler, Jäger oder Beerensammler unter den Lesern wird diese Annahme aus leidvoller Erfahrung bestätigen können. Damit ist $\left[\partial AK_t(y_t, X_t)/\partial X_t\right]$ negativ. Für unveränderte Fangmengen sinkt damit für kleinere Fischbestände auch der Periodennettonutzen, da die vom Bruttonutzen abzuziehenden Fangkosten gewachsen sind.

Diese einsichtige Beobachtung erweitert die ökonomischen Gesichtspunkte der Fangdisposition in den Perioden 0 und 1 entscheidend. Schließlich verhindert der Fang einer Einheit in Periode 0 nunmehr nicht nur den Fang dieser Einheit in Periode 1 und verhindert ggf. die Zusatzvermehrung, die von der in Periode 0 gefangenen Einheit ausgegangen wäre, sondern erhöht wegen des in Periode 1 verminderten Bestandes in dieser Periode auch die Fang- (bzw. Ernte- oder Abbau-) Kosten für alle in Periode 1 zu fischenden Einheiten. Umgekehrt gilt: Der Verzicht auf den Fang der letzten Einheit in Periode 0 wird in Periode 1 nicht nur durch eine Mehrkonsummöglichkeit belohnt, sondern auch mit geringeren Fangkosten in Periode 1. Konkurrierte also im Grundmodell der Ressourcenkonsum zwischen den Perioden nur mengenmä-

---

[26] Für die Einführung von Unsicherheit in das Modell regenerierbarer Ressourcen vgl. z.B. N.Hanley et al. [1997], Ch. 10.10, S. 652 ff. Hinsichtlich der Auswirkungen von investiven Fixkosten siehe W.Ströbele [1987], S. 148 f. Zur Interaktion von Umweltbedingungen und Fischerei bei der Gefährdung der Artenvielfalt in den Weltmeeren vgl. z.B. J.M.Hartwick, N.D.Olewiler [1998], S. 371-373. Modifikationen der Regenerationsfunktionen untersucht C.W.Clark [1990]. Ein Existenzwert des Ressourcenbestandes wird bei V.Radke [1995c] berücksichtigt.

ßig, so konkurriert er bei bestandsabhängigen Kosten auch hinsichtlich der aufzuwendenden Abbaukosten.

Eine Verschiebung der Ernte auf Periode 1 wird sich wegen der positiven Mengen- und Kosteneffekte eines solchen Schritts in Periode 1 solange lohnen, bis durch diese Umdisposition keine Erhöhung des diskontierten Gesamtnettonutzens mehr möglich ist. Damit muss die Optimalitätsbedingung des Grundmodells durch folgende ersetzt werden:[27]

$$[MZB_0(y_0) - AGK_0] = [MZB_1(y_1) - AGK_1][1 + dw/dX_1]/[1+r]$$
$$-[\partial AK_1(y_1, X_1)/\partial X_1]/[1+r]$$

Um die Auswirkungen der Berücksichtigung bestandsabhängiger Kosten zu untersuchen, sei der Einfachheit halber ein bio-ökonomisches Gleichgewicht betrachtet. Wiederum ist ein solcher Zustand durch konstante Fangmengen und konstante Bestände gekennzeichnet. Dies zieht im bio-ökonomischen Gleichgewicht neben der Konstanz der Bruttogrenznutzen der Ressourcenfänge auch die Konstanz der Gesamtfangkosten[28], wie der Grenzfangkosten und letztendlich der Nettogrenznutzen nach sich. Damit ergibt sich nach einigen Umformungen als Bedingung für ein bioökonomisches Gleichgewicht:

$$r = dw/dX_1 - [\partial AK_1(y_1, X_1)/\partial X_1]/[MZB_1(y_1) - AGK_1]$$

Bevor man diese Beziehung auswertet, ist zu beachten, dass $[\partial AK_1(y_1, X_1)/\partial X_1]$ negativ ist.

Damit ist der Ausdruck

---

[27] Diese Bedingung ist über die sog. verallgemeinerte Kettenregel für Funktionen mehrerer Variabler herleitbar. Die erste partielle Ableitung der Fangkostenfunktion nach der Fangmenge wird -wie bisher- mit „AGK" abgekürzt. Um Verwechslungen auszuschließen schreiben wir für die erste partielle Ableitung der Fangkostenfunktion nach dem Bestand stets ausführlich $\partial AK_1(y, X)/\partial X$

[28] In einem in J.M.Hartwick, N.D.Olewiler [1998], S. 361 ff., ausführlich besprochenen Modell des pazifischen Seehundfangs werden die Gesamtkosten des Fangs durch die Anzahl der Fangeinheiten (Boote) bestimmt. Entsprechend folgt im bio-ökonomischen Gleichgewicht die Konstanz der Flottengröße. Dies ist die zentrale Bedingung für ein langfristiges ökonomisches Gleichgewicht, da es nun (per saldo) in der Fangindustrie weder Ein- noch Aussteiger gibt.

$$-\left[\partial AK_1(y_1, X_1)/\partial X_1\right]/\left[MZB_1(y_1) - AGK_1\right]$$

auf alle Fälle positiv. Auch die soziale Diskontrate r ist positiv. Folglich kann die Optimalitätsbedingung auch für negative marginale Regenerationsbeiträge dw/dX_1 erfüllt sein, wenn der Bestandskosteneffekt „$-\left[\partial AK_1(y_1, X_1)/\partial X_1\right]$" so groß ist, dass der zweite Term auf der rechten Seite r übersteigt. Aus Kapitel III.3. ist bekannt, dass dw/dX_1 dann negativ ist, wenn $X^* = X^1$ größer als X^{MSY} ist. Damit bleibt festzuhalten: Anders als im Grundmodell kann bei bestandsabhängigen Fangkosten nicht mehr a priori gesagt werden, ob das bioökonomische Gleichgewicht größer oder kleiner als X^{MSY} ist. Zwar geht weiterhin ein Anreiz zu Beständen unterhalb X^{MSY} davon aus, dass hier der marginale Regenerationsbeitrag des Bestandes, welcher zur „Kompensation" der gesellschaftliche Diskontrate taugt, hoch ist. Jedoch spricht für „große" (X^{MSY} übersteigende) Gleichgewichtsbestände der Umstand, dass dort die Fangkosten gering sind. Je höher die soziale Diskontrate, desto stärker der erste Effekt, je größer die Bestandsabhängigkeit der Fangkosten desto wichtiger der zweite.

Für den Spezialfall einer sozialen Diskontrate von Null muss der bioökonomische Gleichgewichtsbestand jedoch mit Sicherheit größer als X^{MSY} sein. Hier gilt:

$$dw/dX_1 = \left[\partial AK_1(y_1, X_1)/\partial X_1\right]/\left[MZB_1(y_1) - AGK_1\right]$$

Mathematisch ergibt sich diese Notwendigkeit aus dem Umstand, dass die rechte Seite negativ ist. Damit muss dw/dX_1 negativ sein, der Gleichgewichtsbestand also auf dem absteigenden Ast der Regenerationsfunktion liegen. Aber auch intuitiv ist dieses in Abbildung 18 dargestellte Ergebnis leicht erfassbar.

Dazu sei angenommen, dass sich die Gesellschaft in der Gleichgewichtsposition X^+ befinde, die eine dauerhafte Aberntung von y^* ermöglicht. Ein Übergang auf die Position $(X^*; y^*)$ setzt einen Bestandsaufbau von X^+ auf X^* voraus, muss also durch einen vorübergehenden Konsumverzicht „erkauft" werden. Der Lohn für dieses endliche Fasten wäre jedoch eine ewig andauernde kostengünstigere Versorgung mit der Ressource. Diese Einsparungen fallen wohl erst später an, doch müssen sie im Spezialfall einer sozialen Diskontrate von Null ja gerade nicht abgezinst werden.

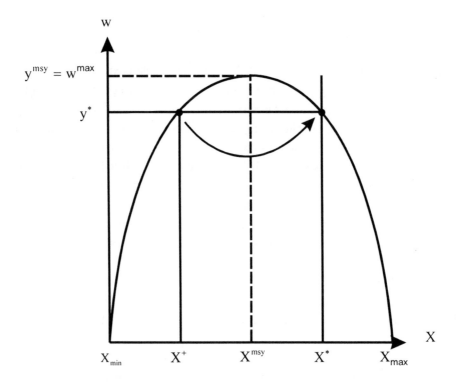

Abbildung 18

Diese Argumentation zeigt, dass für jedes biologisches Gleichgewicht auf der linken Seite der Regenerationsfunktion ein biologisches Gleichgewicht auf der rechten Seite existiert, das bei gleicher Erntemenge kostengünstiger und damit im Fall ohne Diskontierung auf lange Sicht ökonomisch eindeutig attraktiver ist.[29] Damit können in diesem Fall nur biologische Gleichgewichte rechts von X^{MSY} auch ökonomisch optimal sein. Schließlich ermöglicht ausgehend von einem Bestand kleiner als X^{MSY} ein endlicher, zwischenzeitlicher Nettonutzenverzicht immer eine ad infinitum wirkende Erhöhung des Nettonutzens. Eine gute Investition, wenn zukünftige Erträge nicht diskontiert werden müssen!

---

[29] Dies bedeutet, dass unter den im obigen Kontext geltenden Bedingungen das in diesem Buch verschiedentlich angesprochene Phänomen der „rationalen Ausrottung" nicht auftreten kann.

Welcher bio-ökonomische Gleichgewichtspreis wird sich nun für diesen Spezialfall ergeben? Mit der Gleichheit von marginaler Zahlungsbereitschaft MZB_1 und Preis P_1 gilt für einen „sozial optimalen" Preis gerade:[30]

$$P_1 = AGK_1 + \left[\partial AK_1(y_1, X_1)/\partial X_1\right]/\left[dw/dX_1\right]$$

Aus dem zuvor Gesagten ist bekannt, dass Zähler wie Nenner des zweiten Ausdrucks auf der rechten Seite negativ sein müssen.[31] Insgesamt ist damit der Bruch, der in der amerikanischen Literatur bisweilen *Marginal Stock Effect* genannt wird, positiv. Eine entsprechende (typische) langfristige Grenzkosten- bzw. Angebotskurve A ist in Abbildung 19 (mit verschiedenen Nachfragekurven) skizziert.

---

[30] Vgl. J.M.Hartwick und N.D.Olewiler [1986], S. 273. Für den allgemeinen Fall einer positiven Diskontrate folgt (wie der Leser selbst entwickeln mag) $P_1 = AGK_1 + [\partial AK_1(y_1, X_1)/\partial X_1]/[dw/dX_1 - r]$.
Vgl. wiederum auch J.M.Hartwick und N.D.Olewiler [1986], S. 294.

[31] Dies ist gleichbedeutend mit dem plausiblen Ergebnis, dass der optimale Gleichgewichtsbestand im Bereich negativer marginaler Regenerationsbeiträge liegen muss. Er muss also größer als X^{MSY} sein.

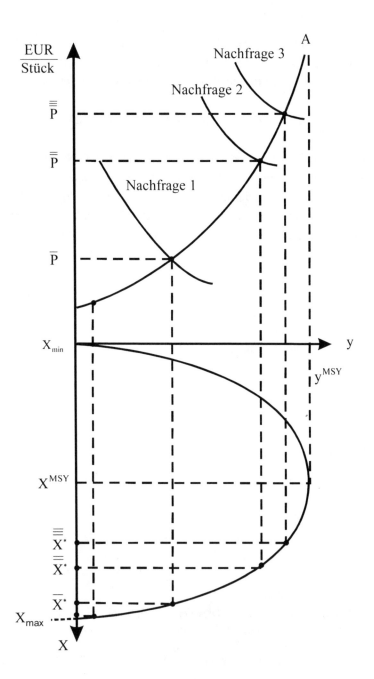

Abbildung 19

Mehrere Merkmale sind für diese langfristige Angebotskurve typisch:

- Sie enthält nicht nur die Abbaugrenzkosten AGK, sondern auch den *Marginal Stock Effect*, der sich aus dem marginalen Regenerationseffekt und dem marginalen Bestandskosteneffekt zusammensetzt. Die Anbieter erfreuen sich also einer *Royalty* in der Größe des *Marginal Stock Effects*.
- Beginnend mit einer sehr geringen Gleichgewichtsnutzung hoher Gleichgewichtsbestände steigen die Grenzkosten für größere Gleichgewichtsnutzungen geringerer Gleichgewichtsbestände.[32]
- Die Grenzkosten nähern sich für *maximum sustainable yield*-Nutzungen y^{MSY} eines Bestandes vom Umfang X^{MSY} unendlich.[33] Dies korrespondiert mit dem zuvor abgeleiteten Ergebnis, nach dem – unabhängig von der Nachfrage – keine bio-ökonomisch gleichgewichtigen Nutzungen über y^{MSY} hinaus möglich sind.

Auch (vielleicht sogar gerade) bei bestandsabhängigen Fangkosten muss jedoch davor gewarnt werden, die soziale Optimalität eines bio-ökonomischen Gleichgewichtes für selbstverständlich zu halten. Neben der erneut nicht ganz auszuschließenden Optimalität der Ausrottung einer Ressource[34] kann hier gerade ein periodisches Fischen optimal sein und „vom Markt" geleistet werden. So mag es (unter idealen Voraussetzungen[35]) für jeden einzelnen Ressourcenanbieter sinnvoll sein,

---

[32] Für eine Ableitung dieser Ergebnisse vgl. die Analyse J.M.Hartwicks und N.D.Olewilers [1986], S. 266 und S. 508 ff. Grundlage ist dabei ein Modell, bei dem sich die Gesamtperiodenfangkosten AK_t ergeben als $AK_t = y_t / (aX_t)$. Hier ist also der Fang y_t dem Bestand wie den (durch die Anzahl der Fangeinheiten bestimmten) Fangkosten proportional.

[33] „Mathematisch" wird dies durch den Umstand bewirkt, dass für gegen X^{MSY} fallende Bestände der marginal stock effect unendlich groß wird, da der marginale Regenerationseffekt $[dw/dX_t]$ (der Nenner des marginal stock effects) gegen Null strebt.

[34] Diese kann wohl ausgeschlossen werden, wenn die Fangkosten für gegen Null strebende Bestände unendlich werden und auch kleine Populationen ihre Regenerationsfähigkeit behalten.

[35] Dazu gehört z.B. das Fehlen der im nächsten Kapitel beschriebenen Open-Access-Problematik.

- mit dem Ernten/Fangen einige Perioden zu warten, bis hohe Bestände eine kostengünstige Ernte ermöglichen,
- im großen Stil kostengünstig abzuernten,
- anschließend sich zwecks Bestandsaufbau mit dem Ernten weitgehend zurückzuhalten,
- um dann erneut aus „dem Vollen" zu schöpfen.

Das praktische Problem einer solchen Politik liegt sicherlich in den hohen Umstellungskosten zwischen Zeiten hoher und niedriger Ernteaktivität. Sollte man Investitionen berücksichtigen, kämen u.U. hohe Leerkosten in den Zeiten geringer Erntekapazität hinzu. Allerdings ließen sich diese Probleme durch die Rotation zwischen verschiedenen Ernte-/Fangplätzen mindern. Die – wie man hört – seit Karl dem Großen bekannte Dreifelderwirtschaft ist ein Beispiel für ein solches Vorgehen.

5. Marktversagen

Wie im Falle erschöpflicher Ressourcen ist es möglich, dass eine oder mehrere Bedingungen, die für die Optimalität der Marktlösung notwendig sind, nicht erfüllt sind. Grundsätzlich ist dabei an alle in Kapitel II.5. genannten Gründe für Marktversagen zu denken.

Die folgende Diskussion soll sich jedoch auf die möglichen Auswirkungen von Open-Access-(Selbstbedienungs-) Ressourcen beschränken.[36] Da sich gerade dieses Problem für viele erneuerbare Ressourcen besonders häufig stellt, erfreut sich diese Quelle von Marktversagen auch der größten Aufmerksamkeit in der Literatur.[37] Ausgangspunkt der folgenden Überlegungen ist die im letzten Kapitel eingeführte allgemeine Optimalitätsbedingung:

---

[36] Der Term „Open-Access-Ressource" bezeichnet eine Ressource, zu der ein freier und uneingeschränkter Zugang besteht. Gemeint ist also nicht eine physische Eigenschaft, sondern ein institutionelles Arrangement. Dieses ist insbesondere dadurch charakterisiert, dass kein Eigentum an der Ressource besteht. Es darf nicht mit dem „Gemeineigentum" verwechselt werden. Zur Unterscheidung vgl. z.B. A.Lerch (1997) und die dort angegebene Literatur.

[37] Eine andere in der Literatur ausführlich behandelte Quelle des Marktversagens ist die Marktmacht. Vgl. dazu z.B. W.Ströbele [1987], S. 154 ff.

$$[MZB_0(y_0) - AGK_0] = [MZB_1(y_1) - AGK_1][1 + dw/dX_1]/[1+r]$$
$$-[\partial AK_1(y_1, X_1)/\partial X_1]/[1+r]$$

Die Selbstbedienungs-Ressource zeichnet sich durch eine unbeschränkte Nutzungsmöglichkeit aus. Derartige Ressourcen sind solange eigentümerlos, bis sie genutzt/geerntet/gefangen werden. Dies trifft z.B. besonders auf Meerestiere, ggf. außerhalb wirtschaftlicher Schutzzonen, zu.

Eine schönes Beispiel für eine Allmende-Ressource beschreibt D.D. Muraoka [1990] anhand der kalifornischen Seeigelernte. Nachdem Seeigel lange Zeit eher als Plage empfunden wurden, schlug 1972 das Nationale Fischereiamt der U.S.A. den Fang und den Export von Seeigelrogen nach Japan vor, wo dieser (wie Kaviar bei uns) als Delikatesse hoch geschätzt wird. Mit fallenden Luftfrachtkosten und einem starken Yen gegenüber dem US-Dollar erwies sich dieses Geschäft als äußerst profitabel. Die darauf einsetzende goldrauschartige Entwicklung der anfänglichen Ernte von 200 (amerikanischen) Pfund Seeigeln zeigt das folgende Diagramm.[38]

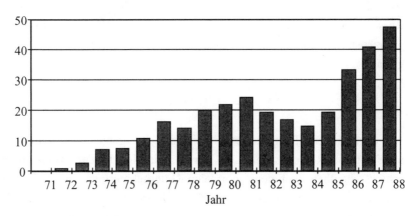

Seeigelernte in Mio amerikanischer Pfund

Diagramm 3

---

[38] Vgl. D.D.Muraoka [1990], S. 143. Die Senkung der jährlichen Ernte in der Mitte der 80er Jahre ist vornehmlich auf die extreme Dollarstärke dieser Zeit zurückzuführen.

Aber auch Landtiere wie das heimische Wild können, selbst innerhalb scheinbar wohldefinierter Nutzungsansprüche, Open-Access-Eigenschaften tragen. Diese ergeben sich wie im Fall der Seeigel daraus, dass Eigentum lediglich am Fang und nicht am Bestand möglich ist.[39] So verliert der Jagdpächter mit dem jederzeit möglichen Weiterwandern des Wildes aus seinem Revier jeden Nutzungsanspruch an diesem. Dem Fischer ergeht es mit den weiterziehenden Schwärmen nicht besser.

Wegen der Unmöglichkeit des Bestandseigentums kann ein Ressourcennutzer (sei er nun Fischer oder Jagdpächter) nicht sicher sein, dass ihm seine Zurückhaltung in der Periode 0 durch einen Bestandsaufbau und ggf. die damit verbundene Senkung der Fangkosten in der Folgeperiode zu Gute kommt. Vielmehr muss er der Tatsache gewahr sein, dass sich die Ressource in der Zwischenzeit seinem Zugriff entzogen hat und u.U. von anderen Nutzungsinteressenten geerntet/gefangen wurde. Im Extremfall wird seine Zurückhaltung in Periode 0 *keine* Auswirkungen auf *seine* Fangkosten oder *seine* Konsummöglichkeit in Periode 1 haben, da er durch konkurrierende Fischer dieser Vorteile längst beraubt sein wird, bevor er seine Netze erneut auswirft.

Mit dem Wegfallen eines „subjektiven" marginalen Regenerationseffektes $[dw/dX_1]$ wie eines Fangkosteneffektes $[\partial AK_1(y_1,X_1)/\partial X_1]$ wird ein Ressourcennutzer deshalb so lange ernten, bis die Abbaugrenzkosten (Fanggrenzkosten) den Preis (bzw. die marginale Zahlungsbereitschaft) erreichen. Es gilt also:

$$P_1 = MZB_1(y_1) = AGK_1$$

Aus etwas anderer Perspektive stellt sich dieses Ergebnis wie folgt dar: Da der ungefangene Ressourcenbestand durch keinerlei Eigentumspositionen geschützt ist, üben über dem „normalen Unternehmerlohn" liegende Gewinne bzw. *royalties*, die mit dem Fang dieser Ressourcen verbunden sind, einen unwiderstehlichen Anreiz zur Teilhabe an diesen Renten aus. Jeder, der die Möglichkeit besitzt, wird versuchen, seinen Anteil an der Gesamtrente der Anbieterindustrie zu maximieren. Der einzige Weg dazu ist die Ausweitung seiner Ernteaktivität. Dies führt zu einer Senkung des Bestandes und damit in den Folgeperioden i.a. zur Senkung der weiteren Fangmöglichkeiten bei einer

---

[39] Vgl. W.Ströbele [1987], S. 143.

Erhöhung der Fanggrenzkosten (s.o.). Ein Marktgleichgewicht herrscht erst, wenn für jeden Anbieter der Preis gerade seinen Fanggrenzkosten entspricht und sämtliche *royalties* herauskonkurriert wurden.[40] Dies bedeutet, dass im Gleichgewicht für die Nutzung einer Selbstbedienungs-Ressource keinerlei zeitliche Opportunitätskosten in Rechnung gestellt werden.

Hinsichtlich zukünftiger Nutzungen existieren also nicht internalisierte Kosten. Lediglich Gegenwartsnutzen und Gegenwartskosten gehen in den Kalkül ein.

Zuletzt sei auf einen weiteren Effekt hingewiesen. Ist der Zugang zur betreffenden Ressource vollständig offen, werden tatsächlich sehr schnell *alle* Renten, d.h. auch „normale Produzentenrenten" bei steigenden Periodenabbaugrenzkosten pro Fischer herauskonkurriert. Dies bedeutet, dass im Open-Access-Gleichgewicht der Preis den Durchschnittskosten gleicht, dass sich - mit anderen Worten - die Gesamtabbaukosten und der Gesamtumsatz der Industrie entsprechen.[41] Daraus folgt für den oben eingeführten Fall bestandsabhängiger Kosten eine bemerkenswerte bio-ökonomisch gleichgewichtige Angebotskurve, die in Abbildung 20 skizziert ist.[42]

Ausgehend von einer Nullnutzung, d.h. einem biologischen Gleichgewichtsbestand $X^* = X^{Max}$ wird eine Erhöhung der Gleichgewichtserntemenge eine Senkung des Gleichgewichtsbestandes und somit eine Erhöhung der durchschnittlichen Ernte- bzw. Abbaukosten verursachen.[43] Folglich wird die langfristige Durchschnittskosten-, d.h. die langfristige Angebotskurve der ressourcenanbietenden Industrie, steigen (Punkte P_1 und P_2).

---

[40] T.Tietenberg [1998], S. 208 fasst eine Studie zusammen, in der Daten von US-amerikanischen Austernmärkten, die verschiedenen eigentumsrechtlichen Regelungen unterliegen, miteinander verglichen werden. Die Auswertung ergibt einen Durchschnittspreis für Austern von 0,94 $/lb unter „privaten" Nutzungsrechten und 0,73 $/lb in Regionen, in denen Austern eine Open-Access-Ressource darstellen. Zusätzlich zeigt sich, dass die Austern unter den Selbstbedienungsbedingungen deutlich früher geerntet werden als unter privaten Nutzungsrechten.

[41] Gehen wir wie bisher von konstanten Periodenfanggrenzkosten aus, ergeben sich aus dieser Entwicklung allerdings keine weitere Komplikationen, da die Periodenfanggrenzkosten den Durchschnittskosten ohnehin immer gleichen und so nie „gewöhnliche Produzentenrenten" auftreten.

[42] Vgl. J.M.Hartwick und N.D.Olewiler [1998], S. 113 ff., W.Ströbele [1987], S. 162 f.

[43] Als besonders einfache Illustration diene die oben zitierte Gesamtfangkostenfunktion $AK_t = y_t / (aX_t)$: Hier ergibt sich unmittelbar, dass auch die Durchschnittskosten AK_t / y_t (die hier gleichzeitig den marginalen Abbaugrenzkosten AGK_t entsprechen) mit schwindenden Beständen steigen.

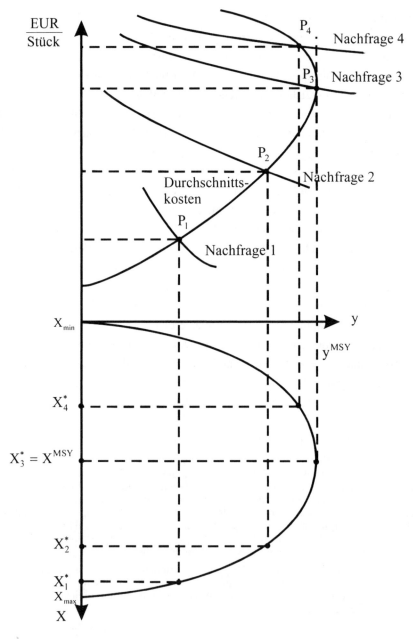

Abbildung 20

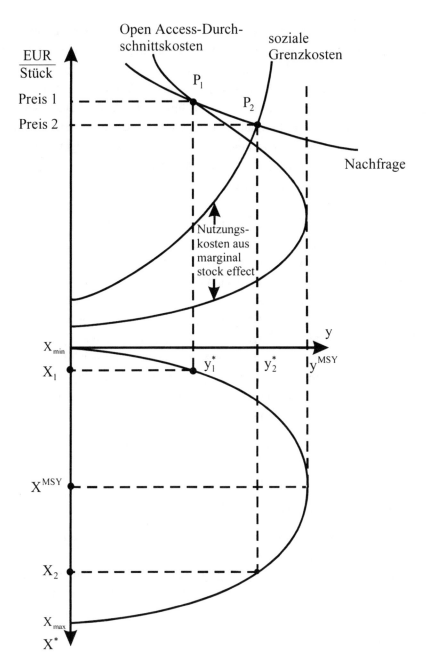

Abbildung 21

Jenseits des Gleichgewichtsbestandes X^{MSY} (Punkt P_3) ist jedoch die Erhöhung der langfristig bereitstellbaren, also biologisch gleichgewichtigen, Angebotsmenge über y^{MSY} unmöglich. Eine weitere Senkung des Gleichgewichtsbestandes wird damit zu höheren Abbaudurchschnittskosten *und* zu niedrigeren langfristigen Angebotsmengen führen (Punkt P_4). Die Angebotskurve nimmt nun, wie in Abbildung 20 dargestellt, eine negative Steigung an.

Um die allokativen Verwerfungen des Open-Access-Problems weiter zu untersuchen, sei der Spezialfall einer sozialen Diskontrate von Null betrachtet. Aus III.4. ergab sich als ökonomisch „richtiger" Preis:[44]

$$P_1 = AGK_1 + [\partial AK_1(y_1, X_1)/\partial X_1]/[dw/dX_1]$$

Die Open-Access-Angebotskurve verläuft demgegenüber zu niedrig. Der lediglich den AGK_1 gleiche Preis enthält nicht den positiven *marginal stock effect* $[\partial AK_1(y_1, X_1)/\partial X_1]/[dw/dX_1]$, der vor zu hohem Gegenwartskonsum abschreckt. Es erfolgt eine Übernutzung. So kann z.B. das Open-Access-Gleichgewicht bei der Nachfrage N_1 in Abbildung 21 im Punkt P_1 liegen.

Da sich dieser Punkt auf dem negativ geneigten Ast der Angebotskurve befindet, korrespondiert dieses Gleichgewicht mit einem Bestand X_1, der kleiner ist als X^{MSY}. Im sozialen Optimum ergäbe sich hingegen Punkt P_2, der sich gegenüber Punkt P_1 durch

- eine höhere jährliche Erntemenge y_2^* auszeichnet,
- die bei einem höheren[45] Gleichgewichtsbestand X_2
- und deshalb bei geringeren Abbaukosten
- trotz der *royalty* zu einem niedrigeren Preis 2 für die Konsumenten führt.

Die verschwenderische Praxis der sogenannten Treibnetzfischerei illustriert die Ignoranz des *Marginal Stock Effects* bei Open-Access-Ressourcen besonders

---

[44] Im Falle einer positiven sozialen Diskontrate galt

$P_1 = AGK_1 + [\partial AK_1(y_1, X_1)/\partial X_1]/[dw/dX_1 - r]$.

[45] Aus Kapitel III.4. ist bekannt, dass im statischen Fall bei bestandsabhängigen Kosten der bio-ökonomische Gleichgewichtsbestand größer als X^{MSY} sein muss.

drastisch. Bei dieser sehr „billigen" Fangmethode müssen (abgesehen von für den menschlichen Verzehr grundsätzlich nicht geeigneten Meerestieren) bis zu 40% des „Nutzfanges" im Meer verkippt werden, da die fangmethodenbedingten Verstümmelungen eine Nutzung verbieten.[46]

Wir haben oben die unter den hier geltenden Bedingungen herrschende „Zukunftsignoranz" und ihre schädlichen Auswirkungen beschrieben. Ihre Ursache liegt allerdings wiederum nicht in einer ungebührlichen Geringschätzung der Zukunft[47] bzw. zu hohen privaten Diskontrate, sondern in dem Umstand, dass die *eigenen* (auch undiskontierten) Vorteile einer Zurückhaltung im Gegenwartskonsum unter einem Selbstbedienungsregime gleich Null sind. Gleichwohl hat das Open-Access-Problem denselben Effekt wie eine unendlich große private Diskontrate. Um dies nachzuvollziehen, genügt es, die bereits erwähnte Beziehung für den „richtigen" Preis im Falle einer positiven sozialen Diskontrate zu betrachten.

$$P_1 = AGK_1 + [\partial AK_1(y_1, X_1)/\partial X_1]/[dw/dX_1 - r].$$

Für „unendlich" große private Diskontraten „verschwindet" der Bruch (d.h. der marginal stock effect). Es bleibt lediglich die aus dem Open-Access-Gleichgewicht bekannte Gleichheit zwischen Preis und Abbaugrenzkosten zurück.[48]

Die überwältigende Bedeutung des Open-Access-Problems wird in einer bei Hartwick und Olewiler [1998], S. 368 wiedergegebenen Vergleichsrechnung für das Beispiel der spanischen Sardinenfischerei deutlich. Die Autoren berechnen die sozial optimalen Periodenernten und Bestände für drei alternative soziale Diskontraten und vergleichen sie mit den entsprechenden Gleichgewichtsgrößen in einem Selbstbedienungsregime (Open-Access-Regime).

---

[46] Neben dem Problem der marginal stock effects wird in der Literatur gelegentlich betont, dass ein freier Zugang aller potentieller Interessenten weitere negative externe Effekte nach sich zieht. So sprechen J.H.Hartwick und N.D.Olewiler [1998], S. 112 mit Blick auf sich auf den „Füßen herumtretender" Fangeinheiten von „congestion costs" bei freiem Zugang. Diese von den Fischern negativ bewerteten externen Effekte wirken nach dem Kriterium der Ressourcenschonung positiv (wenn auch wohl nur in bescheidenem Ausmaß).

[47] Vgl. die obigen Ausführungen zur Diskontratenproblematik bei erschöpf-lichen Ressourcen.

[48] Allgemein gilt, dass eine Diskontratenerhöhung gleichgewichtsbestandssenkend wirkt.

Regime Variable	Soz. Opt. (SDR = 0%)	Soz. Opt. (SDR = 3%)	Soz. Opt. (SDR = 8%)	Open-Access- Gleichgewicht
Bestand*	35.065	34.415	33.45	17.75
Ernte*	7.927	8.088	8.321	10.624

* *in Tonnen*

Tabelle 2

Während eine Erhöhung der sozialen Diskontrate von 0% auf 8% den sozial optimalen Bestand um deutlich weniger als 10% reduziert, wird er beim Übergang vom sozial optimalen Regime ohne Diskontierung auf ein Open-Access- Regime auf etwa die Hälfte gedrückt.[49]

Auch jenseits dieses sehr speziellen Beispiels scheint die Hauptgefahr für die Existenz „kommerziell interessanter" Arten von den fatalen Anreizwirkungen des Open-Access-Arrangements auszugehen. Die Ausrottung einer Art kann sogar sehr plötzlich eintreten, wenn die überzogenen Ernteanstrengungen im Rahmen des Open Access-Regimes mit einer unvorhergesehenen (und vom Standpunkt der Fischereiwirtschaft exogen verursachten) Bestandsschwäche der betreffenden Art koinzidieren. Die Bestandsschwäche mag durch Krankheiten, Änderungen der Wassertemperatur u. ä. hervorgerufen werden.[50]

Auch die Ausrottung im sozialen Optimum (also nicht infolge eines institutionellen Webfehlers im Rahmen des Open-Access-Regimes) ist möglich. Die Gefahr für die Ressource ist am größten, wenn die soziale Diskontrate hoch (der Menschheit die Zukunft also eher gleichgültig) ist und die Fangkosten im Vergleich zum Preis der Art niedrig sind und bei Bestandsdezimierung auch niedrig bleiben.[51] Diese Kombination wird allerdings in der Literatur für eher

---

[49] Empirische Analysen, die den Vergleich zwischen Open-Access-Gleichgewichten und sozialen Optima anhand anderer Beispiele durchführen, kommen zu ähnlichen Ergebnissen. Vgl. z.B. die bei T.Tietenberg [1998], S. 207-209 zusammengefassten Studien.

[50] J.M.Hartwick, N.D.Olewiler [1998], S. 371 zitieren in diesem Zusammenhang den Fall einer durch die Erwärmung des Pazifik („El Niño-Phänomen") verursachten Dezimierung von Fischarten. Natürlich können die oben genannten Gründe für Bestandsrückgänge auch interagieren.

[51] Andererseits ist eine Ressource selbst unter Open-Access-Bedingungen vor dem unmittelbaren menschlichen Zugriff relativ sicher, wenn sie „schwer zu kriegen" (hohe Fangkosten) und dabei unattraktiv (geringe Zahlungsbereitschaft) ist.

unwahrscheinlich gehalten.⁵² Hier sind es insbesondere die mit sinkendem Bestand steigenden Fanggrenzkosten (die in den theoretischen Modellen mit sozial optimaler Ausrottung meist nicht berücksichtigt sind), denen zugetraut wird, einen Riegel vor den finalen Zugriff der Menschheit auf die betreffende Ressource zu schieben. Hartwick und Olewiler [1998] weisen zur Substantiierung dieser Einschätzung darauf hin, dass ihres (erheblichen!) Wissens noch nie eine dem Open-Access-Problem (durch Privateigentum oder substitutive staatliche Regulierung) entzogene Fischart ausgerottet wurde.⁵³

Natürlich kann das hier wiedergegebene Argument nur bedingt beruhigen: Technischer Fortschritt bei den Entdeckungs- und Fangmethoden führt dazu, dass der kostensteigernde Effekt geringer Bestände im Laufe der Zeit erst bei immer geringeren Beständen spürbar wird. Andererseits ist für die Aufrechterhaltung der Regenerationsfähigkeit der Art die Existenz eines Mindestbestandes nötig.⁵⁴ Der Riegeleffekt der Kostensteigerung muss also für die Erhaltung der Art wirksam werden, ehe der Bestand unter das für die Regenerationsfähigkeit der Ressource kritische Niveau gesunken ist.⁵⁵

Wir haben bei dem oben angestellten Vergleich zwischen dem sozialen Optimum und dem Open-Access-Gleichgewicht den Aspekt des Ressourcenschutzes in den Vordergrund gestellt. Am Rande soll noch hinzugefügt werden, dass die Defekte des Open-Access-Arrangements auch zu beträchtlichen *kommerziellen* Schäden führen. Nach Schätzungen der UN-Organisation für Ernährung und Landwirtschaft (FAO) beträgt der jährliche Verlust ca. 22 Mrd US Dollar.⁵⁶

6. Staatliche Regulierung

Wie immer, wenn „Marktversagen" konstatiert wird, ist zu fragen, ob der Staat allokationsverbessernde Maßnahmen ergreifen kann. Aus dem letzten Kapitel

---

⁵² Vgl. J.M.Hartwick, N.D.Olewiler [1998], S. 133.

⁵³ Bei diesem Argument dient wohl das privatwirtschaftliche (womöglich staatlich regulierte) Gleichgewicht als Nährungsgröße für das soziale Optimum.

⁵⁴ Diesen (hier nicht modellierten) Umstand berücksichtigt C.W.Clark [1990].

⁵⁵ Im Zusammenhang mit dem Umgang mit artgefährdendem technischen Fortschritt verweisen wir auf 6.b) unten.

⁵⁶ Vgl. J.M.Hartwick, N.D.Olewiler [1998], S. 93.

wissen wir, dass sich das Open-Access-Problem in nichtinternalisierten Opportunitätskosten, namentlich in der Mißachtung des *marginal stock effects*, niederschlägt. Als eine vielversprechende Regulierungsstrategie erscheint deshalb eine (mehr oder minder unmittelbare) staatliche Korrektur der Kostenverzerrungen eines Selbstbedienungs-Gleichgewichts. In diesem Zusammenhang sei zunächst kurz eine Mengensteuer betrachtet. Anschließend wendet sich die Analyse den im Bereich erneuerbarer Ressourcen häufig zu findenden staatlichen „Schikanen" zu. Am Ende dieses Kapitels werden verschiedene Privatisierungsstrategien kurz analysiert.[57]

a) Steuerpolitik

Wie bei den erschöpflichen Ressourcen könnte der Staat versuchen, die nichtinternalisierten Opportunitätskosten den Verursachern mit einer Mengensteuer anzulasten. Bei einem Steuersatz St in Höhe der Nutzungsgrenzkosten im optimalen bio-ökonomischen Gleichgewicht schlüge der jetzige Fang einer Einheit wieder mit den vollen sozialen Kosten zu Buche. Der Gleichgewichtspreis (=Bruttogrenznutzen) entspräche dann wiederum der Summe aus Grenzfang- und Grenznutzungskosten. Damit wäre die Erreichung des bio-ökonomischen Optimums auch unter Allmendebedingungen denkbar. Abbildung 22 verdeutlicht diesen Zusammenhang (unter der Annahme einer sozialen Diskontrate von Null).[58] Dabei bezeichne MSK die marginalen Gesamtkosten unter Einbeziehung der sozial optimalen *royalties*.

Gleicht der Steuersatz gerade den Nutzungsgrenzkosten im bio-ökonomischen Optimum, so verschiebt sich die bei Selbstbedienungs-Wirtschaft entscheidungsrelevante Grenzkostenkurve auf AGK*. Damit wird auch unter Open-Access-Bedingungen das bio-ökonomische Optimum erreicht. Die Idee ist brillant, seit Pigou bekannt – und wegen staatlicher Informationsdefizite bei der Bestimmung der Zahlungsbereitschaften sowie der Nutzungs- und Abbaukosten nur schwer umsetzbar.[59]

---

[57] Die folgenden Ausführungen sind auf grundsätzliche Erwägungen beschränkt. Eine Darstellung und ökonomische Analyse einer Reihe praktischer Beispiele findet sich bei J.M.Hartwick, N.D.Olewiler [1998], S. 152 ff. .

[58] Vgl. J.M.Hartwick und N.D.Olewiler [1998], S. 141.

[59] In einer von T.Tietenberg [1998], S. 216 zusammengefassten Studie für eine kanadische Hummerfischerei betrug der als optimal eingeschätzte Steuersatz beträchtliche 56% des zum Erhebungszeitpunkt geltenden Marktpreises für Hummer.

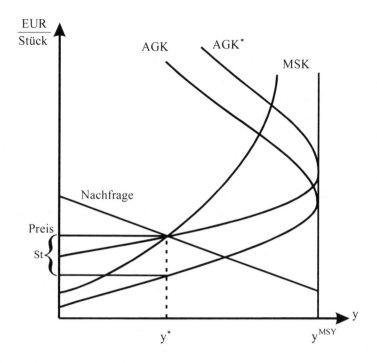

Abbildung 22

Erschwerend kommt hinzu, dass die Steuer Änderungen in diesen Größen stets angepasst werden muss, soll ihre Optimalität im Zeitverlauf erhalten bleiben.[60] Damit würden Friktionskosten verursacht und politische Widerstände geweckt. Die Besteuerungslösung trifft ohnehin schon auf wenig Sympathie in der Fischereiwirtschaft (und ist damit in Ländern, in denen diese über nennenswerten gesellschaftlichen Einfluss verfügt, nur schwer durchzusetzen). Der Grund hierfür ist leicht einzusehen: Die Steuer leistet zwar zweifellos einen erheblichen Beitrag zur Lösung des auch für die Fischereiwirtschaft bedrückenden Problems der Überfischung. Allerdings fließt der durch die Besteuerung erwirtschaftete Wohlfahrtsgewinn nicht der Fischereiwirtschaft sondern dem Staatssäckel zu.

---

[60] Die Mess- und Bewertungsprobleme sowie die damit verbundenen Schwierigkeiten der Anpassung des Steuersatzes fallen geringer aus, wenn die Steuer das ökonomisch anspruchsvolle Internalisierungsziel aufgibt und statt dessen ein exogen vorgegebenes Ziel anstrebt. Bei dieser Idee handelt es sich um eine Analogie zum in der Umweltökonomie prominenten Preis-Standard-Ansatz (vgl. z.B. A.Endres [2000]).

b) „Schikanen"

Die „Schikane" versucht ebenfalls über den „Kostenhebel" (nun kombiniert mit einer klassischen Auflagenpolitik) des Problems Herr zu werden. Das Instrument läuft daraus hinaus, das Ernten/Fischen dadurch ineffizient, teuer und damit unattraktiver zu gestalten, dass gerade bestimmte effiziente Fangtechniken untersagt werden.[61] Wird dieser regulative Ansatz von den privaten Entscheidungsträgern antizipiert, so wirkt er auch dämpfend auf den fangtechnischen Fortschritt. Tatsächlich stand diese recht eigenwillige Praktik am Anfang staatlicher Regulierungsversuche.[62]

Unabhängig von den staatlichen Informationsdefiziten bei der Zusammenstellung eines „optimalen" Kataloges indizierter Fangtechniken, birgt dieses Regulierungsinstrument ein weiteres Problem, welches selbst dann auftritt, wenn (ungeachtet der Informationsprobleme) das bei effizienter Technik und internalisiertem *marginal stock effect* optimale y^* erreicht wird. Eine „Schikanenpolitik" ist nämlich systematisch suboptimal, weil sie ineffizient ist. Schließlich ist y^* mit zu hohen Fangkosten geerntet worden, da gerade die effizienten Fangmethoden untersagt sind. Im Unterschied zu der Steuerlösung spiegeln nun die den Ressourcennutzern aufgebürdeten Kosten einen echten Ressourcenverzehr wider. Die Steuern stellen lediglich eine Transferzahlung dar.[63] Entsprechend ist der *marginal stock effect* weiterhin nicht internalisiert. Die künstlich erhöhten Fangkosten spielen in der unternehmerischen Kalkulation lediglich (schlecht oder recht) die Rolle eines Platzhalters für ein internalisierendes Instrument.

Ein Argument *für* diese ineffiziente Politik (das als solches hier natürlich zunächst nur schweren Herzens vorgetragen wird) könnte sich ergeben, wenn Informationskosten in die Betrachtung einbezogen werden. Für eine Besteuerung mit Internalisierungswirkung müssen neben den oben aufgeführten ökonomischen Wertgrößen stets auch die Fangmengen bekannt sein. (Das gilt sogar für die pragmatische Besteuerung in Analogie zum Preis-Standard-

---

[61] Im Bereich der Umweltökonomie liefe dies analog darauf hinaus, die Anzahl der durch fossile Kraftwerke verkauften Kilowattstunden z.B. dadurch zu senken, dass besonders effiziente Feuerungs- und Umspannverfahren verboten werden, um so den Strompreis zu erhöhen!

[62] Vgl. T.Tietenberg [1998], S. 212 ff..

[63] Vgl. T.Tietenberg [1998], S. 214 f..

Ansatz). Eine Überwachung dieser Mengen ist aber nicht in allen Fällen mit hinreichender Dichte möglich.[64] Gerade bei weltweiten Problemen der Überfischung, zu deren Lösung die Überwachung international flächendeckend stattfinden müsste, können erhebliche Probleme auftreten. Die Kontrolle der eingesetzten Fangtechnik ist dagegen sehr viel leichter (kostengünstiger) zu bewerkstelligen. Es ist demnach nicht auszuschließen, dass ein einigermaßen funktionierendes System von „Schikanen" zu besseren Wohlfahrtsergebnissen führt, als ein (infolge von Überwachungsproblemen) äußerst lückenhaft durchgesetztes Besteuerungssystem.

Bei diesem Argument (das hier auch aufgeführt wird, um auf die Probleme einer unmittelbaren Übertragung von Lehrbuchweisheiten auf die Praxis exemplarisch aufmerksam zu machen) müssen wir aber (auch wieder) Vorsicht walten lassen: Das Ausmaß von Überwachungsproblemen ist nicht naturgegeben fixiert, sondern u.a. von der Ausgestaltung von (auch internationalen) Institutionen und von Investitionen in Überwachungstechniken und ihre Verbesserung abhängig. Vergleicht man also verschiedene Regulierungsstrategien (hier: Steuern und Schikanen) unter Einbeziehung von Kontrollkosten, so sollten auch die Möglichkeiten der Minimierung dieser Kosten in die Betrachtung einbezogen werden.

c) Eigentumspolitik

In Analogie zu der Redensart: „Es gibt kein schlechtes Wetter, es gibt nur schlechte Kleidung!" muss wie im Falle erschöpflicher Ressourcen betont werden, dass man die Verfehlung des gesellschaftlichen Allokationsoptimums nicht unbedingt „dem Markt" anlasten muss. Vielmehr kann man – wenn man schon den „Schuldigen" sucht – den schwarzen Peter auch dem Staat zuschieben, weil dieser einen ungeeigneten Ordnungsrahmen gewählt hat. So ist eine fehlende bzw. unzureichende Eigentumsregel die Wurzel des Open-Access-Problems. Im folgenden sollen nun verschiedene Privatisierungsmöglichkeiten untersucht werden.[65]

---

[64] Vgl. J.M.Hartwick, N.D.Olewiler [1998], S. 143.

[65] Wie im Falle erschöpflicher Ressourcen wird die Evolution von eigentumsrechtlichen Zuweisungen bei ehemaligen Selbstbedienungsressourcen auch bei erneuerbaren Ressourcen im historischen Maßstab als gesellschaftliche Standardantwort auf ein Knappheitsproblem gesehen. Vgl. R.Hannesson [1991], S. 398. Eine Alternative besteht in gemeinwirtschaftlichen Nutzungsregeln, wie sie bei Allmenden zu finden sind. Vgl. z.B. E.Ostrom et al. (1994).

ca) Parzellierung der Open-Access-Ressource

Wenn der freie Zugang zu einer knappen, regenerierbaren Ressource für einen vorausschauenden[66] aber egoistischen Nutzer keinen Anreiz zum schonenden Umgang mit der Ressource beinhaltet, so sollte eine Parzellierung dieser Ressource nach dem oben Gesagten Abhilfe leisten. Schließlich verleiht das Eigentum an einer Parzelle dem Inhaber das alleinige Nutzungsrecht an diesem Teil der Gesamtressource. Denn: „Eigentum verpflichtet" ...zur Berücksichtigung von Opportunitätskosten.

Diese Rechnung geht jedoch nicht auf, wenn die Ressourcenbestände zwischen den einzelnen Parzellen unkontrolliert wandern können. In diesem Fall verbrieft das Nutzungsrecht auf einer Parzelle (z.B. das Jagd- oder Fischereirecht) noch nicht das Nutzungsrecht an bestimmten Ressourceneinheiten, sondern konzessioniert nur die Zugangsmöglichkeit innerhalb bestimmter räumlicher Grenzen. Eigentum an den Ressourcen selbst kann wieder nur durch den Fang erreicht werden. Damit greifen verschiedene (nach Parzellen abgegrenzte Konzessionäre) letztendlich doch auf denselben „herrenlosen" Ressourcenbestand zu. Diese Einsicht lässt es auch fragwürdig erscheinen, ob sich die Überfischung der Meere allein durch die Ausdehnung der wirtschaftlichen Schutzzonen/Hoheitszonen bewältigen ließe, auch wenn innerhalb der Gesamtheit aller wirtschaftlichen Nutzungszonen 90% der Weltfischnutzung erfolgte.[67] Mit wandernden Fischbeständen besteht u.U. auch bei vollständiger Aufteilung der Meere nach wie vor ein Anreiz zur Überfischung innerhalb des eigenen Meeresabschnitts, um dem Abwandern in andere Hoheitsgebiete zuvorzukommen.[68]

Auf der anderen Seite darf nicht übersehen werden, dass auch im Bereich der Wasserlebewesen Parzellierungsansätze wenigstens teilweise erfolgreich

---

[66] Wäre er nicht vorausschauend, ließe er vielleicht die Ressourcen teilweise ungenutzt, um sie später besser zu verwerten. Dies ist jedoch bei Open-Access-Ressourcen für jeden einzelnen eine äußerst naive Fehlkalkulation, deren Konsequenzen sowohl der kluge Mann als auch die kluge Frau durch einen raschen Abbau vermeiden.

[67] Gegenwärtig ist der Anteil der durch Hoheitszonen parzellierten Gebiete weit geringer. Die Küstenstaaten gebieten über eine 200 Meilen in die Ozeane hinausreichende Zone, in der sie exklusiv Nutzungsregeln erlassen und durchsetzen können.

[68] Außerdem löst die Aufteilung des Meeres zwischen verschiedenen Staaten in exklusive Nutzungszonen das Allmende-Problem innerhalb eines Staates nicht. Dabei gilt auch: Je kleiner die einem Nutzer zugesprochene Parzelle, desto größer ist das Wanderungsproblem.

sein können: Sogenannte Aquakulturen (Fischfarmen) haben sich dabei nicht nur im Süßwasserbereich, sondern auch im Meer aus fischereiwirtschaftlicher Sicht bewährt (Muscheln und Austern in Spanien und den USA sowie einige Fischarten in Japan).[69] Eine Voraussetzung dafür ist natürlich, dass die Meerestiere entweder per se vergleichsweise ortstreu sind oder durch künstliche Barrieren am Ort gehalten werden können.[70]

cb) Fangquoten

Statt der Zuweisung einer Parzelle kommt als Privatisierungsvariante auch eine bestimmte Fangquote in Betracht, um die Nutzung einer Selbstbedienungs-Ressource auf das effiziente Maß zu drosseln. Dabei sei von folgendem Quotensystem ausgegangen:[71]

- Die Quoten seien in Gewichtseinheiten und artenspezifisch formuliert.
- Die Fangquoten seien frei handelbar (und teilbar).
- Die Summe aller Fangquoten entspreche der angestrebten Gesamtfangmenge.

Als Alternative zur ersten Bedingung werden häufig individuelle[72] Quoten auf der Basis von Fangeinheiten z.B. von Schiffen genannt. Eine solche „Quote" ist aber in Wahrheit nur wiederum eine Zugangskonzession. Genauso wie eine Taxikonzession keinen Anteil an der Jahresfahrleistung des Taxigewerbes festlegt, sondern nur die Beteiligungsmöglichkeit am Taxigeschäft verbrieft, konzessioniert eine Schiffsquote nur die Beteiligung am Fischfang, ohne die

---

[69] Näheres T.Tietenberg [1998], S. 210-212.

[70] Der damit erreichte Schutz vor Überfischung wird durch Nachteile, z.B. im Bereich der Wasserqualität, erkauft.

[71] Vgl. T.Tietenberg [1998], S. 215 und J.M.Hartwick, N.D.Olewiler [1998], S. 145 ff.

[72] Ist eine Quote lediglich für die gesamte Fischereiflotte bestimmt, ohne dass den einzelnen Fischern handelbare mengenmäßige Quoten zugewiesen werden, ergibt sich die Situation, in der jeder Fischer bemüht ist, so schnell und so viel wie möglich zu fischen, bevor die Gesamtquote erreicht wird. Dies führt zu einer unwirtschaftlichen Spitzenbelastungen zu Beginn der (sich verkürzenden) Fangzeit. Siehe W.Ströbele [1987], S. 168. Vgl. dazu auch die in III.5. erwähnten Beobachtungen auf den amerikanischen Austernmärkten unter verschiedenen eigentumsrechtlichen Regimen.

Nutzungsintensität zu bestimmen. Solange die Fanggrenzkosten unter dem Preis liegen, wird der Bootseigner bemüht sein, die Nutzungsintensität auszudehnen.[73] Daneben bestünde ein Anreiz, den Fischfang durch eine Verbesserung der technischen Ausrüstung bzw. den Ersatz des alten durch eine neues und leistungsfähigeres Boot zu erhöhen.[74]

Die in der zweiten Bedingung geforderte Handelbarkeit der Fangquoten stellt sicher, dass der Fischfang bzw. die Ernte mit den minimalen Fang- bzw. Abbaukosten verbunden ist. Denn operieren bei Preisgleichheit zwei Fischer mit unterschiedlichen Grenzfangkosten, d.h. Grenzgewinnen, so besteht für beide ein Anreiz, Fangquoten zu handeln, wenn der Quoten-Preis zwischen den beiden Grenzgewinnen liegt. Dabei wird der Fischer mit den höheren Fanggrenzkosten (= geringeren Grenzgewinn) einen Teil seiner Quote an den Fischer mit den geringeren Fanggrenzkosten (= höheren Grenzgewinn) verkaufen. Ein Gleichgewicht auf dem Quotenmarkt ergibt sich erst bei Gleichheit der Grenzfangkosten. Dies ist aus volkswirtschaftlicher Sicht wünschenswert, da nun keine Möglichkeit besteht, den Fisch insgesamt kostengünstiger anzulanden.[75]

Die dritte Bedingung gewährleistet letztlich, dass das gesellschaftliche Fangziel insgesamt gerade erreicht wird.

Hierzu ist anzumerken, dass das skizzierte Fangquotensystem nur dann das Open-Access-Problem wirklich löst, wenn das gesellschaftliche Gesamtfangziel gerade mit der optimalen Erntemenge y^* übereinstimmt. Die Ermittlung dieser Größe wird bei der Fangquotenmethode jedoch (aus guten Gründen) nicht der „invisible hand" des Marktes überlassen, sondern seitens des Staates vorgenommen. Dieser aber leidet bei seinen Bemühungen, y^* korrekt zu

---

[73] Man beachte, dass eine solche „Privatisierung" u.U. auch auf Dauer „gewöhnliche Produzentenrenten" zementiert, da im wesentlichen nur der Marktzugang begrenzt ist. Zu einer freundlicheren Bewertung von „Input-Quoten" gelangen R.Hannesson und S.I.Steinshamn [1991] für den Fall bestimmter bestandsabhängiger Fangkostenverläufe.

[74] Für eine Diskussion des entstehenden Regulierungswettlaufes zwischen Behörde und Fischern siehe J.M.Hartwick und N.D.Olewiler [1986], S. 303 f.

[75] Die Verwandtschaft mit dem Konzept von handelbaren Emissionsrechten ist evident (vgl. A.Endres [2000]). So ist es auch hier für die Gewährleistung eines effizienten Fangs unerheblich, ob die Quoten versteigert oder anderweitig „zugewiesen" werden. Vgl. J.M.Hartwick und N.D.Olewiler [1998], S. 150 f. Allerdings unterscheiden sich die Verteilungswirkungen verschiedener Zuteilungssysteme.

ermitteln, bekanntermaßen an erheblichen Informationsdefiziten.[76] So kann das staatliche Ziel y^S durchaus vom sozialen Optimum y^* abweichen.

Immerhin kann bei dem hier beschriebenen Lizenzsystem die gesamte Fangmenge neuen Einsichten hinsichtlich des optimal spezifizierten Ziels angepasst werden. Hierzu stehen der Rückkauf von Lizenzen durch den Staat oder ihre Abwertung zur Verfügung. Außerdem können sie statt in absoluten Mengen in Anteilen an der insgesamt zum Fang freigegebenen Menge formuliert werden.[77] Bei einer Quotierung von Fang*anteilen* (statt absoluter Fangmengen) wird das unmittelbare Risiko einer Änderung der Ressourcenverfügbarkeit (oder des Wissens über diese Verfügbarkeit) von den Fischen auf die Fischer verlagert. (Natürlich ist der damit erreichte Schutz des Fischbestandes langfristig auch im Interesse der Fischer.)

Wenn mit dem oben skizzierten System auch wesentliche Fortschritte auf dem Wege zur Lösung des Übernutzungsproblems erzielt werden können, so dürfen seine Probleme doch nicht übersehen werden.

Sie liegen u. a. darin, dass die marktliche Anreizstruktur, der die Fischer unterworfen sind, komplexer ist, als die Regulierung. Hierzu ein Beispiel:[78] Der Marktwert des Fangs hängt häufig nicht nur von seinem (von der Regulierung erfassten) Gewicht, sondern auch von der Größe der gefangenen Exemplare ab. Das führt dazu, das die Fischer bestrebt sind, die Gewichtsquote mit möglichst großen Exemplaren auszuschöpfen. Sie tun dies, indem sie kleinere Exemplare nach dem Fang wieder über Bord werfen. Dieses Verhalten ist (selbst wenn man es lediglich aus enger wirtschaftlicher Perspektive betrachtet) nicht erstrebenswert, weil hiermit wertvolle Ressourcen verschwendet werden.

---

[76] Die Schwierigkeiten weisen Parallelen zu den Problemen bei der Festlegung einer optimalen Umweltqualität auf. Vgl. z.B. A.Endres, K.Holm-Müller [1998].

[77] T.Tietenberg [1998], S. 219 berichtet über eine entsprechende Praxis in Neuseeland. Auch bei den oben erwähnten Möglichkeiten einer staatlichen „Globalsteuerung" hinsichtlich der Fangmenge ist die schon angesprochene Analogie zu den Emissionszertifikaten offensichtlich.

[78] Ausführlicher: T.Tietenberg [1998], S. 219.

IV. MARKTWIRTSCHAFTLICHE ENTKNAPPUNGSPROZESSE

Trotz der in den jeweils letzten Kapiteln für erschöpfliche wie regenerierbare Ressourcen aufgeführten Defekte des Marktmechanismus und der Schwierigkeiten, diese durch staatliche Regulierung zu heilen, sollte die Fähigkeit des Marktes, einen Beitrag zur Minderung der Ressourcenknappheit zu leisten, nicht zu gering veranschlagt werden. Schließlich darf – wie mehrfach betont – die Qualität eines Allokationsmechanismus nicht ausschließlich anhand eines Vergleichs seiner Resultate mit Idealergebnissen beurteilt werden, die u.U. mit keinem realen Allokationsmechanismus erreichbar sind.[1] Ein solcher Vergleich dient eher als Kompass, an dem man sich bei der Suche nach Verbesserungen der Funktionsfähigkeit eines Allokationsmechanismus orientieren kann.[2] Da in der Realität nur unvollständig funktionierende Allokationsmechanismen zur Wahl stehen, lohnt es sich zu fragen, welchen pragmatischen Beitrag der Markt zur Schonung natürlicher Ressourcen zu leisten vermag. Dies ist angesichts der oben diskutierten Schwierigkeiten, optimale Allokationen durch staatliche Regulierung zu realisieren, besonders wichtig.[3]

In den Kapiteln II.3/4 und III.3/4 standen die intertemporale Bestimmung des Nutzungsprofils und die Fähigkeit des Marktes, zukünftige Verknappungen über *royalties*[4] frühzeitig zu signalisieren, im Vordergrund, ohne dabei auf die preisgetriebenen Anpassungsvorgänge en détail einzugehen. Im folgenden seien hingegen gerade diese preisgetriebenen Anreize zu Anpassungen des

---

[1] Dieses Vorgehen wird. – u.E. zu abwertend – bisweilen als „Nirwana-Ansatz" (H.Demsetz) bezeichnet.

[2] Angesichts der Probleme des „Zweitbesten" führt hier allerdings ein naives Vorgehen in die Irre.

[3] Es waren wohl derartige Überlegungen, die T. Tietenberg veranlasst haben, einem ressourcenökonomischen Kapitel seines Buches [1998] das Motto voranzustellen: „If it ain't broke, don't fix it." (Old Maine Proverb)

[4] Es konnte allerdings auch gezeigt werden, dass z.B. im Falle bestandsabhängiger Kosten die royalties bei weitem nicht die einzigen Triebkräfte einer Preiserhöhung sind.

Angebots- und Nachfrageverhaltens genauer untersucht. Von solchen Anpassungsanreizen kann zwar (besonders wenn das Preissignal „spät" kommt) keine Aufhebung der Knappheit, jedoch eine bedeutende Relativierung erwartet werden.

Wann immer der Preisanstieg als Folge einer sich abzeichnenden oder bereits eingetretenen Verknappung erfolgt, gilt: Durch den Preisanstieg wird das gesellschaftliche Interesse an einer Entknappung in ein individuelles Interesse für jeden einzelnen beteiligten Entscheidungsträger übersetzt. Eine Preissteigerung veranlasst jeden Anbieter und Nachfrager, über die Entwicklung und Einführung von Möglichkeiten der Entknappung nachzudenken. Die Fähigkeit, eine Unzahl einzelner Entscheidungsträger zu veranlassen, sich im eigenen Interesse um die Lösung des gesellschaftlichen Problems der Ressourcenverknappung zu kümmern, macht (neben der Frühwarneigenschaft) die eigentliche Stärke des Marktmechanismus aus. Wichtig ist dabei, dass eine Preissteigerung den Einsatz aller verfügbaren Strategien und die Entwicklung neuer Strategien zur Entknappung stimuliert, also nicht bestimmte Handlungsweisen durch selektive Anreize von vornherein ausschließt.[5]

Hiermit ist auch eine Senkung des gesellschaftlichen Innovationsrisikos verbunden. Da die Menschen verschieden sind, wird eine Preissteigerung als globaler Anreiz zur Ressourcenentknappung verschiedene Individuen veranlassen, verschiedene Lösungswege zu gehen. Führen einige dieser Wege zum Scheitern, so ist dies für die Betroffenen schmerzlich, für die Gesellschaft als Ganzes jedoch nicht so verheerend wie eine zentral verordneter und kollektiv verfolgter Irrweg. Führt individuelle Kreativität zu erfolgreichen Entknappungsstrategien, so können diese in der Gesellschaft auf breiter Front immer noch nachgeahmt werden.

1. Angebotsausweitung

Die für die Menschheit nutzbaren Rohstoffe bilden nicht nur bei erneuerbaren, sondern auch bei erschöpflichen Ressourcen keinen fest vorgegebenen Bestand. Vielmehr hängt ihre Menge entscheidend von technischen und ökonomischen Bedingungen ab. Diese Bedingungen wandeln sich im Laufe der Zeit.

---

[5] Vgl. dazu die Ausführungen in Kapitel II.6. über die allokativen Wirkungen von Subventionen bestimmter Innovationen.

Art und Ausmaß der Wandlung wird dabei auch von den gegenwärtigen und zukünftigen Knappheitsverhältnissen bestimmt, wie sie durch das Preissystem vermittelt werden. „Resources are not, they become." (E.W. Zimmerman).

a) Unmittelbar preisinduzierte Angebotsausweitung

Ressourcen unterscheiden sich bezüglich ihrer Qualität, d.h. z. B. des Konzentrationsgrades eines Metalls im Gestein, der Größe und Zugänglichkeit eines Lagers, des Reichtums eines Fischgrundes, der Ergiebigkeit eines Weinberges usw. Bei herrschenden techno-ökonomischen Bedingungen sind die Ressourcen bis zu einer bestimmten Qualitätsgrenze abbauwürdig. Steigt der Ressourcenpreis, so verschiebt sich diese Grenze in Richtung schlechterer Qualitäten. So war es z. B. früher nicht rentabel, bestimmte Ölvorkommen in den USA oder der Nordsee abzubauen. Die Preissteigerung der „Ölkrise" (deren Ursachen natürlich nicht nur in der langfristigen Ölverknappung zu sehen sind) haben diese Ressourcenqualitäten über die Rentabilitätsschwelle befördert und damit mittelfristig das Ölangebot erhöht. Der Anteil der OPEC-Länder an der Weltförderung ging als Folge dieser Entwicklung stark zurück. Als nächste Qualitätsstufe käme bei weiterem, nachhaltigem Preisanstieg z.B. die Ausbeutung von Ölschiefern in Frage.[6] Ähnlich verhält es sich mit dem Ausweichen auf unergiebigere Fischgründe oder Ackerflächen. Beim Abbau von Ressourcen aus Beständen mit niedriger Konzentration treten allerdings zwei wichtige Probleme auf.

- Der Abbau ist häufig von schweren Umweltbelastungen und -risiken begleitet. Dazu gehören z.B. der mit abnehmender Ressourcenkonzentration zunehmende Landschaftsverbrauch (vgl. den Braunkohleabbau) und der zunehmende Einsatz von chemischen Prozessen (etwa der Verwendung von Säuren bei der Erzgewinnung). Für Monokulturen (bzw. Mas-

---

[6] Stehen kurzfristig Ressourcen „sekundärer Qualität" in beträchtlichem Ausmaß zur Verfügung, so begrenzt dies die Möglichkeit eines Kartells von Anbietern „primärer Qualitäten", Preiserhöhungen durchzusetzen. Der geringe Erfolg des Kartells Kupferexportierender Länder (CIPEC) wird unter anderem auf die Existenz der potentiellen Konkurrenz von recyceltem Kupfer, die bei eher geringen Preissteigerungen aktiviert würde, zurückgeführt.

sentierhaltung[7]) oder die starke Düngung einer begehrten erneuerbaren Ressource gilt Entsprechendes.

- Man darf nicht davon ausgehen, dass die Kosten des Abbaus kontinuierlich anwachsen, so dass im Gefolge von Preissteigerungen die Ressourcen niedrigerer Konzentration sukzessive die Rentabilitätsschwelle überschreiten. Die Kosten können vielmehr stellenweise rapide oder sogar sprunghaft ansteigen. Das hat eine geringe Angebotselastizität zur Folge. Ein Indiz hierfür ist z.B. die Erkenntnis, dass beim Abbau von Kupfer bei einer Konzentration von ca. 0,1 eine „mineralogische Barriere" besteht, deren Überwindung den Energieeinsatz pro geförderter Gewichtseinheit sprunghaft ansteigen lässt. Andere Beispiele für in diesem Sinne „geochemisch knappe" Rohstoffe sind Blei, Quecksilber und Gold.[8] Die Ausdehnung der Landwirtschaft auf unfruchtbarere Gebiete bereitet ähnliche Probleme.

b) Mittelbar preisinduzierte Angebotsausweitung: Technischer Fortschritt

Bei der obigen Argumentation wird die Elastizität des Ressourcenangebots in Bezug auf den Preis bei gegebenem Stand der Technik angesprochen. Der Stand der Technik ist aber weder konstant vorgegeben, noch ist seine Veränderung im Zeitverlauf autonom bestimmt. Vielmehr sind Richtung und Ausmaß des technischen Fortschritts auch von ökonomischen Determinanten abhängig. Ist bei einer bestimmten Aktivität die Einführung von technischem Fortschritt besonders gewinnversprechend, werden ökonomische Entscheidungsträger in die Entwicklung, Bereitstellung und Einführung neuer Techniken bei diesen Aktivitäten investieren. Steigende Ressourcenpreise können dabei (technologischen und) technischen Fortschritt z.B. auf folgenden Ebenen induzieren:

- Verbesserung der Explorationsverfahren: Die Beschaffung von Informationen über die Existenz und Qualität von Ressourcenvorkommen verursacht Kosten. Glauben die an Ressourcenmärkten auftretenden Firmen, dass die bekannten Ressourcen in Zukunft zur Deckung des Bedarfs bei

---

[7] Man denke an das Gülleproblem.

[8] Vgl. N.Hanley et al. [1997], S. 219 und die dort angegebene Literatur.

weitem ausreichen, so besteht wenig Anreiz, hier besondere Anstrengungen zu unternehmen. Signalisiert ein steigender Preis jedoch eine (zukünftige oder bereits gegenwärtige) Verknappung der betreffenden Ressource, so werden Explorationsaktivitäten attraktiv. Bisweilen führen Explorationsaktivitäten zur Entdeckung völlig neuer Arten von Vorkommen.[9] Wenn eine erfolgreiche Explorationstätigkeit auch nichts an der Menge von physisch vorhandenen Ressourcenvorräten ändert, so erweitert sie doch die Reserven. Schließlich ist die Kenntnis eines Vorkommens notwendige Voraussetzung für seine Nutzbarkeit.

- Verbesserung der Extraktions- bzw. Anbau- und Erntetechnik: Hierzu gehören Techniken, die den Ausbeutungsgrad von Ölquellen steigern, den Abbau von Ressourcen unter dem Meeresboden ermöglichen oder die Ausbeutung von Erzvorkommen von niedrigerer Konzentration gestatten. Die Verbesserung in der Extraktionstechnik hat in der Vergangenheit eine große Rolle gespielt.[10] Sie war in vielen Bereichen stark genug, die Extraktionskosten trotz der zunehmenden Ausbeutung niedrigerer Ressourcenqualitäten zu senken. Im Bereich erneuerbarer Ressourcen gilt ähnliches, wenn man an den gezielten Einsatz von Düngern, Schädlingsbekämpfungsmitteln etc. denkt.[11] Auch unkonventionelle Methoden wie die Erdwärmenutzung zum Gemüseanbau auf Island gehören in den Katalog solcher ertragssteigernder Innovationen.

- Technischer Fortschritt beim Transport: Hier ist z.B. an eine Senkung der Energietransportverluste und des „Schwundes" zu denken. Besonders im Bereich leicht verderblicher erneuerbarer Ressourcen kommt effizienten Logistikketten eine überragende Bedeutung zu.

---

[9] So wurden z.B. neue Trägergesteine der Metalle Niobium (wichtig z.B. für die Herstellung säurefester Gefäße und als Legierungszusatz) und Tantal (wichtig z.B. als Werkstoff für medizinische Apparate) entdeckt. Für Kupfer, Blei, Zinn und Nickel sind die Fachleute aufgrund der chemischen Eigenschaften dieser Stoffe skeptisch, was die Möglichkeit derartiger Überraschungsfunde angeht.

[10] So ist z.B. bei Kupfer der abbauwürdige Konzentrationsgrad im Laufe der Zeit technologiebedingt von 13% auf 0,4% gefallen.

[11] Dabei sind allerdings die externen Kosten zu berücksichtigen.

2. Nachfrageeinschränkung

Ein wesentlicher Grund für die Befürchtung einer baldigen Erschöpfung vieler natürlicher Ressourcen besteht in der Beobachtung, dass ihr weltweiter Verbrauch im Laufe der Zeit kräftig zugenommen hat. Extrapoliert man diese Trends in die Zukunft, so ergeben sich dramatische Verbrauchswerte (und Restreichweiten). Im folgenden werden Marktkräfte aufgezeigt, welche die Ressourcennachfrage dämpfen, d.h. eine Erwartungsbildung gemäß der in der Vergangenheit beobachteten Trends unangezeigt erscheinen lassen.

a) Unmittelbar preisinduzierte Substitutionsprozesse

Eine grundlegende Aussage der Mikroökonomie lautet, dass die Gleichgewichtsnachfrage von Haushalten und Firmen nach Endprodukten und Produktionsfaktoren von den relativen Preisen der Endprodukte und Produktionsfaktoren abhängt. Es ist daher nicht verwunderlich, dass in der ressourcenökonomischen Literatur Substitutionsmöglichkeiten eine zentrale Rolle spielen: Das zur Erfüllung bestimmter Bedürfnisse erforderliche Ressourcenbündel ist nicht naturgegeben fixiert, sondern kann sich ändernden Knappheitsrelationen angepasst werden. Außerdem ist der erreichte Grad der Bedürfnisbefriedigung nicht exogen vorgegeben. Wird die Verknappung einer bestimmten erschöpflichen Ressource durch steigenden Preis angezeigt, so entsteht für alle Nutzer dieser Ressource ein Anreiz, sie durch weniger knappe Ressourcen zu ersetzen.[12] Waren Hering und auch Kaviar (in Teilen Russlands) früher ein „Arme-Leute-Essen" während Südfrüchte in den Bereich des kaum erschwinglichen Luxus gehörten, so haben sich heute die Verhältnisse bei allgemein gestiegener Bedürfnisbefriedigung verkehrt. Auch im Bereich erschöpflicher Ressourcen wird das Ausmaß solcher Substitutionsmöglichkeiten in der Literatur im allgemeinen als bedeutend angesehen. So können z.B. Glasfasern oder Aluminium für Kupfer, Gebäudeisolierungen oder Solarenergie für Öl, generell Arbeit und Kapital für erschöpfliche Ressourcen eingesetzt werden. Je drastischer die Preissteigerung für eine erschöpfliche Ressource ausfällt, desto entlegenere Substitutionsmöglichkeiten rücken in den Bereich des ökonomisch Realisierbaren. Günstigstenfalls gelingt der Übergang von einer erschöpflichen

---

[12] Im Laufe der Wirtschaftsgeschichte hat sich z.B. die das Wirtschaftswachstum begrenzende Engpassressource in den Industrieländern im Zuge von Substitutionsprozessen vom Holz auf die Kohle und von dort zum Öl verlagert.

Ressource zu einem in praktisch unbeschränktem Ausmaß zur Verfügung stehendem Substitut, einer *Back-Stop* Technologie.

Außerdem müssen Ressourcen, die in den Produktionsprozess eingehen, nicht notwendigerweise aus der Natur entnommen werden. Vielmehr ist es in vielen Fällen möglich, bereits verwendete Ressourcen aus Abfall zurückzugewinnen und wiederzuverwenden.[13] Natürlich verursachen derartige Recyclingprozesse Kosten. In welchem Maße sie angewendet werden, hängt von einem Kostenvergleich zwischen „frischen" und wiedergewonnenen Ressourcen ab. Eine Preissteigerung für frische Ressourcen macht Recyclingprozesse tendenziell konkurrenzfähiger und entlastet damit den Markt für frische Ressourcen. Da Recyclingprozesse Material im Wirtschaftskreislauf halten, statt es an die Umwelt abzugeben, dienen sie (bei nicht zu problematischen Wiederaufarbeitungsprozessen) neben dem Ziel der Ressourcenschonung auch dem des Umweltschutzes.

Eine Preiserhöhung macht überdies eine Steigerung des Wirkungsgrades einer Ressource attraktiv.[14] Hier wird die knappe Ressource nicht durch eine andere, wiederum ständig zu verzehrende Ressource, ersetzt, sondern die Leistung pro Ressourceneinheit wird durch Erhöhung der Verwendungseffizienz gesteigert. Auch dies stellt natürlich einen Substitutionsprozess von der fraglichen Ressource durch die Produktionsfaktoren Kapital und Arbeit dar. So kann etwa der Verbrennungsgrad in Kraftwerken erhöht oder der Treibstoffverbrauch von Autos oder Flugzeugen pro Beförderungskilometer gesenkt werden. Dass solche Prozesse auch Nachteile mit sich bringen können, ist am Beispiel der Verwendung immer dünnerer Bleche für Autokarosserien leicht zu sehen.

Da Preissteigerungen es jedem einzelnen Individuum überlassen zu beurteilen, welche Substitutionsweisen für seine speziellen Verhältnisse am besten geeignet sind, reizen sie eine effiziente Ausgestaltung der Substitution an. Das kann von staatlich verordneten Substitutionsprozessen nicht in gleicher Weise erwartet werden. Auf der anderen Seite können allerdings mit der Ressourcensubstitution negative Umweltwirkungen einhergehen. Dies ist z. B. bei verstärktem Kohleeinsatz in der Energieerzeugung der Fall.

---

[13] Vgl. z.B. J.Bowers [1997], Ch. 8, T.Tietenberg [1998], Ch. 17.

[14] Dieser Aspekt wird z.B. in den Arbeiten des Wuppertal-Instituts für Klima Umwelt und Energie besonders betont. Vgl. z.B. E.U.v.Weizsäcker [1995].

b) Mittelbar preisinduzierte Nachfragesenkung: Technischer Fortschritt

In den obigen Punkten wurden die Anreize einer Ressourcenpreiserhöhung zur Realisierung gegebener Möglichkeiten von Substitution, Wirkungsgraderhöhung und Recycling angesprochen. Natürlich gilt hier analog zur Angebotsseite, dass diese Möglichkeiten in der Realität eben nicht fix sind. Vielmehr werden sie unter dem Einfluss ökonomischer Anreize entwickelt. Der steigende Preis für eine Ressource gibt das Signal, Recyclingtechnologien zu entwickeln, Substitutionsmöglichkeiten (womöglich durch Erfinden neuer Stoffe und Energien oder neuer Verwendungen von weniger knappen Stoffen und Energien) zu schaffen und Techniken mit höherer Verwendungseffizienz bereitzustellen und einzusetzen.

c) Nachfragedrosselnde Einkommenseffekte

Natürlich wird sich eine Preissteigerung für erschöpfliche Ressourcen nicht nur in einem Nachfragerückgang für diese Ressourcen selbst niederschlagen. Die Welt hat in den 1970er Jahren nach der „Ölkrise" erlebt, wie eine bedeutende Ressourcenpreissteigerung zu einem Realeinkommenstransfer führte, der einen globalen Rückgang der Nachfrage zur Folge hatte. Ein solcher Einkommensniveaueffekt verstärkt den Rückgang der Nachfrage auf den Ressourcenmärkten, der von den oben besprochenen Struktureffekten bewirkt wird.

d) Empirischer Befund

Ein unverändert illustratives Lehrstück für die praktische Bedeutung der obigen Aussagen über die Wirkungen von Preissteigerungen auf die Nachfrage nach natürlichen Ressourcen stellt die Entwicklung nach den beiden Ölpreisschocks in den 1970er Jahren dar. So sank im Anschluss an den ersten Ölpreisschock der Ölverbrauch pro Bruttosozialprodukteinheit zwischen 1973 und 1980 jährlich (im Durchschnitt) um 2,8%.[15] Der Zusammenhang zwischen realen Ölpreisen und der Ölintensität des Sozialprodukts für die wirtschaftlich stärksten IEA-Volkswirtschaften ist in Abbildung 23 veranschaulicht.[16]

---

[15] Vgl. International Energy Agency [1982], S. 22.
[16] Vgl. International Energy Agency [1982], S. 27.

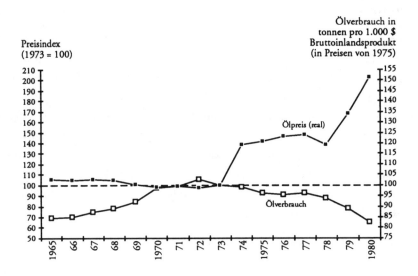

- Preise
- Mengen

Abbildung 23

Infolge der Ölpreissteigerungen von 1979 und 1980 reduzierte sich der Ölverbrauch der in der IEA organisierten Länder im Jahr 1980 gegenüber 1979 um 7,9 %. Im Jahr 1981 ging er um weitere 5,7 % und im Jahr 1982 nochmals um 5,1 % zurück.

Natürlich verlaufen die hier aufgezeigten Prozesse nicht auf einer Einbahnstraße. Dies lässt sich am Beispiel der Ressource Öl besonders deutlich erkennen: Die Wucht der Marktkräfte von Angebotserhöhung und Nachfragesenkung sowie unterstützender wirtschaftspolitischer Maßnahmen traf die in der OPEC organisierten Anbieterländer so hart, dass sie seit 1982 die Ölpreise erheblich senken mussten. Das sinkende Preisniveau verleitete nun vielfach Nachfrager und Anbieter, ihre Bemühungen um Entknappung einzuschränken. So ist z. B. bekannt, dass insbesondere in den USA die Fahrfreudigkeit der Autofahrer und ihre Nachfrage nach „gas-guzzlers" zwischenzeitlich wieder gestiegen ist. Schließlich kann sich auch der oben angesprochene Einkommensniveaueffekt umkehren: Ein durch sinkende Ölpreise begünstigtes Sozialproduktswachstum in den Ölimportländern löst dort eine Tendenz zu höherem Ölverbrauch aus und schafft so gute Bedingungen für Preissteigerungen. Längerfristig wird wohl ohnehin mit einem ansteigenden Preisniveau für Öl gerechnet werden müssen.[17] Haben Anbieter und Nachfrager etwas aus den Erfahrungen mit Ölkrisen gelernt, wird dieser Anstieg jedoch weniger schockartig erfolgen.

3. Das Problem der Anpassungszeit

Alle oben angesprochenen Anpassungsprozesse brauchen Zeit. Es ist ein in der Ökonomie bekanntes grundlegendes Phänomen, dass Preis- und Substitutionselastizitäten langfristig größer sind als kurzfristig. Das Umsteigen von einem benzinintensiven Auto auf ein sparsameres Modell geschieht nicht von heute auf morgen. Die Entwicklung benzinsparender Automobile kostet Zeit. Die Isolierung und der Einbau von Solaranlagen folgt einer Ölpreiserhöhung nicht unmittelbar auf dem Fuße. Am günstigsten sind derartige Maßnahmen ohnehin bei Neubauten durchzuführen. Kurzfristig völlig starr, langfristig aber doch von ökonomischen Variablen abhängig, ist etwa die Siedlungsstruktur oder die Gestalt des Netzes öffentlicher Verkehrsmittel. Daraus ergibt sich, dass eine Ressourcenverknappung umso besser bewältigt werden kann, je kontinuierlicher der Preisanstieg ist, der sie anzeigt. Schockartige Mengenreduktionen bzw. Preiserhöhungen, wie sie etwa durch manche politische Entscheidungen hervorgerufen werden können, stellen große Belastungen für das Marktsystem (und jedes andere System) dar.

---

[17] In Deutschland sorgt dafür schon „Vater Staat".

V. ÖKONOMISCHE ASPEKTE DER NACHHALTIGEN ENTWICKLUNG (SUSTAINABLE DEVELOPMENT)[1]

1. Wirtschaftspolitische Leitbilder

a) Soziale Wohlfahrtsmaximierung

In der wirtschaftswissenschaftlichen Literatur wird traditionell unterstellt, das Ziel der Wirtschaftspolitik bestehe darin, die Wohlfahrt der Gesellschaft zu maximieren. Davon sind wir auch in diesem Text überwiegend ausgegangen. Unter der gesellschaftlichen Wohlfahrt ist dabei die Summe aller individuellen Wohlfahrten zu verstehen. Bei dynamischer Betrachtung ist der Barwert des über die Zeit zu erwartenden Wohlfahrtsstromes die für die soziale Wohlfahrtsmaximierung entscheidende Größe. Üblicherweise werden in der Zukunft anfallende Wohlfahrtseffekte mit der „sozialen Diskontrate" auf den Gegenwartszeitpunkt abgezinst.[2]

Formal lässt sich dieses traditionelle wirtschaftspolitische Leitbild als

$$W = \int_0^T W_t e^{-rt} dt = \max !$$

darstellen.[3] Dabei gilt

---

[1] Die Ressourcenökonomie ist fundamental für das Konzept der Nachhaltigen Entwicklung. Allerdings reicht die Bedeutung dieses Konzepts weit über den Bereich der Ressourcenökonomie hinaus. Wenn wir auch im Rahmen dieses Lehrbuches den Schwerpunkt der Erörterung auf die ressourcenökonomischen Aspekte legen, so behandeln wir doch auch Elemente der Nachhaltigkeitsdiskussion, die von allgemeinerem Interesse sind.

[2] Vgl. den Exkurs am Ende von Abschnitt II.2., oben.

[3] Wir geben den formalen Ansatz hier nur in den Rudimenten wieder, die für die folgende (didaktisch orientierte) Darstellung benötigt werden.

sowie
$$W_t = \sum_{i=1}^{N} U_{it}$$

$$U_{it} = U_{it}(x_{it})$$
$$t \in \{1,.....,T\}$$
$$i \in \{1,.....,N\}.$$

Betrachten wir in aller Kürze die Implikationen dieses wirtschaftspolitischen Leitbildes:[4]

- Der Ansatz beruht auf den Prinzipien des *methodologischen Individualismus*. Die Einschätzung der gesellschaftlichen Wohlfahrt wird aus der Einschätzung der Wohlfahrten aller einzelnen Mitglieder der Gesellschaft abgeleitet. Ein jenseits der individuellen Wohlfahrten existierendes Eigeninteresse der Gesellschaft als Ganzes oder von einzelnen Gruppen der Gesellschaft spielt keine Rolle. Überdies ist impliziert, dass jedes Individuum seine eigene Wohlfahrt am besten selbst beurteilen kann (Konsumentensouveränität). Die Nutzenfunktion U_{it} gibt die Einschätzung des Konsumenten i bezüglich der Wirkungen nutzenstiftender Güter (x) auf seine eigene Wohlfahrt im Zeitpunkt t an und nicht die von Experten.[5] Dabei spielt es keine Rolle, wie gut die Experten über die Wirkungen des Konsums auf das Individuum i informiert sind oder inwieweit sie im Besitz einer „überlegenen politischen Wahrheit" sind.

---

[4] Vgl. auch Abschnitt II.2a), oben. Um dem Leser lästiges Zurückblättern zu ersparen, hier noch einmal kurz die Notation:

W_t : Gesellschaftliche Wohlfahrt im Zeitpunkt t

T : Planungshorizont (T könnte auch als ∞ angesetzt werden.)

r : Soziale Diskontrate

U_{it} : Nutzen des Individuums i im Zeitpunkt t

N : Zahl der Individuen

x_{it} : Vektor der vom i-ten Individuum im Zeitpunkt t konsumierten Güter. (Die gesamtwirtschaftliche Güterproduktion hängt vom Einsatz der Produktionsfaktoren ab. Je nach Erörterungszusammenhang umfassen die Produktionsfaktoren auch erschöpfliche und/oder regenerierbare natürliche Ressourcen.)

[5] Abweichungen vom Konzept der Konsumentensouveränität werden in den Bereich der „meritorischen Güter" verwiesen. Hier ist es zugelassen, dass Konsumenten vor sich selbst beschützt werden („Verbot von Drogen") oder Minderjährige vor ihren Erziehungsberechtigten („Schulpflicht"). Vgl. zur Meritorik Ch.B.Blankart [1994], S. 66 ff., J.Weimann [1996], S. 287 f.

Niemand wird ausschließen, dass sich Konsument i gelegentlich über die Wirkungen des Konsums auf seine Wohlfahrt täuscht. Diese Täuschung in möglichst geringen Grenzen zu halten, ist die Aufgabe von Informationsmärkten und eines Bildungssystems, das den Konsumenten in die Lage versetzt, die in diesen Märkten angebotenen Informationen zu verarbeiten. Überdies muss das Rechtssystem den Konsumenten vor bewussten Täuschungen von Seiten der Produzenten bewahren. Wir möchten durch diese Bemerkungen andeuten, dass das Prinzip der Konsumentensouveränität erhebliche wirtschaftspolitische und allgemeinpolitische Konsequenzen hat, wenn man es nicht nur als theoretisches Konstrukt begreift, sondern für die Praxis ernst nimmt.

- Betrachtet man den obigen Formalausdruck eher von der „technischen" Seite, so fällt auf, dass hier unterstellt ist, die individuellen Nutzen der Individuen seien messbar und vergleichbar. Ohne diese Voraussetzungen könnten sie nicht durch Addition zu einem Index der Gesamtwohlfahrt zusammengefasst werden. Eine derartige kardinale Nutzenmessung ist jedoch „in reiner Form" nicht möglich.[6] Es gelingt lediglich, den Nutzen durch Hilfsgrößen zu quantifizieren, in die andere Einflussfaktoren als der eigentlich zu messende Nutzen einfließen. Die in der Ökonomie am häufigsten verwendete Näherungsgröße ist die Zahlungsbereitschaft, die neben dem Nutzen die Zahlungsfähigkeit beinhaltet.[7]

- Die schwierige Frage, wie das Wohl der Gesellschaft mit den Nutzen der Gesellschaftsmitglieder verknüpft sei, wird im obigen Ansatz auf eine (allzu ?) einfache Art beantwortet. Das Wohl der Gesellschaft erscheint als Summe der einzelnen Wohlfahrten. Dies bedeutet insbesondere, dass die Wohlfahrt der Gesellschaft nur vom Aggregat, nicht aber von der Verteilung der einzelnen Wohlfahrten abhängt. Überdies wird zur Verein-

---

[6] Überdies ist sie in weiten Untersuchungsbereichen auch nicht nötig. Für Aussagen der positiven Ökonomie (etwa die Bestimmung von Nachfragekurven) oder für die paretianische Wohlfahrtsanalyse genügt das in der Wirtschaftstheorie überwiegend verwendete ordinale Nutzenkonzept.

[7] Ausführlich dazu: A.Endres, K.Holm-Müller [1998].

fachung in aller Regel angenommen, dass die Nutzen der einzelnen Individuen nicht interdependent sind. [8]

- Die zuletzt angesprochene Eigenschaft der Unabhängigkeit gilt nicht nur für die Nutzen verschiedener Individuen, sondern auch für den Nutzen verschiedener Perioden. Der Nutzen einer Periode hängt nicht vom Nutzen vorhergehender Perioden ab. Damit werden z. B. Gewöhnungseffekte ausgeklammert. Wenn auch in der Literatur wenig beachtet, so bedeutet die Annahme intertemporaler Additivität der Wohlfahrtsfunktion auch, dass der Nutzen einer Periode nicht vom (erwarteten) Nutzen *zukünftiger Perioden* abhängt.

- In der oben dargestellten allgemeinen Form ist über das Wesen der Nutzenfunktion und ihrer Argumente nichts ausgesagt. In aller Regel wird jedoch angenommen, dass sich die unabhängigen Variablen der Funktion zueinander substitutiv verhalten. Ein gegebener Nutzen kann also auch bei Entzug einer bestimmten Menge eines bestimmten Gutes aufrechterhalten werden, wenn die Versorgung mit einem anderen Gut erhöht wird. Die kompensierende Erhöhung muss nur genügend kräftig ausfallen.

- Als Argument der Nutzenfunktion kommt „alles" in Frage, was von Konsumenten als wertvoll angesehen wird. Hier geht es also im Prinzip nicht nur um marktfähige (private), sondern auch um jedwede Art von öffentlichen Gütern, ja sogar um den traditionellen Güterbegriff transzendierende Wertträger wie Freundschaft, Solidarität, Vertrauen usw. Allerdings muss eingeräumt werden, dass die zuletzt genannte Güterkategorie trotz der grundsätzlichen Offenheit der Nutzenfunktion meist aus der Betrachtung ausgeschlossen wird. Dies liegt daran, dass diese Faktoren einer Quantifizierung nur schwer zugänglich sind. Hier begünstigt die formale Ausrichtung der traditionellen Wirtschaftstheorie zweifellos eine selektive Wahrnehmung. Angesichts der offensichtlichen Bedeutung, die den hier angesprochenen „ideellen Werten" für die Gesellschaft zukommt, ist dies ein schwerwiegender Einwand. Er wird dadurch verschärft, dass der Zustand des gesellschaftlichen Wertesystems nicht ohne weiteres unabhängig von der Versorgung mit Gütern ist. Vielmehr kann eine bessere „materielle"

---

[8] Anders ist dies in der ökonomischen Theorie der Liebe oder des Altruismus (vgl. z.B. V.Arnold [1994], H.G.Nutzinger [1993]).

Versorgung der Gesellschaft durchaus „ideelle" Werte der Gesellschaft zerstören.[9] Ohne den Anteil einer einzelnen Firma an dieser Gefahr unangemessen herausstellen zu wollen, sei hier doch an das einprägsame Schlagwort von der „McDonaldisierung" der Gesellschaft erinnert.

- Wir haben oben unreflektiert von „den" Mitgliedern „der" Gesellschaft gesprochen. Es ist jedoch durchaus unklar, welche Mitglieder welcher Gesellschaft hier gemeint sind. Diese Unklarheit ist im intertemporalen Kontext besonders prägnant. Hier stellt sich die Frage, ob die Wohlfahrtsfunktion nur die Nutzen der Gegenwartsgeneration oder die Nutzen aller künftigen Generationen beinhalten soll.[10] Ist letzteres intendiert, so muss die Frage beantwortet werden, wie die Wohlfahrten zukünftiger Generationen erfasst werden sollen. Soll hier die Wohlfahrt so veranschlagt werden, wie sie von den künftigen Generationen (nach Meinung der Gegenwartsgeneration) vermutlich selbst veranschlagt werden würde? Oder soll das Interesse der künftigen Generationen mit dem Gewicht in die intertemporale Maximierung eingehen, das ihnen die Gegenwartsgeneration zubilligt? Aus der Sicht des Prinzips der Konsumentensouveränität wäre der ersten Variante sicher der Vorzug zu geben. Andererseits verlöre das Leitbild der sozialen Wohlfahrtsmaximierung an Akzeptanz (und damit politischer Relevanz), wenn es sich zu weit von den Präferenzen der Gegenwartsgeneration entfernte, die bei der Entscheidung über die Ressourcenallokation allein „am Ruder sitzt".

- Güter sind nicht nur durch allerlei Qualitätseigenschaften, sondern auch durch den Zeitpunkt ihrer Verfügbarkeit charakterisiert. Zwei ansonsten identische Güter, die zu zwei verschiedenen Zeitpunkten verfügbar sind, weisen demnach unterschiedliche Dimensionen auf. Dies verbietet eine Addition der verfügbaren Mengen. Für das im hier besprochenen Ansatz verwendete Additionsverfahren müssen die zu verschiedenen Zeitpunkten anfallenden Effekte also „gleichnamig" gemacht werden. In der Wirt-

---

[9] Zu dieser Interdependenz vgl. z.B. B.S.Frey [1990] und F.Hirsch [1995].

[10] Im wohlfahrtstheoretischen Kontext dürfte Einigkeit darüber bestehen, dass die Wohlfahrtsfunktion die Nutzen aller Mitglieder aller Generationen der Weltgesellschaft(en) enthält. Im wirtschaftspolitischen Kontext sind jedoch „degenerierte" Wohlfahrtsfunktionen, die nur Ausschnitte aus den angegebenen Gesamtheiten berücksichtigen, durchaus relevant.

schaftswissenschaft ist es im Rahmen des üblichen Marktzusammenhanges unproblematisch, in der Zukunft anfallende Effekte durch Diskontierung auf den Entscheidungszeitpunkt abzuzinsen. So diskontiert eine Firma vernünftigerweise die zukünftigen Erträge einer Investition, weil der Kapitalmarkt alternative verzinsliche Anlagemöglichkeiten bietet, eine Investition also Opportunitätskosten verursacht. Es ist allerdings umstritten, ob das hier angesprochene Diskontierungsverfahren auf unseren intergenerativen Diskussionszusammenhang übertragen werden kann.[11] Wie oben im Exkurs zur Diskontierung bereits erwähnt, mag die Verwendung des Diskontierungsansatzes beim hier besprochenen Leitbild Ausdruck einer optimistischen Sicht der künftigen Produktivitätsentwicklung sein: Erlauben leistungsfähigere zukünftige Verfahren, aus einer gegebenen Ressourcenmenge im Zeitverlauf steigende Nutzenerträge zu erzielen, so erscheint es zulässig, die Ausstattung der Gegenwartsgeneration mit einer Einheit der betreffenden Ressource als äquivalent mit der Ausstattung einer zukünftigen Generation mit einer unter einer Einheit liegenden Menge anzusehen. Ebenso ließe sich eine Diskontierung aus der Erwartung ableiten, zukünftige Generationen seien im Wege des technischen Fortschritts in der Lage, auf andere Ressourcen als die heute produktionsnotwendigen auszuweichen.

Eine andere in der Literatur häufig vorgetragene Rechtfertigung der Diskontierung (auch im langfristigen Kontext) liegt in der Unsicherheit über den Nutzen, den eine Ressource künftigen Generationen stiften kann. Wenn man die heutigen Präferenzen kennt, über die zukünftigen aber weniger weiß, so erscheint es vielen Autoren plausibel, sich stärker an den heutigen Präferenzen auszurichten. Dies gilt auch in dem Fall, dass die Bedürfnisse zukünftiger Generationen – wären sie bekannt – in gleicher Weise wie die der heutigen Generationen in die Bewertung eingehen würden. Diese Rechtfertigung kann jedoch allenfalls dort gelten, wo Zweifel an der zukünftigen Nützlichkeit einer Ressource besteht. Für überlebenswichtige Ressourcen wie Wasser, Luft oder den Ozongürtel bleibt die Verwendung einer positiven Diskontrate dagegen problematisch. Dieses Argument hebt auf den Kontext, in dem eine Diskontrate verwendet wird, ab. Eine in der Literatur präferierte Möglichkeit, diesem

---

[11] Vgl. D.Cansier, S.Bayer [1998].

Gesichtspunkt Rechnung zu tragen, liegt darin, je nach der (vermuteten) zukünftigen Bedeutung der betreffenden Umweltressource unterschiedliche Raten zu verwenden.[12]

Die obige Ausführung und kurze Diskussion der Implikationen des Leitbildes der sozialen Wohlfahrtsmaximierung machen deutlich, dass es sich hierbei um ein wertgeladenes und problematisches Konzept handelt. Mit dieser Einschätzung wollen wir die soziale Wohlfahrtsmaximierung keineswegs diskreditieren. Die Werthaltigkeit ist der hier einschlägigen Ebene der Zieldiskussion ohnehin immanent. Überdies wird angesichts der Komplexität der Aufgabe, Ziele für eine heterogene Gesellschaft zu formulieren, auch jedes konkurrierende Leitbildkonzept problembeladen sein. Wir betonen die Werthaltigkeit und Problematik nur deshalb, weil wir dem Eindruck entgegenwirken wollen, das Konzept der sozialen Wohlfahrtsmaximierung sei eine wissenschaftlich wahre (bzw. empirisch überprüfbare) Tatsachenbehauptung. Außerdem soll nicht der Eindruck erweckt werden, „jeder vernünftige Mensch" müsse die soziale Wohlfahrtsmaximierung als Leitbild akzeptieren. Die Hinweise erscheinen uns notwendig, weil die falschen Eindrücke angesichts der Allgegenwart des Konzepts der sozialen Wohlfahrtsmaximierung in wirtschaftswissenschaftlichen Lehrbüchern bei den Studierenden hervorgerufen werden könnten.

In der Tat hat das Leitbild der sozialen Wohlfahrtsmaximierung seit langem und in letzter Zeit zunehmend Unbehagen bereitet.

Dabei ist ausschlaggebend, dass die aus dem Ansatz der sozialen Wohlfahrtsmaximierung resultierende Allokation knapper Ressourcen sowohl in statischer als auch in dynamischer Sicht von den Kritikern als *ungerecht* empfunden wird. Dies liegt insbesondere an der intra- und intergenerationellen „Verteilungsblindheit" des Konzepts. Es ist durchaus beunruhigend, dass eine Situation als wohlfahrtsmaximal charakterisiert werden kann, bei der einige vieles haben, viele jedoch am Existenzminimum (und darunter) vegetieren.

Diese Kritik führt auf ein Leitbild, das in der jüngeren Vergangenheit eine immer bedeutendere Rolle in der Wirtschaftswissenschaft und insbesondere in der Umwelt- und Ressourcenökonomie gespielt hat: Die Nachhaltige Entwicklung (sustainable development).

---

[12] Vgl. W.Ströbele [1991].

b) Nachhaltige Entwicklung (sustainable development)

ba) Zur Geschichte des Nachhaltigkeitsbegriffs

baa) Von den Klassikern zur Brundlandtkommission

Schon die Auslegung des *Begriffs* zeigt, dass es sich hierbei um ein Konzept handelt, bei dem die dynamische Komponente zentral ist. Es geht offenbar nicht um einen momentan bestehenden Zustand, sondern um eine Abfolge von Zuständen. Obwohl dies im Begriff nicht unmittelbar zum Ausdruck kommt, darf man doch vermuten, dass bei dieser Abfolge die Wohlfahrt der Gesellschaft nicht abnehmen, sondern mindestens konstant bleiben soll. Der Begriff „nachhaltig" lenkt das Augenmerk darauf, dass hier nicht „Strohfeuer" gefragt sind, sondern Wohlfahrtszustände bzw. -gewinne, die ein derart solides Fundament haben, dass sie auf Dauer aufrecht erhalten werden können.

Wie so vieles, was heute diskutiert wird, so kann man die Forderung nach Zukunftsfähigkeit der Entwicklung schon bei den Klassikern der Nationalökonomie finden.
Zur Illustration seien hier zwei Zitate wiedergegeben:[13]

„Eine Welt, aus der die Einsamkeit verbannt wäre, wäre ein sehr armes Ideal. ... Es liegt auch nicht viel befriedigendes darin, wenn man sich die Welt so denkt, dass für die freie Tätigkeit der Natur nichts übrig bliebe, dass jeder Streifen Landes, welcher fähig ist, Nahrungsmittel für menschliche Wesen hervorzubringen, auch in Kultur genommen sei, dass jedes blumige Feld und jeder natürliche Wiesengrund beackert werde, dass alle Tiere, welche sich nicht zum Nutzen des Menschen zähmen lassen, als seine Rivalen in Bezug auf Ernährung getilgt, jede Baumhecke und jeder überflüssige Baum ausgerottet werde und dass kaum ein Platz übrig sei, wo ein wilder Strauch oder eine Blume wachsen könnte, ohne sofort im Namen der vervollkommneten Landwirtschaft als Unkraut ausgerissen zu werden. Wenn die Erde jenen großen Bestandteil ihrer Lieblichkeit verlieren müsste, den sie jetzt Dingen

---

[13] Näheres zu den historischen Aspekten des Konzepts der Nachhaltigen Entwicklung bei H.G.Nutzinger, V.Radke [1995].

verdankt, welche die unbegrenzte Vermehrung des Vermögens und der Bevölkerung ihr entziehen würde, lediglich zu dem Zwecke, um eine zahlreichere, nicht aber auch eine bessere und glücklichere Bevölkerung ernähren zu können, so hoffe ich von ganzem Herzen im Interesse der Nachwelt, dass man schon viel früher, als die Notwendigkeit dazu treibt, mit einem stationären Zustand sich zufrieden gibt."[14]

„Vom Standpunkt einer höhern ökonomischen Gesellschaftsformation wird das Privateigentum einzelner Individuen am Erdball ganz so abgeschmackt erscheinen, wie das Privateigentum eines Menschen an einem andern Menschen. Selbst eine ganze Gesellschaft, eine Nation, ja alle gleichzeitigen Gesellschaften zusammengenommen, sind nicht Eigentümer der Erde. Sie sind nur ihre Besitzer, ihre Nutznießer, und haben sie als boni patres familias den nachfolgenden Generationen verbessert zu hinterlassen."[15]

Wenn der Nachhaltigkeitsgedanke im Denken der oben zitierten Klassiker eher randständig war, so kommt ihm in der forstwirtschaftlichen Literatur schon lange zentrale Bedeutung zu. Hier geht es um eine Regel der Waldbewirtschaftung, nach der der Holzschlag im Gleichgewicht mit dem Nachwuchs zu halten sei, um einem Bestandsschwund vorzubeugen. Auf jegliche regenerierbare Ressourcen verallgemeinert findet sich dieser Ansatz im Konzept der nachhaltigen Ernte (vgl. Abschnitte III.1.b und III.2., oben) wieder.

In der neoklassischen Ökonomie wurden Nachhaltigkeitsaspekte bei der Behandlung wachstumstheoretischer „goldener" Akkumulationsregeln[16] deutlich. Weil der neoklassischen Theorie für die heutige Nachhaltigkeitsdiskussion eine aus wirtschaftswissenschaftlicher Sicht besondere Bedeutung zukommt, gehen wir darauf im folgenden Abschnitt noch gesondert ein.

Trotz dieser schon sehr frühen und nie ganz verstummten Diskussion über Zukunftsaspekte des Wirtschaftens muss betont werden, dass sie sich eher am

---

[14] J.S.Mill [1848], deutsche Übersetzung von A.Soetbeer [1869], Bd. I, S. 62f., zitiert nach H.G.Nutzinger, V.Radke [1995] S. 18/19.

[15] K.Marx [1894], S. 784, zitiert nach H.G.Nutzinger, V.Radke [1995] S. 19.

[16] Vgl. z.B. W.Krelle, G.Gabisch [1972], K.Rose [1971], J.Heubes [1991] und (mit ressourcenökonomischem Hintergrund) R.M.Solow [1974] und J.E.Stiglitz [1974].

Rande des Spektrums wissenschaftlicher Thematik und fast unbemerkt von einer breiteren politischen Öffentlichkeit abspielte. Das änderte sich erstmals mit dem vom *Club of Rome* vorgelegten Bericht über die „Grenzen des Wachstums".[17] Die zukunftspessimistischen Prognosen der Wissenschaftler haben damals ein erhebliches Echo in der breiten Öffentlichkeit (ironisch könnte man hinzufügen: bis hin zu den Gewerkschaften) ausgelöst und der damals noch recht jungen Ökologiebewegung kräftigen Auftrieb verschafft. Die Studie sagte den Kollaps des industriellen kapitalistischen Wirtschaftsystems bedingt durch Ressourcenerschöpfung und Umweltzerstörung voraus. Nach der heutigen Terminologie könnte man sagen, dass die Studie der traditionellen Wirtschaftsweise in dramatischer Form eine mangelnde Nachhaltigkeit attestiert hat.

Die „Karriere des Begriffs" der nachhaltigen Entwicklung in Wissenschaft, Politik, öffentlicher und veröffentlichter Meinung beginnt jedoch erst mit dem Bericht „Our Common Future" (1987) der World Commission on Environment and Development der Vereinten Nationen („Brundtland-Kommission").[18]

Die Vereinten Nationen hatten diese Kommission im Jahre 1983 unter Vorsitz der damaligen norwegischen Ministerpräsidentin Gro Harlem Brundtland einberufen. Die Aufgabe der Kommission bestand darin, Strategien für eine „dauerhafte Entwicklung" vorzuschlagen. Die Kommission bestand aus Repräsentanten von Ländern der unterschiedlichsten wirtschaftlichen Entwicklungsstufen. Sie legte vier Jahre später ihren Bericht vor und erregte damit erhebliches Aufsehen in aller Welt.

Im Gegensatz zu der überwiegend effizienzorientierten neoklassischen Wachstums- und Ressourcenökonomie stellte der Bericht der Brundtland-Kommission die Aspekte der intra- und intergenerativen Gerechtigkeit in den Mittelpunkt der Betrachtung.[19]

---

[17] Vgl. Meadows et al. [1972].

[18] Vgl. die Darstellung in H.G.Nutzinger, V.Radke [1995] insbesondere S.36ff.

[19] Es soll hier nicht so getan werden, als seien Effizienz- und Gerechtigkeitsziel voneinander unabhängig. Vielmehr besteht ein interessantes Spannungsverhältnis zwischen den beiden Kategorien. Je effizienter gewirtschaftet wird, desto größer ist das Verteilungspotential, das zur Realisierung von Gerechtigkeitsvorstellungen vorhanden ist. Allerdings garantiert das Vorhandensein dieses Potentials keineswegs, dass es auch genutzt wird. Andererseits kann die Aussicht auf dem Gerechtigkeitsziel dienende Umverteilungsmaßnahmen nach Erstellung des Produktes den zur effizienten Produktion nötigen Elan durchaus lähmen.

Die Kommission war bestrebt, eine Formel zu finden, mit der die Interessen der Industriestaaten, der Länder der dritten Welt und der zukünftigen Generationen ausgeglichen werden könnten.[20] Sie findet diese Formel in der Idee der nachhaltigen Entwicklung, „die die Bedürfnisse der Gegenwart befriedigt, ohne zu riskieren, dass künftige Generationen ihre eigenen Bedürfnisse nicht befriedigen können".[21]

Bei der Beurteilung der Wohlfahrt innerhalb einer Generation geht die Kommission nicht von einer durchschnittlichen Bedürfnisbefriedigung aus, sondern prangert die extrem ungleiche Verteilung der Ressourcen in der Welt an. Sie fordert die Deckung der Grundbedürfnisse der Menschen aller Nationen und die darüber hinausgehende Erfüllung der Wünsche nach besserer Lebensqualität.

Den Weg zur Verbesserung des Lebensstandards der gegenwärtigen Entwicklungsländer und zur Sicherung der Lebensgrundlagen für die künftigen Generationen sieht die Kommission nicht in einer drastischen Umverteilung des Vermögens der Industrieländer auf die beiden anderen mit diesen Ländern um knappe Ressourcen rivalisierenden „Interessengruppen". Dafür ist wohl die mangelnde politische Durchsetzbarkeit eines solchen Vorhabens und vielleicht auch die Interessenlage der Vertreter der Industrienationen in der Kommission ausschlaggebend gewesen. Vielmehr setzt die Kommission darauf, die Probleme durch eine Verteilung der Vermögens*zuwächse* zu lösen, bei der die Länder der Dritten Welt und die zukünftigen Generationen begünstigt werden. Sie verfolgt damit ein recht konventionelles Konzept, nach dem sich Verteilungskonflikte am besten in einer wachsenden Wirtschaft lösen oder doch wenigstens besänftigen lassen. Allerdings erkennt die Kommission, dass dieses wachstumsbasierte Konzept zum Scheitern verurteilt wäre, wenn sich das Wachstum in den traditionellen technologischen und wirtschaftsstrukturellen Bahnen abspielen würde. Angesichts der harten ökologischen und ressourcialen Restriktionen weist sie darauf hin, dass die überkommenen Produktions- und Konsumstrukturen der Industrieländer weder für die Entwicklungsländer noch für die künftigen Generationen als Vorbild dienen können. Die Kommission lässt sich vom „Prinzip Hoffnung" leiten: Es sei möglich, die technologi-

---

[20] Zwanglos stellen sich hier geometrische Assoziationen wie „magisches Dreieck", aber auch „Quadratur des Kreises" ein.

[21] WCED [1987], S. 46.

sche und gesellschaftliche Entwicklung zu beherrschen und auf einen Stand zu bringen, die eine „neue Ära wirtschaftlichen Wachstums"[22] einleite, das ökologie- und sozialverträglich sei. In diesem Prozess könne die industrielle Produktion, insbesondere in den Entwicklungsländern, auf der Basis ressourcen- und umweltschonender Technologien unter drastischer Senkung des Verbrauchs natürlicher Ressourcen steigen. Damit könne insbesondere die Nahrungsmittelversorgung der Erdbevölkerung dauernd gesichert werden. Die hierdurch mögliche Beseitigung der Massenarmut würde im Verein mit einer Erhöhung des Bildungstandes der Menschen auch die notwendige Begrenzung des Bevölkerungswachstums gestatten.

Offensichtlich ist der Bericht der Brundtland-Kommission sehr stark von allzu allgemein gefassten Aussagen und auch vom Wunschdenken geprägt. Im „ökologischen Lager" ist er nach anfänglicher Zustimmung insbesondere wegen seines Wachstumsoptimismus auf Kritik gestoßen.[23]

Allerdings sollte man mit dem Brundtland-Bericht nicht allzu scharf ins Gericht gehen. Texte, die nicht von einzelnen Individuen, sondern von politikbasierten Gremien verfasst werden, zeichnen sich notwendig durch eine gewisse Unschärfe aus. Interessenskonflikte und Meinungsunterschiede zwischen einzelnen Mitgliedern müssen durch weiche Formulierungen aufgefangen werden.[24] Außerdem werden vielerlei politische Rücksichten genommen. Es ist verdienstvoll, die Aufmerksamkeit der allgemeinen Öffentlichkeit auf Anspruchskonkurrenzen zwischen den Industrieländern, den Ländern der Dritten Welt und den Angehörigen künftiger Generationen gelenkt zu haben und dabei simultan ökologische, (im engeren Sinne) ökonomische und soziale Restriktionen berücksichtigt zu haben. Für die Wissenschaft impliziert der Brundtland-Bericht vor allem einen Arbeitsauftrag: Wie kann die Vision von der Nachhaltigen Entwicklung konkretisiert und operationalisiert werden? Welche technologischen, ökologischen und sozialen Instrumente

---

[22] WCED [1987], S.9f.

[23] Eine kompakte Darstellung und Kritik des Brundtland-Berichts findet sich bei H.G.Nutzinger, V.Radke [1995], ausführlicher dazu: H.-J.Harborth [1991].

[24] Sollten Sie, liebe universitäre Leserin, lieber universitärer Leser, einem friedlichen Fachbereich angehören, so werden Sie die obige These durch einen Blick in Ihr jüngstes Fachbereichsrats-Protokoll bestätigt finden.

können die tatsächliche Entwicklung so steuern, dass sie in eine nachhaltige Entwicklung einmündet?

bab) Nachhaltiges Wachstum in der traditionellen neoklassischen Wirtschaftstheorie[25]

Anders als von bösen Zungen immer wieder gerne behauptet, zeichnet sich die „neoklassische Wirtschaftstheorie"[26] nicht *per se* durch Kurzsichtigkeit und die Missachtung der Interessen künftiger Generationen aus.

Vielmehr sind langfristige Aspekte der wirtschaftlichen Entwicklung Gegenstand eines eigenständigen Teilgebietes der traditionellen Nationalökonomie, nämlich der *Wachstumstheorie*.[27]

Die Wachstumstheorie fragt unter anderem nach den Bedingungen, unter denen sich eine Wirtschaft *gleichgewichtig* entwickelt. Betrachten wir zunächst kurz den Gleichgewichtsbegriff der Wachstumstheorie:

Bei einer statischen Analyse beschreibt das Gleichgewicht einen Zustand, in dem kein beteiligtes Wirtschaftssubjekt eine Aktivität plant, die das bestehende Niveau einer Entscheidungsvariable (z.B. die am Markt abgesetzte Menge eines bestimmten Gutes) verändern würde. Das System befindet sich in einem „Ruhezustand", von dem keine systemimmanente Kraft wegstrebt.[28]

---

[25] Für hilfreiche Kommentare zu diesem Abschnitt danke ich Herrn AOR Dr. J.Martiensen, Hagen.

[26] Der Begriff „neoklassisch" wird in der Ökologie-bewegten Diskussion am liebsten als Schimpfwort verwendet. Wir verzichten hier auf diese Übung und verstehen unter der neoklassischen Wirtschaftstheorie eine ökonomische Modellarchitektur, bei der gleichgewichtige und optimale Zustände sowie Entwicklungen der Wirtschaft unter folgenden Bedingungen beschrieben werden: 1. Die Produktionsfaktoren sind substitutional. 2. Die Faktorpreisrelationen entsprechen der relativen Knappheit der Produktionsfaktoren. 3. Ein Zustand der Unterbeschäftigung setzt über eine Variation der relativen Faktorpreise Substitutionsprozesse in Gang, die das System an die Vollbeschäftigung heranführen.

[27] Bei der Erörterung der Geschichte des Nachhaltigkeitsbegriffs interessieren wir uns lediglich für die Grundlagen der neoklassischen Wachstumstheorie wie sie insbesondere in den sechziger Jahren gelegt wurden. Vgl. dazu R.J. Barro [1995]. Neuere Strömungen werden allenfalls am Rande erwähnt. Ein zentraler Unterschied der neueren zu den traditionellen Ansätzen besteht darin, dass erstere den technischen Fortschritt endogenisieren. Vgl. dazu z.B. L.Arnold [1997], A.Maußner, R.Klump [1996].

[28] Diese Aussage darf nicht mit der Aussage verwechselt werden, alle Beteiligten seien mit ihrer Situation in diesem Gleichgewicht zufrieden. So mag ein Konsument sich im Gleichgewicht durchaus eine höhere Versorgung mit Gütern wünschen. Angesichts seines Einkommens und der Preise dieser Güter verzichtet er jedoch schweren Herzens darauf, mehr nachzufragen.

In der Wachstumstheorie muss der Gleichgewichtsbegriff der dynamischen Natur des Erkenntnisgegenstandes dieser Theorie angepasst werden. Wächst die Wirtschaft mit positiver Rate, so sind die Entscheidungsvariablen per definitionem nicht konstant, können also dem statischen Gleichgewichtsbegriff nicht entsprechen. In der Wachstumstheorie versteht man unter dem *gleichgewichtigen Wachstum* einer Wirtschaft, dass sie in ihren Bestimmungsgrößen mit gleicher und konstanter Rate wächst.[29] Bei diesem dynamischen Gleichgewichtsbegriff sind nicht die absoluten Größen der Variablen konstant, wohl aber ihr Verhältnis. Wachsen z.B. der Kapitalstock und das Sozialprodukt mit der selben Rate, so ist ihr Verhältnis, der durchschnittliche Kapitalkoeffizient, im Zeitablauf konstant.

Eine nähere Analyse ergibt, dass die gleichgewichtige Wachstumsrate einer neoklassischen Wirtschaft von der Bevölkerungsentwicklung (genauer: der Wachstumsrate des Produktionsfaktors Arbeit) und der Wachstumsrate des technischen Fortschritts abhängt. Damit hängt die Wachstumsrate des Sozialproduktes pro Kopf von der Wachstumsrate des technischen Fortschritts ab.[30] Besonders bemerkenswert ist es, dass die gleichgewichtige Wachstums*rate* hier (im Gegensatz zum Harrod-Domar-Wachstumsmodell) nicht von der Sparquote abhängig ist. Die Sparquote beeinflusst lediglich das *Niveau* des gleichgewichtigen Wachstumspfades. Eine Wirtschaft, die gleichgewichtig im obigen Sinne wächst, hat einen nachhaltigen Wachstumspfad („state of steady growth"[31]) erreicht. Nach J. Robinson (1962) hat sich in der Literatur auch der Terminus „Wachstum im Goldenen Zeitalter" eingebürgert.

Wir haben oben die Rate des technischen Fortschritts und die Sparquote als Hauptdeterminanten der wirtschaftlichen Entwicklung im neoklassischen Modell herausgestellt. Für unterschiedliche Raten des technischen Fortschritts bzw. unterschiedliche Sparquoten existieren also verschiedene gleichgewichtige Wachstumspfade. Natürlich stellt sich angesichts der Mehrdeutigkeit des gleichgewichtigen Wachstumspfades die Frage, welchen Pfad eine Wirtschaft verfolgen soll. Dies ist die Frage nach dem *optimalen* gleichgewichtigen

---

[29] Als Grenzfall ist in dieser Definition auch eine Wachstumsrate in Höhe von Null enthalten.

[30] Im neoklassischen Grundmodell des Wirtschaftswachstums ist der technische Fortschritt „Harrod-neutral" d.h. quasi arbeitsvermehrend.

[31] Vgl. J.E.Meade [1962], S. 39.

Wachstumspfad. Das Kriterium für die Optimalität eines Wachstumspfades sieht die neoklassische Wachstumstheorie in der Maximierung der Wohlfahrt. Da in diesem Modell einzig der Konsum Wohlfahrt stiftet, ist der optimale Gleichgewichtswachstumspfad dadurch charakterisiert, das er den Konsum in der Volkswirtschaft maximiert. Sieht man die Rate des technischen Fortschritts als mehr oder weniger exogen an, wie dies die traditionelle neoklassische Wachstumstheorie tut, so bleibt den Entscheidungsträgern die Sparquote als wirtschaftspolitische Handlungsvariable. Mit ihrer Wahl kann sie unterschiedliche Pfade des Bruttosozialproduktwachstums wählen. Je höher die Sparquote, desto höher liegt der gleichgewichtige Wachstumspfad des Bruttosozialproduktes. Andererseits sinkt mit steigender Sparquote derjenige Anteil des Sozialproduktes, der für Konsumzwecke zur Verfügung steht. Die optimale Sparquote ist dadurch definiert, dass sie diese beiden gegenläufigen Tendenzen gerade ausgleicht und so den maximalen Konsum ermöglicht.

Da die Sparquote nur das Niveau des gleichgewichtigen Wachstumspfades beeinflusst, nicht aber die Wachstumsrate, liegt der Konsum bei optimalem Wachstum *in jedem Zeitpunkt* über dem Konsum jedes suboptimalen Wachstumspfades.

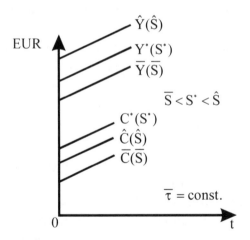

Abbildung 24

Abbildung 24[32] zeigt für eine konstante Rate des technischen Fortschritts $(\bar{\tau})$, mit $C^*(S^*)$ den bei optimaler Sparquote erreichten Zeitpfad maximalen

---

[32] Vgl. Abbildungen 29 und 30 bei A.Rose [1971].

Konsums. Y^* ist der zugehörige Pfad des Sozialprodukts. Eine geringere Sparquote $\bar{S}$ führt auf ein geringeres Sozialprodukt und auf geringeren Konsum. Eine höhere Sparquote $\hat{S}$ induziert zwar in jedem Zeitpunkt ein höheres Sozialprodukt, der jeweils „abzuzweigende" Investitionsanteil ist jedoch so hoch, dass der für den Konsum verbleibende Teil des Sozialprodukts stets unter C^* liegt.

Der optimale Wachstumspfad ist durch eine Reihe von Eigenschaften charakterisiert, die in der wachstumstheoretischen Literatur ausführlich erörtert wurden.[33] Insbesondere ist zu beachten, dass bei optimalem Wachstum die Sparquote der Produktionselastizität des Kapitals entsprechen muss. Phelps (1961) hat diese Optimalitätsbedingung als „Goldene Regel der Akkumulation" bezeichnet.[34]

In einer gleichgewichtigen Wirtschaft, die die hier zitierte goldene Regel befolgt, besteht keinerlei Gegensatz zwischen den Interessen der Gegenwartsgeneration und der zukünftigen Generationen. Da die gleichgewichtigen Wachstumspfade einander nicht schneiden, ist derjenige Wachstumspfad, der für die Gegenwartsgeneration optimal ist, auch für alle zukünftigen Generationen optimal. Dieser Zusammenhang ist für unseren Erörterungszusammenhang fundamental. Das hier kurz dargestellte Ergebnis der neoklassischen Wachstumstheorie bedeutet nämlich, dass es den Interessenkonflikt zwischen verschiedenen Generationen, von dem die gegenwärtige Nachhaltigkeitsdiskussion lebt, in dieser Welt überhaupt nicht gibt. Spötter mögen hier anführen, die neoklassische Wachstumstheorie habe sich noch nicht allzuweit von der von Johannes Kepler im Jahre 1619 formulierten Vorstellung von einer Weltharmonik entfernt, nach der „das ganze All .... beseelt (sei) von ein und demselben Geist, der fortwährend gestaltet, der um des Schöneren und Besseren Willen tätig ist, und weiß, was aus jeder überschüssigen Materie am besten zu machen ist."[35] Das Gemälde ist bloß insofern etwas säkularer gestaltet, als die Entwick-

---

[33] Vgl. z.B. W.Krelle, G.Gabisch [1972], S. 61f.

[34] Diese ist inzwischen den Zeichen der Zeit folgend zur „Grün-Goldenen-Regel" mutiert. Vgl. insb. verschiedene Arbeiten von G.Chichilnisky, z.B. G.Chichilnisky et al. [1995] sowie die gelungene didaktische Aufbereitung bei R.Klump [1997].

[35] Zitiert nach J.Alberts, Keplers Traum, Stuttgart (Klett-Cotta), 1989, S. 261.

lung zum immer Schöneren und Besseren nicht vom Weltgeist, sondern von den wirtschaftlichen Entscheidungsträgern gestaltet wird.

Aus ressourcenökonomischer Sicht ist also bei der traditionellen neoklassischen Wachstumstheorie weniger ein fehlender Blick in die Zukunft zu bemängeln als folgendes:

- Als Produktionsfaktoren werden nur menschengemachtes Kapital und Arbeit berücksichtigt. Dass auch Leistungsströme aus der Natur produktiv wirksam werden, bleibt unbeachtet.

- Es wird ohne weiteres angenommen, die Produktionsfaktoren seien unbeschränkt gegeneinander substituierbar. In der modernen umwelt- und ressourcenökonomischen Diskussion spielt dagegen die Tatsache, dass bestimmte Faktoren nicht (bzw. nur in begrenztem Ausmaß) ersetzt werden können, eine zentrale Rolle.

- Das Modell lebt von der Vorstellung, die technische Entwicklung werde (mehr oder weniger autonom) beständig weiter fortschreiten, mit der Wirkung, dass die Faktoren immer produktiver würden genützt werden können. Dieser Optimismus ist vielen Menschen (auch: Wissenschaftlern) längst abhanden gekommen.[36] Außerdem sind uns Schattenseiten der technischen Entwicklung deutlich geworden, die im neoklassischen Weltbild der sechziger Jahre keine wesentliche Rolle spielten.

- Im neoklassischen Modell stiftet nur der Konsum (eine Stromgröße) Nutzen. Dies ist natürlich in dramatischer Weise zu kurz gegriffen. Heute ist die nutzenstiftende Wirkung von Strömen der Natur unbestritten und spielt gerade in der Nachhaltigkeitsdiskussion eine zentrale Rolle.[37]

---

[36] Optimismus und Pessimismus scheinen allerdings „Konjunkturzyklen" zu unterliegen. In der jüngeren Vergangenheit geht es wieder bergauf mit der Zuversicht hinsichtlich der technischen Entwicklung.

[37] Dennoch wäre es wohl töricht (und nur durch die Gewöhnungseffekte von Wohlstandsgesellschaften erklärbar), wenn wir das Streben nach einer intertemporal stabilen Konsumentwicklung als überholt und irrelevant ansehen würden.

bb) Moderne Nachhaltigkeitskonzeptionen

bba) Einführung

Die im folgenden dargestellten Nachhaltigkeitskonzeptionen sind der oben skizzierten Vorstellung vom nachhaltigen Wirtschaftswachstum insofern verwandt, als auch sie nach Bedingungen suchen, unter denen die Menschen ihre Situation im Zeitablauf verbessern (oder wenigstens nicht verschlechtern). Die modernen Ansätze unterscheiden sich jedoch fundamental von der neoklassischen Wachstumstheorie bezüglich ihres Werturteils darüber, was die Wohlfahrt der Menschen ausmache und bezüglich ihrer Sicht der Quellen, die den Strom wohlfahrtswirksamer Güter speisen.

Wie wir oben gesehen haben, ist aus der Sicht der traditionellen Wachstumstheorie das Ziel der im Zeitablauf steigenden Wohlfahrt ohne weiteres erfüllt, wenn der Pro-Kopf-Konsum zunimmt. Die Konsumgüter werden mit den Produktionsfaktoren Arbeit und Kapital (sowie technischem Wissen) produziert. In den neueren Ansätzen erscheint die Welt dagegen wesentlich komplexer und auch realistischer. Letztlich geht es bei allen im folgenden zusammengefassten Ansätzen darum, die Wohlfahrt der Menschen dauerhaft zu fördern bzw. das Vermögen („Kapital") der Menschheit zu bewahren. Sie unterscheiden sich durch den zugrunde liegenden Kapitalbegriff.

In der wirtschaftspolitisch orientierten Literatur wird (meist implizit) unterstellt, dass die beiden vorstehend genannten Nachhaltigkeitsziele (die Aufrechterhaltung des Wohlfahrtsniveaus und die Kapitalbewahrung) einander äquivalent sind. Letztere wird als Zwischenziel auf dem Wege zur Erreichung des Ersteren gesehen. Eine genaue theoretische Analyse zeigt jedoch, dass es sich zwar um verwandte, keineswegs aber identische Ziele handelt.[38]

Wir behandeln im folgenden beide Nachhaltigkeitsbegriffe entsprechend ihrer Bedeutung für die Literaturdiskussion und hoffen, dass stets klar ist, von welchem jeweils die Rede ist. Zur Verdeutlichung setzten wir dem wohlfahrtsorientierten Begriff ein „NH_w" und dem vermögensorientierten Begriff ein „NH_V" bei.

---

[38] Näheres bei S.Faucheux et al. [1997], und J.Hartwick, N.Olewiler [1998], S. 400.

Drittens wird häufig unter Nachhaltigkeit verstanden, dass die wirtschaftliche Entwicklung die Existenzgrundlagen der Menschheit nicht zerstört. Wir führen dieses Nachhaltigkeitsverständnis im folgenden als „NH_E".

bbb) Strikte Nachhaltigkeit

Wie alle modernen Nachhaltigkeitskonzeptionen unterscheidet sich der Ansatz der strikten ökologischen Nachhaltigkeit von der traditionellen neoklassischen Wachstumstheorie dadurch, dass über den Konsum privater Güter hinausgehende Faktoren als wohlfahrtsstiftend und überlebensnotwendig anerkannt werden. Im Zentrum steht die Umweltqualität und (damit verbunden) die Aufrechterhaltung der Regenerationsfähigkeit der natürlichen Ressourcen. Außerdem spielen jedoch soziale und politische Komponenten der Wohlfahrt eine Rolle. Auf letztere soll in unserem Erörterungszusammenhang jedoch nicht weiter eingegangen werden.[39]

Charakteristisch für den Ansatz der strikten Nachhaltigkeit ist sein „segregatives" Verständnis der Determinanten menschlicher Wohlfahrt. (Soweit sich die Interpretation dieses Konzepts auf ökozentrische Ansätze[40] erstreckt, könnte man sogar sagen: Das diesem Ansatz zugrundeliegende Weltbild ist segregativ.)

Nach diesem Ansatz wird der Zustand der Gesellschaft (auch: der Welt) analytisch in verschiedene Sektoren zerlegt. Das Augenmerk gilt nun der getrennten Beobachtung der Entwicklung in jedem dieser Sektoren. Nehmen wir zur Vereinfachung an, es werde nur ein ökonomischer Sektor und ein ökologischer Sektor betrachtet. Der Zustand des ökonomischen Sektors sei in jeder Periode t durch die aggregierte Güterproduktion x_t charakterisiert. Der Zustand des ökologischen Sektors sei in jeder Periode durch den Indikator EQ_t charakterisiert. Im Rahmen dieses die einzelnen Sektoren strikt getrennt behandelnden Ansatzes würde eine nachhaltige Entwicklung erfordern, dass im Zeitverlauf in keinem dieser Sektoren eine Verschlechterung eintritt. Formal ausgedrückt wird also gefordert, dass

$$\left.\begin{array}{c} x_{t+1} \geq x_t \\ EQ_{t+1} \geq EQ_t \end{array}\right\} \forall t \in \{1,\ldots,\infty\}$$

---

[39] Vgl. dazu z.B. V.Radke [1999a], Kap. 10.

[40] Vgl. J.Bowers [1997], S. 205 f. zur Stellung verschiedener Nachhaltigkeitskonzeptionen im Spannungsfeld zwischen Antroprozentrik und Ökozentrik.

eingehalten wird.

Von den Vertretern der strikten Nachhaltigkeit wird insbesondere der Inhalt der zweiten Zeile der obigen Gleichungen betont, ja sogar bisweilen ausschließlich behandelt. Offenbar sind die Autoren der Ansicht, dass der Zunahme des Konsums in der bisherigen Literatur schon genügend Aufmerksamkeit geschenkt worden sei. Gilt dieses Primat der Ökologie, so spricht man vom Konzept der strikten *ökologischen* Nachhaltigkeit.

Für das Verständnis dieses Ansatzes zentral ist die Erkenntnis, dass hier kein Platz ist für ein gemeinsames Wohlfahrtsmaß, mit dem die Größen des ökonomischen und des ökologischen Sektors bewertet und damit gleichsam „auf einen Nenner" gebracht werden: Es gibt keinen „Wechselkurs", zu dem Größen des ökonomischen Sektors wohlfahrtsäquivalent in Größen des ökologischen Sektors umgerechnet werden können oder umgekehrt. Damit steht dieser Ansatz in scharfem Gegensatz zur oben kurz dargestellten traditionellen Wachstumstheorie und zur neoklassischen Wirtschaftstheorie überhaupt, für die der Gedanke der Substitutivität zwischen wohlfahrtwirksamen Gütern ein konstituierendes Element darstellt.

In der Literatur zum Konzept der strikten Nachhaltigkeit ist betont worden, dass sich die Betrachtung nicht nur auf die Entwicklung von Stromgrößen konzentrieren darf. Vielmehr wurde die Bedeutung von Bestandsgrößen hervorgehoben. Diese liegt zum einen darin, dass die Bestände die Quellen sind, aus denen Leistungsströme gespeist werden. So ist z.B. der Waldbestand zur Produktion von Sauerstoff nötig. Hier kann man noch eine Verwandtschaft zur (Erweiterung der) Sichtweise der traditionellen Wachstumstheorie erblicken, weil dort (wenigstens in Bezug auf das menschengemachte Kapital) der Kapitalstock und seine Entwicklung eine wichtige Rolle spielen. Zweitens jedoch wird beim Konzept der strikten ökologischen Nachhaltigkeit anerkannt, dass Bestände nicht nur Quellen von Leistungsströmen und somit mittelbar, sondern auch unmittelbar wohlfahrtsrelevant sind. So wird häufig bei der Diskussion um die Erhaltung der Biodiversität auf den *Existenzwert* des Erhalts von bestimmten Tier- oder Pflanzenarten verwiesen.

Diese Verbindung zu den Leistungsströmen des Sektors Umwelt und die Würdigung unmittelbarer Wohlfahrtswirkungen dieser Bestände führt letztlich im Rahmen der Konzeption strikter ökologischer Nachhaltigkeit auf die

Forderung, dass der Bestand des Naturkapitals im Zeitablauf mindestens konstant gehalten werden müsse (NH_v). Nur dann ist nach der Logik dieses Ansatzes die dauerhafte Aufrechterhaltung des aus diesem Kapital fließenden Umweltleistungsstromes und des unmittelbaren Wohlfahrtseffektes dieses Bestandes möglich. Auch hier ist besonders auf den segregativen Ansatz hinzuweisen. Nach dieser Sicht ist keine Reduktion des Naturkapitalbestandes im Sinne einer nachhaltigen Entwicklung durch irgendeine noch so große Ausweitung des Bestandes menschengemachten Kapitals kompensierbar. Wie bei den Leistungsströmen ist auch bei den Beständen keinerlei Substitution zwischen den verschiedenen Sektoren zugelassen.

Allerdings (und dies wird häufig übersehen) kommt auch das Konzept der strikten ökologischen Nachhaltigkeit nicht ganz ohne Anwendung des Substitutionsprinzips aus. Dies wird deutlich, wenn wir den oben implizit als homogen unterstellten Umweltsektor näher betrachten. „Die" Umwelt ist ein sehr abstraktes Konstrukt des menschlichen Geistes, das in der Realität keine Entsprechung findet. Bei einer problemnäheren Betrachtung (durch den menschlichen Geist) zerfällt der Umweltsektor in eine Vielzahl von Subsektoren (z.B. gegliedert nach den Umweltmedien Luft, Wasser und Boden). Jeder dieser Subsektoren lässt sich wieder vielfach und tief gestaffelt unterteilen. Für jeden dieser Subsektoren und Untersubsektoren lassen sich wieder Indikatoren finden, nach denen geprüft werden könnte, ob die Entwicklung den oben dargestellten Grundsätzen der Nachhaltigkeit entspricht. Wollte man diese Grundsätze strikt anwenden, so müsste man für eine nachhaltige Entwicklung fordern, dass im Zeitablauf keiner von vermutlich vielen Millionen von Indikatoren eine Verschlechterung anzeigt. Ein solches Konzept wäre weder erkenntnisfördernd noch politisch nutzbar. Es ist keinerlei Entwicklung denkbar, die nirgends zur Verschlechterung eines Indikatorwertes führt. Ein operables Konzept strikter ökologischer Nachhaltigkeit muss also letztlich zu einer Bildung von Kategorien finden, in denen jeweils mehrere Entwicklungstendenzen zusammengefasst dargestellt werden. Innerhalb dieser Kategorien oder Subsektoren muss Substitution zugelassen werden.

Dies wird auch in der Forderung nach Konstanz des Naturkapitals implizit eingeräumt, denn das Naturkapital ist ja selbst ein Aggregat.[41] Letztlich kann

---

[41] Dem haben wir oben bei der formalen Darstellung durch den Indikator EQ Rechnung getragen. Der neueren Literaturdiskussion folgend konzentrieren wir uns in

das Konzept der strikten ökologischen Nachhaltigkeit nicht vermeiden, dass innerhalb des ökologischen Sektors unbequeme Fragen gestellt werden - etwa die, ob die bei der Einrichtung kleiner Wasserkraftwerke aus dem Blickwinkel des Klimaschutzes entstehenden positiven Aspekte die Nachteile im Gewässerschutz vor dem Hintergrund des Nachhaltigkeitsziel überkompensieren.[42] Bei der Diskussion dieser und vieler anderer Fragen innerhalb des ökologischen Sektors wird deutlich, dass auch das Konzept der strikten ökologischen Nachhaltigkeit nicht ohne (menschliche!) Werturteile auskommt.[43] Es erscheint unmöglich, die Frage, ob eine bestimmte Entwicklung mit der Forderung nach der Konstanz des Naturkapital kompatibel ist, allein mit dem Rückgriff auf naturwissenschaftliche Erkenntnisse (die übringens auch von Menschen gewonnen werden müssen) zu beantworten.

Es ist in der Literatur häufig als Vorteil des segregativen Ansatzes strikter Nachhaltigkeit gewürdigt worden, dass hier darauf verzichtet wird, einander „wesensfremde" Bereiche wie die Volkswirtschaft und die Natur miteinander zu vergleichen und gegeneinander aufzurechnen. Allerdings darf nicht übersehen werden, dass Systeme aus vieldimensionalen Indikatoren, für die kein Schlüssel der Umrechnung zu einer geringeren Zahl von Indikatoren auf höherer Ebene existiert, rasch unübersichtlich und damit inoperabel werden. So sind z.B. verschiedene Entwicklungen von Gesellschaften im Zeitablauf nach dem Kriterium der strikten Nachhaltigkeit nur dann miteinander vergleichbar, wenn die eine Entwicklung die andere insofern dominiert, als sie bezüglich aller Indikatoren in jedem Zeitpunkt bessere Werte liefert. Außer in diesem Spezialfall bietet das Konzept der strikten Nachhaltigkeit kein Kriterium für die Auswahl aus verschiedenen möglichen Entwicklungsprozessen. Außerdem kann es leicht zu Einschätzungen kommen, die von vielen als unplausibel

---

diesem Text auf Aggregationsprobleme im Bereich des natürlichen Kapitals. Auch für von Menschen gemachtes Kapital ist eine (hier stillschweigend als sinnvoll und möglich vorausgesetzte) Aggregation aber alles andere als unbestritten. Allerdings haben sich die Wogen der diesbezüglichen wissenschaftlichen Auseinandersetzungen (aus den sechziger Jahren) inzwischen geglättet. Einen guten Eindruck von der seinerzeit geführten Diskussion vermitteln die verschiedenen im Quarterly Journal of Economics Vol. 4 [1966], S. 503-583 unter der Rubrik „Paradoxes in Capital Theory" zusammengestellten Beiträge.

[42] Vgl. J.Meyerhoff, U.Petschow [1999].

[43] Der Abschied von der Anthroprozentrik erweist sich also als schwieriger als manche ÖkologIn geglaubt hätte.

empfunden würden. So wird z.B. nach dem Kriterium der strikten Nachhaltigkeit die Entwicklung eines Landes, das in allen Sektoren auf dem Existenzminimum stagniert, als besser angesehen als die Entwicklung eines Landes, das in allen Sektoren beginnend von einem hohen Ausgangsniveau nachhaltige Fortschritte erzielt, jedoch in einem „Unter-Teil-Subsektor" einen leichten Rückgang zu verzeichnen hat.

Schließlich wird nach dem Gesagten deutlich, dass es nicht möglich ist, einer gesellschaftlichen Entwicklung „das" Qualitätssiegel der strikten (auch: ökologischen) Nachhaltigkeit zu attestieren. Ob eine gegebene Entwicklung als nach diesem Kriterium nachhaltig eingestuft wird, wird vielmehr davon abhängen, welche der ungezählten Möglichkeiten, den ökologischen Sektor in Subsektoren (verschiedener Grade) aufzuspalten und für die Veränderungen in diesen Subsektoren Indikatoren auszuwählen, realisiert werden.

bbc) Schwache Nachhaltigkeit

Das Konzept der schwachen Nachhaltigkeit nimmt Elemente der traditionellen Wachstumstheorie und Elemente des Konzepts der strikten Nachhaltigkeit auf. Mit dem zuletzt genannten Ansatz hat die schwache Nachhaltigkeit zunächst einmal die Anerkennung der Wohlfahrtswirkungen des Umweltsektors gemein. Anders als bei der strikten Nachhaltigkeit wird beim Konzept der schwachen Nachhaltigkeit jedoch am Konstrukt eines einheitlichen Wohlfahrtskonzepts festgehalten, in dem wirtschaftliche und ökologische Größen aufgehoben werden: Konsum und Umweltqualität beeinflussen hier die Wohlfahrt als substitutive Güter.

In diesem Rahmen lässt sich die Forderung nach nachhaltiger Entwicklung wohlfahrtsseitig (NH_w) schreiben als

$$U(x_{t+1}, EQ_{t+1}) \geq U(x_t, EQ_t), \forall t \in \{1,....,\infty\}.$$

Auch von den Vertretern des Konzepts der schwachen ökologischen Nachhaltigkeit wird die Bedeutung der Erhaltung von Bestandsgrößen hervorgehoben. Allerdings geht es hier nicht darum, dass das Naturkapital und das menschengemachte Kapital als getrennte Größen jeweils für sich mindestens konstant gehalten werden müssen. Vielmehr besteht die Nachhaltigkeitsforderung (auf der Vermögensebene (NH_v)) darin, dass der aus Naturkapital und menschengemachtem Kapital zusammengesetzte *aggregierte Kapitalbestand* im Zeitverlauf nicht sinkt.

Die große Herausforderung auf dem Wege zu einer operablen Fassung der Idee von der schwachen ökologischen Nachhaltigkeit besteht darin, den gemeinsamen Nenner zu finden, auf dem Naturkapital und menschengemachtes Kapital miteinander vergleichbar gemacht werden können. Aus traditioneller ökonomischer Sicht bieten sich hierbei die Verfahren der monetären Bewertung von Umweltgütern an.[44] Diese Ansätze sind hochkontrovers und auch problembeladen.[45] Sie definieren aber immerhin einen konsistenten Ansatz, der der Weiterentwicklung und gesellschaftlichen Diskussion offen steht.

bbd) Kritische Nachhaltigkeit

Das Konzept der kritischen Nachhaltigkeit nimmt eine Mittelposition zwischen den beiden oben beschriebenen Nachhaltigkeitsansätzen ein. Von der schwachen Nachhaltigkeit wird das Prinzip übernommen, dass sowohl private Güter als auch Umweltgüter wohlfahrtswirksam sind und wohlfahrtsseitig substituiert werden können. Vom Konzept der strikten Nachhaltigkeit beeinflusst, werden jedoch Grenzen der Substituierbarkeit festgelegt. Selbst wenn der Verbrauch von natürlichen Ressourcen Wohlfahrtssteigerungen mit sich brächte, ist er aus kritischer Sicht nicht nachhaltigkeitsverträglich, wenn er den Bestand dieser Ressourcen unter bestimmte Grenzen drücken würde. Diese Mindestausstattung definiert eine Tabuzone, in der für ökonomisches Nutzenmaximierungsstreben kein Raum ist. Formal könnte man diesen Ansatz schreiben als

$$U(x_{t+1}, EQ_{t+1}) \geq U(x_t, EQ_t),$$

wobei die Nebenbedingung

$$EQ_t \geq \overline{EQ} \qquad \forall t \in \{1,....,\infty\}$$

---

[44] Vgl. dazu z.B. A.Endres, K.Holm-Müller [1998], R.Marggraf, S.Streb [1997].
[45] Leider gilt dasselbe für alle konkurrierenden Ansätze.

eingehalten werden muss.⁴⁶

Der Wert $\overline{EQ}$ stellt dabei den kritischen Mindestbestand an Umweltqualität dar.

Bei diesem Konzept wird also sozusagen ein „ökologischer Korridor" definiert, innerhalb dessen sich der wirtschaftliche Entwicklungsprozess bewegen muss. Die Definition dieser Restriktionen ist keineswegs redundant. Erstens garantiert das Streben nach Nutzensteigerung keineswegs das Überleben bestimmter Tier- und Pflanzenarten, selbst wenn diese sehr nützlich für den Menschen sind. Zweitens ist es schwierig, über die Nützlichkeit einer Ressource für zukünftige Generationen zu raisonieren.⁴⁷ Die Definition von Restriktionen, mit deren Einhaltung die Funktionsfähigkeit der lebensunterstützenden ökologischen Systeme (vermutlich) gesichert wird, ist zwar auch nicht völlig präferenzfrei möglich, kommt jedoch mit weniger spezifizierten Annahmen über die Präferenzen der zukünftigen Generationen aus. Unsicherheit besteht natürlich auch hinsichtlich der naturwissenschaftlichen Zusammenhänge, die bei der Festlegung von Restriktionen (im Sinne der kritischen Nachhaltigkeit) beachtet werden müssen. Diese dürfte aber geringer sein als die Unsicherheit hinsichtlich künftiger Präferenzen – jedenfalls scheint dies dem Sozialwissenschaftler so.⁴⁸ Drittens müssen wir realistischerweise damit rechnen, dass bei der Politik der Nutzensteigerung Steuerungsfehler unterlaufen. Sind für die Menschheit überlebensbedrohliche Auswirkungen der wirtschaftlichen Aktivität irreversibel, so kann es geschehen, dass die Menschheit unabsichtlich eine Reise ohne Wiederkehr in eine nicht nachhaltige Entwicklung antritt. Verfolgt man das Konzept der kritischen ökologischen Nachhaltigkeit, so ist es

---

⁴⁶ In dieser Nebenbedingung zeigt der Ansatz der kritischen Nachhaltigkeit eine nahe Verwandtschaft zum oben zitierten Verständnis der Nachhaltigkeit als Existenzsicherungsforderung (NH_E).

⁴⁷ Bei Fragen, die das Überleben der Menschheit betreffen, geht es (hoffentlich) um „superlange" Zeiträume. Hier müssen „wir" (die Gegenwartsgeneration) uns zu unserer großen Unwissenheit bekennen.

⁴⁸ Zweifel daran säht A. Barrett, wenn sie in ihrem Roman „The Middle Kingdom" einen ihrer Protagonisten sagen lässt: „There are two laws of ecology. The first is that everything is related to everything else. The second is that these relationships are complicated as hell."

dagegen möglich, der wirtschaftlichen Entwicklung explizit „Leitplanken"[49] beizugeben, deren Konstruktion vom Vorsichtsprinzip geprägt ist.[50]

Wir finden hier eine bemerkenswerte Analogie zwischen dem Konzept der kritischen Nachhaltigkeit und dem seit Beginn der siebziger Jahre in der Umweltökonomie einschlägigen Preis-Standard-Ansatz.[51] Allerlei Unsicherheiten hinsichtlich der Wohlfahrtswirkungen von Emissionssenkungen veranlassen viele umweltökonomische Autoren, in bestimmten Fällen von der Verrechnung von Nutzen und Kosten des Umweltschutzes abzusehen und damit auf die ökonomische Begründung und Beschreibung optimaler Umweltqualitätsniveaus zu verzichten. Das umweltpolitische Ziel ist bei dieser Denktradition exogen („außerökonomisch") vorgegeben. Die Rolle der Ökonomie beschränkt sich darauf, Strategien zu entwickeln, mit denen dieses Ziel *kostenminimal* erreicht werden kann. Entsprechend lassen sich die ökologischen Leitplanken im System der kritischen Nachhaltigkeit als außerökonomisch bestimmt ansehen. Die Rolle der Ökonomie beschränkt sich auf die Suche nach Strategien, bei deren Verfolgung die Einhaltung dieser Restriktionen mit minimalen Wohlfahrtseinbußen (für die Gegenwartsgeneration) gewahrt werden können.

2. Zur Existenz eines nachhaltigen Entwicklungspfades

Ehe wir uns über Wege zu einer nachhaltigen Entwicklung und über Indikatoren, die uns unterwegs als Kompass dienen könnten, den Kopf zerbrechen, müssen wir fragen, ob es einen nachhaltigen Entwicklungspfad überhaupt gibt. Dies ist in einer Welt begrenzter Ressourcen keineswegs von vorn herein selbstverständlich.

Stellen wir uns zunächst eine Wirtschaft vor, die allein aus regenerierbaren Ressourcen gespeist wird. Hier wäre es nach den Ausführungen in Kapitel III ohne weiteres denkbar, dass sich die Menschen darauf beschränken, vom Bestandswachstum zu leben. Erntet der Mensch in jeder Periode nur den

---

[49] BUND/Miserior [1996].

[50] Modelltheoretisch könnte das Vorsichtsprinzip zweifellos auch in der Zielfunktion (statt in der Restriktion) seien Niederschlag finden. Die zu maximierende soziale Wohlfahrtsfunktion müsste dazu als Risikonutzenfunktion eines risikoscheuen Entscheidungsträgers geschrieben werden.

[51] Vgl. z.B. A.Endres [2000].

natürlichen Zuwachs der Ressource, so kann der daraus gezogene Nutzen auf Dauer aufrecht erhalten werden.[52] Da jedem Bestand entsprechend der Regenerationsfunktion ceteris paribus ein bestimmtes Bestandswachstum zugeordnet ist, gibt es sogar beliebig viele nachhaltige Entwicklungspfade, aus denen die Menschheit auswählen kann. Markante Vertreter aus der Unzahl nachhaltiger Ressourcennutzungspfade sind die maximale nachhaltige Ernte und die wohlfahrtsoptimale Ernte (vgl. Abschnitte III.1.b und III.2., oben).

Weit schwieriger ist die Frage nach der Existenz eines nachhaltigen Entwicklungspfades zu beantworten, wenn die Wirtschaft auf erschöpfliche Ressourcen angewiesen ist. Steht nicht die Erschöpflichkeit von Ressourcen im existenziellen Widerspruch zu der Nachhaltigkeit einer Entwicklung, die sich aus dieser Ressource speisen müsste? Fundamental für die heutige ressourcenökonomische Sicht dieser Problematik sind drei berühmte Arbeiten dreier berühmter Autoren, nämlich Solow (1974), Stiglitz (1974) und Hartwick (1977).

Solow (1974) hat für das neoklassische Nachhaltigkeitsverständnis eines auf „ewig" aufrecht zu erhaltenden Konsumniveaus gezeigt, dass der eben vermutete Widerspruch nicht unter allen Umständen bestehen muss. Es ist vielmehr denkbar, dass die Gesellschaft im Laufe der Zeit immer geringere Mengen der erschöpflichen Ressource entnimmt und den dadurch entstehenden Inputausfall in der Produktion durch menschengemachte Ressourcen ersetzt. Das Muster der im Zeitverlauf abnehmenden Ressourcenentnahme muss dabei so gestrickt sein, dass der Restbestand bei unendlichem Zeithorizont gegen den Wert Null strebt. Eine derartige „asymptotische Erschöpfung" wäre z.B. gegeben, wenn in jeder Periode die Hälfte der Entnahmemenge der Vorperiode entnommen würde. Neben der asymptotischen Erschöpfung erfordert die Existenz eines nachhaltigen Entwicklungspfades im Modell von Solow „besonders gute" Substitutionsbedingungen zwischen der erschöpflichen Ressource und anthropogenem Kapital sowie eine „günstige" Relation der Produktionselastizitäten

---

[52] Dies gilt auch ohne einen die „Nutzenwirksamkeit" der betreffenden Ressource verbessernden technischen Fortschritt. Bei wachsender Bevölkerung würde allerdings der Nutzen pro Kopf ohne technischen Fortschritt sinken. Voraussetzung für die Materialisierung des in der Regenerierbarkeit von Ressourcen liegenden Nachhaltigkeitspotentials ist es natürlich, dass die Menschheit davon absieht, die regenerative Kapazität (z.B. durch Umweltverschmutzung) zu (zer-)stören. Die Hoffnung auf eine von regenerierbaren Ressourcen gestützte nachhaltige Entwicklung der Menschheit kann sich aber auch als trügerisch erweisen, wenn die Ressource ihr Regenerationsvermögen durch die Wirkung von nicht anthropogen beeinflussten Faktoren ändert.

von natürlicher Ressource und menschengemachtem Kapital. Genauer unterstellt Solow eine (Cobb-Douglas-) Produktionsfunktion der Form $x = aK^{\alpha}R^{1-\alpha}$.[53] Dabei bezeichnet x das Sozialprodukt, K das menschengemachte Kapital, R die Entnahme der erschöpflichen Ressource, a eine Konstante und α die Produktionselastizität des Kapitals. Vorausgesetzt ist $\alpha > 1-\alpha$.

Der für den Solow'schen Mechanismus der Aufrechterhaltung des Konsumniveaus (und damit nach dem engen neoklassischen Verständnis auch des Wohlfahrtsniveaus) notwendige Substitutionsprozess zwischen natürlicher Ressource und anthropogenem Kapital wurde von J. Hartwick (1977) näher untersucht. Es zeigt sich zunächst einmal, dass die Gesellschaft die Ressource im Sinne der Hotelling-Regel effizient abbauen muss. Intertemporale Effizienz ist eine notwendige Bedingung für Nachhaltigkeit im Hartwick'schen Sinne.[54] Hält sich die Gesellschaft an diese Regel, so ist es für die Aufrechterhaltung eines konstanten Konsumniveaus ausreichend, wenn die jeweilige Gegenwartsgeneration die aus der erschöpflichen Ressource erwirtschaftete Knappheitsrente (die den Nutzungskosten entspricht) vollständig in menschengemachtes Kapital investiert.[55] Das „restliche" Nettosozialprodukt steht dann für konsumtive Zwecke zur Verfügung. Diese Anweisung zum nachhaltigen Wirtschaften wird heute in der Literatur als „Hartwick-Regel" bezeichnet.[56]

Natürlich können uns diese Modellergebnisse hinsichtlich unserer Möglichkeiten, in der Realität eine nachhaltige Entwicklung zu verwirklichen, nur sehr begrenzt beruhigen. Zu restriktiv erscheint die zugrunde liegende Produktionsfunktion[57], zu skurril die Vorstellung einer Weltwirtschaft, die das Sozialprodukt des Jahres 2494 mit dem vorletzten Teelöffel Öl herstellt. Dennoch hat

---

[53] Allgemeiner: V.Radke [1999a], S. 82 f.

[54] Aus diesem Grund bezeichnen R.Dubourg, D.Pearce [1997] das Nachhaltigkeitskonzept nicht als Alternative, sondern als Ergänzung der traditionellen ökonomischen Analyse. H.G.Nutzinger [1997], S. 50 betont „den unverzichtbaren positiven Beitrag ..., den gerade eine richtig angewendete 'Main Stream Economics' beim Umsteuern auf einem Pfad global nachhaltiger Entwicklung leisten kann."

[55] Für eine Erweiterung dieser „Sparregel" auf offene Volkswirtschaften vgl. G.Asheim [1986]. Für zusätzliche Erweiterungen vgl. V.Radke [1999a], S. 79, Fn. 10.

[56] Das bei der Hartwick-Regel zugrunde gelegte Nachhaltigkeitsverständnis eines auf Dauer aufrecht zu erhaltenden Konsums entspricht der neoklassischen Nachhaltigkeitskonzeption. Wie oben schon erwähnt, ist es mit dem Verständnis von Nachhaltigkeit als Kapitalbewahrungsregel verwandt, aber nicht identisch.

[57] Eine Verallgemeinerung des Modells findet sich bei P.S.Dasgupta, G.M.Heal [1979].

das Modell der Schlussfolgerung von der Endlichkeit der Ressourcen auf die Endlichkeit des Wirtschaftens etwas von ihrer Unausweichlichkeit (und Faszination („Lust am Untergang")) genommen. Außerdem lenkt das Modell den Blick auf die auch in der Realität vermutlich erheblichen Möglichkeiten der Substitution von Ressourcen. Schließlich ist das optimistische Ergebnis von Solow in Bezug auf eine Reihe von Faktoren mit Annahmen erzielt worden, die für das Resultat „Nachhaltiges Wirtschaften ist auch bei begrenzten Ressourcen möglich!" besonders *ungünstig* sind. In der Realität stehen Möglichkeiten des Übergangs von einer besonders knappen erschöpflichen Ressource zu (zunächst) weniger knappen erschöpflichen Ressourcen, zu rezyklierten Ressourcen und zu regenerierbaren Ressourcen zur Verfügung, von denen im Solow-Hartwick-Modell abgesehen wurde.[58] Außerdem unterstellen die Autoren eine konstante Technik, während wir in der Realität mit ressourcenschonendem technischen Fortschritt rechnen bzw. diesen in gewissem Maße induzieren können. Hier ist z.B. an eine Verbesserung der Energieeffizienz zu denken, mit deren Hilfe der Nutzen, der aus einer gegebenen Ressourcenmenge zu ziehen ist, erhöht werden kann. Andererseits muss angemerkt werden, dass das Modell von Solow eine konstante Bevölkerung unterstellt. Wächst die Bevölkerung, so sinkt natürlich der pro Kopf Konsum bei konstantem Gesamtkonsum. Hier führt der Hartwick'sche Weg also nicht zur nachhaltigen Entwicklung im Sinne einer konstanten Wohlfahrt pro Kopf. J. E. Stiglitz (1974) zeigt allerdings, wie dieser Effekt durch technischen Fortschritt aufgefangen werden könnte.

Wenn sich – alles in allem – auch herauszustellen scheint, dass eine nachhaltige Entwicklung (zumindest in ihrer neoklassischen Interpretation) möglich ist, so dürfen wir doch nicht daraus schließen, dass der *gegenwärtig* in den entwickelten Ländern herrschende Lebensstandard auf Dauer aufrecht zu erhalten ist. Schließlich geht das optimistische Solow-Hartwick-Modell davon aus, dass sich die Wirtschaft ohne negative externe Effekte auf einem Hotel-

---

[58] Natürlich sind diese Möglichkeiten keine Wunderwaffen. Betrachten wir das Beispiel des Recycling: Es kostet Energie und selbst bei einer hohen Wiedergewinnungsrate sind die im Zeitverlauf entstehenden Verfügbarkeitsverluste erheblich. (Nehmen wir z.B. eine Wiedergewinnungsrate von 98 % an, so ist der im Wirtschaftssystem gehaltene Bestand der betreffenden Ressource in 36 Perioden halbiert.) Schließlich können Ressourcen nicht mehr recycelt werden, wenn sie verbrannt sind, – eine vielleicht triviale, aber doch energiewirtschaftlich bedeutende Einschränkung.

ling-Pfad bewegt. Auch bei Geltung der oben erwähnten substitutionsfreundlichen Produktionsfunktion ist die Hartwick'sche Anweisung für den „intergenerationalen Kapitalverkehr" (Investitionsregel) erst unter dieser Voraussetzung hinreichend für die Nachhaltigkeit der Entwicklung. In der Realität ist es aber so, dass wir die zukünftigen Generationen mit einer Fülle von nicht internalisierten Externalitäten (in Form von Schadstoffakkumulation) belasten. Wie oben ausgeführt, spricht überdies vieles dafür, dass wir (insbesondere infolge von Open-Access-Arrangements) Ressourcen schneller ausbeuten, als dies eine ökonomische Wirtschaftsweise gebietet. Leben wir auf diese Weise auf Kosten der zukünftigen Generationen, so würde der Übergang zu einer nachhaltigen Wirtschaftsweise vermutlich zunächst einen Rückgang des Konsumniveaus erfordern.[59]

3. Zum Verhältnis von sozialer Wohlfahrtsmaximierung und Nachhaltigkeit

Selbst wenn (mindestens) ein Pfad einer nachhaltigen Entwicklung existiert, heißt dies natürlich noch nicht, dass eine nach sozialer Wohlfahrtsmaximierung strebende Gesellschaft ihm folgt. Für das Verständnis der Beziehung zwischen sozialer Wohlfahrtsmaximierung und Nachhaltigkeit und für die Stellung der nachhaltigen Entwicklung als eigenständiges gesellschaftspolitisches Leitbild ist es zentral, darauf hinzuweisen, dass die Eigenschaft der Wohlfahrtsoptimalität keineswegs die Eigenschaft der Nachhaltigkeit impliziert.[60] Dies ist zwar

---

[59] Bei der obigen Argumentation stellen wir auf intergenerationelle Verwerfungen ab. Darüber hinaus gibt es natürlich externe Effekte und Open-Access-Probleme, die intragenerationeller Natur sind. Gelingt es der Gegenwartsgeneration, diese Ineffizienzen abzubauen, so kann sie die Wohlfahrtsverluste, die sie ceteris paribus (d.h. mit unkorrigierter und damit suboptimaler Wirtschaftsweise) bei einem Übergang zu einer nachhaltigen Entwicklung erleiden müsste, tendenziell kompensieren. Über das Größenverhältnis dieser beiden gegenläufigen Tendenzen lässt sich mit unserem heutigen Wissen allerdings wenig sagen. Die interessante Frage „Steht sich die Gegenwartsgeneration bei der gegenwärtigen (ineffizienten und nicht nachhaltigen) Wirtschaftsweise besser oder schlechter als bei effizientem nachhaltigen Wirtschaften?" muss also noch offen bleiben.

[60] Der Vergleich zwischen sozial optimaler und nachhaltiger Wirtschaftsweise wird dadurch erschwert, dass es - wie gesehen - sehr verschiedene Ausprägungen des Nachhaltigkeitsgedankens gibt. Ein Vergleich des sozialen Optimums mit jeder einzelnen Nachhaltigkeitskonzeption ist hier natürlich nicht möglich. Wir hoffen, mit der hier getroffenen Auswahl die Leserschaft in die Lage zu versetzen, der (auch: künftigen) ausführlicheren Literaturdiskussion zu folgen.

eigentlich nicht überraschend, da das Ziel der sozialen Wohlfahrtsmaximierung effizienz-, das der Nachhaltigkeit dagegen verteilungsorientiert ist. Dennoch wird der hier angesprochene Zusammenhang in der Literatur häufig übersehen. Eine graphische Veranschaulichung mag das Verständnis unterstützen.

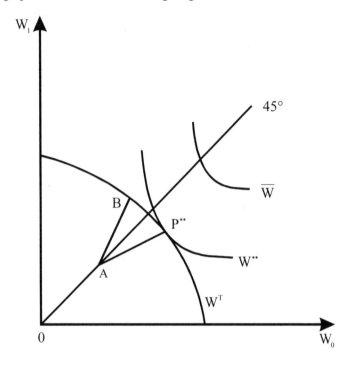

Abbildung 25

Abbildung 25 stellt soziale Indifferenzkurven W und die Wohlfahrtsgrenze W^T dar. Auf einer sozialen Indifferenzkurve liegen alle Wohlfahrtsverteilungen zwischen der Gegenwarts- und der Zukunftsgeneration, bei denen der Barwert der über die Generationen aggregierten Wohlfahrt gleich ist. Die Wohlfahrtsgrenze gibt für jedes gegebene Wohlfahrtsniveau der Gegenwartsgeneration W_0 das maximal erreichbare Wohlfahrtsniveau der Zukunftsgeneration W_1 an. Sie entspricht daher im intergenerationellen Wohlfahrtsraum der aus den Grundlagen der allgemeinen Mikroökonomie bekannten Transformationskurve im Produktraum. Wohlfahrtsverteilungen, die auf dieser Transformationskurve liegen, sind effizient. Bei den unter der Kurve liegenden (ineffizienten) Allokationen „verschenkt" die Menschheit dagegen Wohlfahrtsspielräume, die zu nutzen ihre Ressourcenausstattung (einschließlich des Wissens) gestatten würde. Wohlfahrtskombinationen jenseits der Transformationskurve sind mit der gegebenen Ressourcenausstattung nicht erreichbar. Die 45°-Linie trennt den Raum der Wohlfahrtsverteilungen in nachhaltige und nicht nachhaltige. Der Bereich unter („südöstlich") der 45°-Linie ist definitionsgemäß nicht nachhaltig, da hier die Wohlfahrt der Zukunftsgeneration niedriger ist als die der Gegenwartsgeneration (NH_w). In Abbildung 25 ist die wohlfahrtsmaximale Allokation durch den Punkt P^{**} charakterisiert, in dem die Wohlfahrtsgrenze die höchste erreichbare soziale Indifferenzkurve W^{**} tangiert. Offensichtlich ist dieser wohlfahrtsmaximale Punkt nicht nachhaltig (im Sinne der Erfordernis einer im Zeitverlauf mindestens konstanten Wohlfahrt).

Eine ausführliche Modellierung zeigt, dass eine nach sozialer Wohlfahrtsmaximierung strebende Gesellschaft *stets* das „Gebot" der Nachhaltigkeit verletzten wird, sofern sie eine positive (und konstante) soziale Diskontrate verwendet. Schon Solow (1974) sowie Dasgupta und Heal (1974), (1979) hatten darauf hingewiesen, dass in einem einfachen Modell (mit Cobb-Douglas-Produktionsfunktion und utilitaristischer Wohlfahrtsfunktion) eine positive Diskontrate dazu führt, dass der sozial optimale Entwicklungspfad langfristig ein gegen Null strebendes Konsumniveau impliziert. Hier sieht es also die Gesellschaft als sozial optimal an, „einen Teil des Saatgutes zu verspeisen". Es muss betont werden, dass dieses Ergebnis nicht durch die Verwerfungen eines bestimmten Allokationsmechanismus (etwa infolge von externen Effekten (z. B. Umweltproblemen) im Marktsystem) verursacht wird. Es liegt vielmehr in der Natur einer bei Diskontierung zukünftiger Effekte verfolgten Zielsetzung der sozialen Wohlfahrtsmaximierung. Es fällt nicht schwer, hierin den moralischen Bankrott des traditionellen Modells (mit positiver Diskontrate)[61] und die dramatische Rechtfertigung des Nachhaltigkeitsgedankens als eigenständiges Leitbild der Gesellschaftspolitik zu erblicken. Allerdings muss die nachhaltige Entwicklung nicht notwendig als Alternative zum traditionellen Wohlfahrtsmaximierungsansatz begriffen

---

[61] Genauer betrachtet ist natürlich nicht das Modell unmoralisch, sondern allenfalls die Menschen, deren Präferenzen es beschreibt. Aus dem Modell ist keine unkonditionierte Empfehlung abzuleiten. Es beschreibt im Sinne der im Exkurs zu Abschnitt II.2., oben, vorgestellten normativ-positiven Analyse vielmehr den optimalen Ressourcenausbeutungspfad unter der Bedingung, dass die utilitaristische Wohlfahrtsfunktion mit positiver Diskontrate die Präferenzen der Gesellschaft im wesentlichen unverzerrt widerspiegelt.

werden. Sie könnte ihn auch ergänzen. Interessant könnten z. B. Modifikationen des letztgenannten Ansatzes sein, die die Maximierung der sozialen Wohlfahrt unter (mindestens) überlebenssichernden Nebenbedingungen vorsieht (NH_E).[62] Außerdem kann der traditionelle Ansatz mit dem Konzept der schwachen Nachhaltigkeit kombiniert werden: Wie wir im vorstehenden Abschnitt bei der Erörterung der Hartwick-Regel gesehen haben, ist es unter Umständen denkbar, ihm eine „Investitionsregel" beizugeben, die den Wohlstand der zukünftigen Generationen sichert, ohne Abstriche hinsichtlich seiner Effizienz zu erfordern.

Stattet man das traditionelle Modell allerdings mit einer Diskontrate von Null (oder mit einer im Zeitverlauf gegen Null strebenden Diskontrate) aus, so verschwindet der Widerspruch zwischen sozialer Optimalität und Nachhaltigkeit. Die Gesellschaft entscheidet sich im sozialen Optimum (also freiwillig) dafür, dem Imperativ der Hartwick-Regel zur intertemporalen Aufrechterhaltung des Wohlfahrtsniveaus Folge zu leisten.[63]

Aus der obigen Abbildung ist auch ersichtlich, dass das Prinzip der Nachhaltigkeit nicht nur mit dem Ziel der sozialen Wohlfahrtsmaximierung sondern auch mit dem (weniger restriktiven) Pareto-Kriterium konfligieren kann. Nehmen wir zur Illustration an, eine Ökonomie befinde sich in dem ineffizienten (gleichwohl nachhaltigen) Ausgangszustand A. Eine Reallokation, die die Wirtschaft zu dem effizienten (und optimalen) Zustand P^{**} führen würde, wäre bei Verfolgung des Nachhaltigkeitszieles nicht zulässig, obwohl sich beide Generationen besser stellen würden. Hier offenbart sich eine Schwäche des Nachhaltigkeitsprinzips – wie es im politischen Diskurs verstanden wird. Es muss als gesellschaftliches Leitbild durch Effizienzüberlegungen ergänzt werden. Natürlich steht das Nachhaltigkeitsziel nicht *notwendig* im Widerspruch zum Paretokriterium. Harmonisch sind die beiden Ideen z.B. bei einer Bewegung der Ökonomie vom ineffizienten und nachhaltigen Punkt A zum effizienten und nachhaltigen Punkt B.

---

[62] Vgl. z.B. J.Pezzey [1997].

[63] Vgl. z.B. J.Pezzey [1997] und die dort angegebene Literatur. Illustrativ ist die obige graphische Veranschaulichung des optimalen Abbaupfades einer erschöpflichen Ressource im Zweiperioden-Modell (vgl. Abbildung 3). Infolge der Diskontierung erhält Periode 2 einen geringeren Anteil am Ressourcenvorrat $\underline{R}$ als Periode 1. Würde die Nachfragekurve und die Abbaugrenzkostenkurve der zweiten Periode ceteris paribus undiskontiert eingetragen, so ergäbe sich im sozialen Optimum eine gleichmäßige Aufteilung des Vorrats zwischen den beiden Generationen.

Der mögliche Widerspruch zwischen Nachhaltigkeit und Pareto-Kriterium kann auch in einer Darstellung illustriert werden, die den einfachen Rahmen der zweiperiodischen Abbildung 25 verlässt.

Abbildung 26 zeigt bei kontinuierlicher Zeit zwei alternative Entwicklungspfade der sozialen Wohlfahrt $W_t^{(A)}, W_t^{(B)}$.

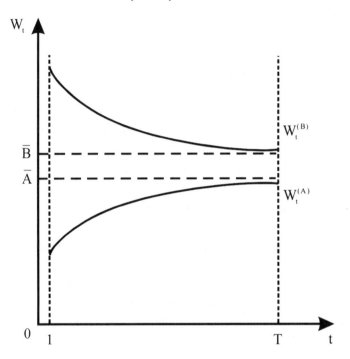

Abbildung 26

Wir sehen, dass jede Generation beim Entwicklungspfad B besser steht als beim Entwicklungspfad A. Der Entwicklungspfad B ist also der Alternative A pareto-überlegen. Dennoch ist der Pfad B vor dem Hintergrund der Nachhaltigkeitszielsetzung abzulehnen, da sich die Wohlfahrt im Zeitablauf verschlechtert. Obwohl A von B dominiert wird, würde eine dem Nachhaltigkeitsziel verpflichtete Gesellschaft den Pfad A wählen, weil nur dort die Bedingung der im Zeitablauf nicht abnehmenden sozialen Wohlfahrt erfüllt ist.

Diese Überlegung begründet auch Zweifel an der in der Literatur vorherrschenden Meinung, das Nachhaltigkeitsprinzip bringe die Gerechtigkeitstheorie von Rawls (vgl. Abschnitt II.2.a), oben) zur Anwendung. Nach dem

Rawls'schen Kriterium ist – wie gesehen – von alternativen langfristigen Entwicklungen der Gesellschaft diejenige zu präferieren, bei der die am schlechtesten ausgestattete Generation das höchste Wohlfahrtsniveau aufweist. Zweifellos geht es der bei Pfad B am schlechtesten gestellten Generation (T) besser als der „Schwarzer-Peter-Generation" des Pfades A (1). Nach dem Rawls-Kriterium ist also die nicht nachhaltige Entwicklung B der nachhaltigen Entwicklung A vorzuziehen.[64]

4. Nachhaltigkeitspolitik

Wir wenden uns in diesem Abschnitt den Möglichkeiten staatlicher Politik zu, eine nachhaltige Entwicklung zu fördern. Dabei interessieren wir uns insbesondere dafür, inwieweit sich eine derartige Nachhaltigkeitspolitik von einer am Leitbild der Wohlfahrtsmaximierung orientierten Umwelt- und Ressourcenpolitik unterscheidet. Dieser Aspekt ist natürlich für die Würdigung des Nachhaltigkeitsgedankens als eigenständiges praxisrelevantes Paradigma bedeutend.

Für die Diskussion der Politikrelevanz des Nachhaltigkeitsgedankens ist ein Vergleich zwischen nachhaltigen Entwicklungspfaden und sozial optimalen Pfaden nicht hinreichend. Vielmehr müssen wir in die Betrachtung einbeziehen, dass die in der Realität vorzufindende Situation (in modelltheoretischer Terminologie: das Gleichgewicht) nicht mit der sozial optimalen übereinstimmt. Wir wollen im folgenden zunächst alle denkbaren Konstellationen der ressourcialen Konsequenzen von nachhaltiger, wohlfahrtsmaximaler und marktgleichgewichtiger Allokation durchspielen.[65] Wir vereinfachen die Darstellung, indem wir unter nachhaltiger Entwicklung eine Wirtschaftsweise verstehen, die den ökologischen Korridor im Sinne der Erhaltung der mensch-

---

[64] Mit der vorstehenden Argumentation wird über ein Gegenbeispiel gezeigt, dass Rawls-Kriterium und Nachhaltigkeit nicht generell miteinander kompatibel sind. Das heißt natürlich nicht, dass sie unter keinen Umständen vereinbar wären. Unter den im Solow-Hartwick-Modell unterstellten technologischen Möglichkeiten führt das Rawls-Prinzip in der Tat auf einen Pfad mit maximal erreichbarer konstanter Wohlfahrt. (Ich danke V.Radke für diesen Hinweis.)

[65] Wir nehmen zur Vereinfachung an, die drei genannten Allokationen seien bekannt.

lichen Existenz (NH_E) respektiert.[66] Der Gedanke des ökologischen Korridors sei dabei durch den Mindestbestand einer regenerierbaren Ressource, R^{NH} repräsentiert. Der marktgleichgewichtige Bestand sei R^*, der wohlfahrtsoptimale R^{**}. Dabei gehen wir von dem Fall aus, in dem im Gleichgewicht keine vollständige Internalisierung externer Effekte herbeigeführt ist und Open-Access-Probleme bestehen. Damit liegt der gleichgewichtige Ressourcenbestand unter dem sozial optimalen. Wir wählen diese Konstellation, um den gegebenenfalls unterschiedlichen „Aufforderungscharakter" des Wohlfahrtsmaximierungskonzepts und des Nachhaltigkeitskonzepts hinsichtlich wirtschaftspolitischer Eingriffe in den Markt herauszuarbeiten.

Fall I: $\qquad R^{NH} < R^{*}$ [67]

Bei dieser Konstellation bedeutet die Zielsetzung der Nachhaltigkeit keine bindende Restriktion für den ökonomischen Prozess. Der für die Nachhaltigkeit einzuhaltende Mindestressourcenbestand wird auch im unkorrigierten (oder nur unzureichend korrigierten) Marktgleichgewicht nicht unterschritten. In diesem Fall ist also keine besondere „Nachhaltigkeitspolitik" erforderlich. Dass die Forderung nach Wohlfahrtsmaximierung eine Korrektur der marktgleichgewichtigen Allokation durch Internalisierung externer Effekte verlangt, ist aus der Perspektive der Nachhaltigkeit irrelevant.

Fall II: $\qquad R^{*} < R^{NH} < R^{**}$ [68]

In diesem Fall wird die Nachhaltigkeitsbedingung, der Ressourcenbestand R^{NH} sei im Zeitablauf unbedingt zu respektierten, bei der marktgleichgewichtigen Wirtschaftsentwicklung verletzt. Allerdings ist die Abweichung zwischen der marktgleichgewichtigen Entwicklung und der wohlfahrtsoptimalen Entwicklung in Bezug auf den Ressourcenbestand R noch größer. Die Anfor-

---

[66] Wie unten in Abschnitt 5c begründet, stellen diese Restriktionen aus gesellschaftspolitischer Sicht den „harten Kern" des Nachhaltigkeitsgedankens dar.

[67] Wir haben die drei konstruierten Fälle statisch formuliert. Im dynamischen Kontext liegt der Fall I vor, wenn der Mindestbestand der Ressource in jedem Zeitpunkt unter dem gleichgewichten Bestand liegt.

[68] Die dynamische Formulierung von Fall II lautet: Der Mindestbestand liegt in mindestens einer Periode über dem Gleichgewichtsbestand, jedoch stets unter dem sozial optimalen Bestand.

derung einer wohlfahrtsmaximalen Politik an den Wirtschaftsprozess ist also einschneidender als die Anforderung einer nachhaltigen Entwicklung. Das Anliegen der Nachhaltigkeit ist in diesem Fall in der restriktiveren (nach Wohlfahrtsmaximierung strebenden) Politik „aufgehoben". Sieht man die Wohlfahrtsmaximierung als das überkommene, die Wahrung der Nachhaltigkeit als das neue Politikziel an, so hat die Genese des neuen Ziels keine politischen Konsequenzen.

Fall III: $\quad R^{**} < R^{NH}$ [69]

Dies ändert sich beim Übergang zum dritten Fall. Hier fordert das Prinzip der Nachhaltigkeit einen größeren Bestand der natürlichen Ressource als das Ziel der sozialen Wohlfahrtsmaximierung. Die Nachhaltigkeit stellt die schärfsten Anforderungen an den Wirtschaftsprozess, d.h. hier wird eine Nachhaltigkeitspolitik gefordert, die einschneidender ist als die wohlfahrts-maximale Politik, die insbesondere eine Internalisierung aller externen Effekte einschließt. Nur in diesem Fall wird das Gebot der Nachhaltigkeit als prägendes Element der gesellschaftlichen Entwicklung wirksam.

Es muss deutlich hervorgehoben werden, dass hier der Nachhaltigkeitsgrundsatz Beschränkungen des wirtschaftlichen Prozesses impliziert, die nicht aus den Präferenzen der Gegenwartsgeneration abgeleitet werden können. Diese Präferenzen, einschließlich der Zeitpräferenz, sind nämlich schon in der sozialen Wohlfahrtsfunktion enthalten. Es ist offensichtlich, dass eine in diesem Sinne äußerst restriktive Politik bei ihrer Durchsetzung auf schwerwiegende Widerstände treffen würde. Es ist in demokratischen Gesellschaften schwer, Politik gegen die Präferenzen der Staatsbürger zu betreiben, und Diktaturen sind natürlich auch keine Garanten von Nachhaltigkeit.

Unglücklicherweise ergibt sich also, dass die Durchsetzungschancen für eine eigenständige Nachhaltigkeitspolitik gerade dann am schlechtesten stehen, wenn sie im Interesse der Erhaltung des Life Support Systems der Menschheit am dringendsten geboten wäre.[70]

---

[69] Dynamisch formuliert gilt hier: Es existiert mindestens eine Periode, für die der Mindestbestand den sozial optimalen Bestand übersteigt.

[70] In einem etwas anderen Argumentationszusammenhang ähnlich pessimistisch: W.Buchholz [1997], S. 22.

Allerdings sind die Präferenzen (und auch die der Realisierung des Nachhaltigkeitsprinzips dienenden Technologien) keine Konstanten. Präferenzen können sich im gesellschaftlichen Diskurs und bei Austragung des Wettbewerbs der Ideen verändern und Technologien können (wenn auch (ebenfalls) nicht im unbegrenzten Ausmaß) durch Induktion von technischem Fortschritt angepasst werden. Es ist also nicht ausgeschlossen, im gesellschaftlichen Diskurs die ethische Qualität der Gegenwartsgeneration (in Gestalt eines höheren Verantwortungsbewusstseins für die künftigen Generationen) zu verbessern und durch Induktion ressourcenschonenden technischen Fortschritts die Kosten der Nachhaltigkeitspolitik zu senken. Gelänge dies, so würde sich die Wohlfahrtsfunktion und die intergenerationelle Transformationskurve derart ändern, dass der Konflikt zwischen dem Ziel der sozialen Wohlfahrtsmaximierung und dem der Nachhaltigkeit entschärft würde. Technisch gesprochen würden Bewusstseinsänderung und ressourcenschonender technischer Fortschritt eine Konstellation im Bereich des hier problematisierten Falles III in den Bereich des Falles II überführen.

Bei der Erörterung der die Wohlfahrtstransformationskurve potentiell verschiebenden Kraft des technischen Fortschritts kann die Wirtschaftswissenschaft noch auf eine gewisse Tradition zurückgreifen. Bei der Transformation von Präferenzen ist dagegen das analytische (und politikberatende) Arsenal der Volkswirtschaftslehre wesentlich schwächer bestückt. Die Volkswirtschaftslehre hat bei weitem überwiegend Änderungen in den Entscheidungen von Individuen mit Änderungen der Restriktionen, unter denen Entscheidungsträger bei konstanten Präferenzen handeln, erklärt.[71] Änderungen der Präferenzen selbst wurden dagegen allenfalls am Rande behandelt.[72]

Hier soll nicht einer neuen Variante des Versuchs, den neuen sozialistischen Menschen (hier: neuen ökologischen Menschen) zu schaffen, das Wort geredet werden. Ebenso wenig wollen wir mit dem Appell US-amerikanischer Prediger („Do the right thing!") enden. Vielmehr soll angeregt werden, dass sich die Ökonomen stärker der Untersuchung von Auswirkungen vorgegebener Präferenzänderungen widmen (erster Schritt) und darüber hinaus auch ökono-

---

[71] Dazu H.G.Nutzinger [1997], S. 48: „Auch als gegeben angenommene Präferenzen sind nicht zwangsläufig resistent gegen bessere Einsichten der sie repräsentierenden Individuen."

[72] Vgl. z.B. B.Peleg, M.Yaari [1973].

mische Ansätze zur Erklärung von Präferenzänderungen entwickeln (zweiter Schritt). Dabei ist die Zusammenarbeit zwischen Ökonomen und Psychologen besonders wünschenswert.[73] Die enorme gesellschaftspolitische Brisanz des im hier besprochenen Fall III auftretenden Konfliktes zwischen sozialer Wohlfahrtsmaximierung und Nachhaltigkeit sollte Grund genug für eine Bewegung des Faches in diese Richtung sein.

Nachdem wir oben gefragt haben, wie einschneidend eine Nachhaltigkeitspolitik oder eine wohlfahrtsorientierte Umwelt- und Ressourcenpolitik unkorrigierte marktgleichgewichtige Allokationen ändern würden, blicken wir nun auf die Mittel, die nach Maßgabe der beiden rivalisierenden Leitbilder zur Zielerreichung eingesetzt werden sollten.

Hier zeigen die beiden Konzepte nur geringfügig unterschiedliche Implikationen.[74] Das bei der wohlfahrtsorientierten Umwelt- und Ressourcenökonomie dominierende Effizienzstreben steht nicht im Widerspruch zum Leitbild der nachhaltigen Entwicklung. Im Gegenteil: Durch ineffiziente umwelt- und ressourcenpolitische Instrumentierung werden Ressourcen verschwendet, die auch für künftige Generationen verloren sind. Zumindest langfristig ist es überdies wohl so, dass sich anspruchsvollere Ziele des Umwelt- und Ressourcenschutzes gesellschaftspolitisch durchsetzten lassen, wenn diese Ziele mit geringeren Opfern erreicht werden können.[75] So erscheint denn vielen Autoren die verstärkte und konsequentere Anwendung der von der traditionellen Umwelt- und Ressourcenökonomie vorgeschlagenen Instrumente

---

[73] Allgemein hierzu: B.S.Frey [1990].

[74] Als eines für zahlreiche Beispiele vgl. die bei J.Bowers [1997], S. 200 f. vorgeschlagenen „Sustainability Taxes", die von einer Besteuerung nach dem der traditionellen Umweltökonomie integralen Preis-Standard-Ansatz kaum zu unterscheiden sind.

[75] Für den internationalen Bereich ist allerdings gezeigt worden, dass aufgrund von institutionellen Friktionen unter bestimmten Bedingungen eine ineffiziente Politik zu ökologisch besseren Ergebnissen führen kann als eine effiziente. Näheres z.B. bei A.Endres [1997]. In der dem Nachhaltigkeitszusammenhang angemessenen langfristigen Perspektive können wir jedoch hoffen, dass leistungsfähigere internationale Institutionen der Ressourcenschonung entstehen, mit denen Effektivitätsverluste der Umwelt- und Ressourcenpolitik abgebaut werden. Bei entsprechend ausgefeiltem institutionellen Design sind effiziente Instrumente den ineffizienten im internationalen Kontext aus den selben Gründen vorzuziehen wie im nationalen Bereich.

ein besonders guter Weg zu sein, dem neuen Leitbild (der nachhaltigen Entwicklung) zu folgen.[76]

So ist es zu erklären, dass dem Prinzip der Nachhaltigkeit stark verbundene Autoren anreizorientierte Instrumente (wie z. B. die ökologische Steuerreform[77]) in ähnlicher Weise präferieren, wie dies in der wohlfahrtsorientierten Umwelt- und Ressourcenökonomie überwiegend geschieht.[78]

Allenfalls lässt sich eine besondere Affinität bestimmter Nachhaltigkeitskonzeptionen zu bestimmten Elementen des von der wohlfahrtsorientierten Umwelt- und Ressourcenökonomie angebotenen instrumentellen Portfolios feststellen. So sind Strategien zur Internalisierung externer Effekte[79] besonders gut mit der Konzeption der schwachen Nachhaltigkeit verträglich. Beide erfordern eine ökonomische Bewertung von Einbußen im Bereich der natürlichen Ressourcen. Mit dem kritischen Nachhaltigkeitsverständnis ist eine Internalisierung externer Effekte als alleinige Politikstrategie nur dann vereinbar, wenn die durch den ökologischen Korridor definierten physischen Restriktionen eingehalten werden. Wo nicht, muss die Internalisierung durch entsprechende quantitative Restriktionen ergänzt werden.[80] Am schlechtesten kompatibel ist das Internalisierungskonzept mit dem Gedanken der strikten Nachhaltigkeit. Die bei der Internalisierung implizierte Monetarisierung von Naturkapital ist der Idee der strikten Nachhaltigkeit wesensfremd.

Mit einem strikten Nachhaltigkeitsverständnis korrespondieren die von der wohlfahrtsökonomisch orientierten Umwelt- und Ressourcenökonomie angebotenen „standardorientierten" Instrumente (insbesondere Zertifikate und

---

[76] Vgl. z.B. G.Kirchgässner [1997], S. 27, H.G.Nutzinger [1997].

[77] Vgl. z.B. G.Kirchgässner [1997].

[78] Natürlich dürfen hier nicht alle Literaturströmungen „über einen Kamm geschoren" werden. Es ist schwierig, generelle Aussagen zu treffen und natürlich gibt es auch Abweichungen vom oben festgestellten Trend.

[79] Vgl. z.B. A.Endres [2000].

[80] Die Ergänzungsnotwendigkeit entfiele, wenn der (negative) Wert einer Restriktionsverletzung mit „unendlich" angesetzt würde. Im Beispiel einer Pigousteuer würde dies nämlich bedeuten, dass der Steuersatz gegen unendlich strebt, wenn die Wirtschaftsentwicklung droht, mit der Restriktion in Konflikt zu geraten. Eine derartig ausgestaltete Pigousteuer würde freilich dann den Rahmen des herkömmlichen (an sozialer Optimierung orientierten) Internalisierungsgedankens transzendieren, wenn eine sozial optimale Wohlfahrtsentwicklung (prekärerweise) die Restriktionen der kritischen Nachhaltigkeit verletzten würde. (Vgl. V.Radke [1999a], S. 300 f.)

Abgaben nach dem Preis-Standard-Ansatz).[81] Innerhalb der Kategorie der effizienten standardorientierten Ansätze ließe sich vermutlich aus der strikten Bestandsschutzorientierung des Konzepts der kritischen Nachhaltigkeit eine Präferenz für mengensteuernde über preissteuernde Ansätze ableiten. So weisen z. B. Emissionszertifikate eine höhere ökologische Treffsicherheit auf als Emissionssteuern.[82] Diese Erkenntnis dürfte sich mit Blick auf die Entscheidung zwischen preis- und mengensteuernden Ansätze des Stoffstrommanagements verallgemeinern lassen. Allerdings müssten die mengensteuernden Ansätze so ausgestaltet werden, dass gewisse Schwächen, was ihre Fähigkeit angeht, ressourcenschonenden technischen Fortschritt zu induzieren, vermieden werden.[83]

Generell müsste aus der zentralen Stellung des Langfristaspekts im Bild der nachhaltigen Entwicklung folgen, dass der Fähigkeit umweltpolitischer Instrumente, ressourcenschonenden technischen Fortschritt zu induzieren, eine Schlüsselrolle im Raster für die Evaluation umweltpolitischer Instrumente zukommt.[84]

Für den Ökonomen ist es „naturgemäß" naheliegend, ökonomische Ansätze zur Erreichung eines gegebenen Ziels – und sei es das der Nachhaltigkeit – einzusetzen. So weist denn die von T. Tietenberg (1998), S. 435 angegebene Liste von handlungsleitenden Prinzipien, die den Übergang zu einer nachhaltigen Wirtschaft fördern sollen, nur wenige (wenn überhaupt, dann in Punkt 4) Unterschiede zu einer traditionellen wohlfahrtsökonomischen Liste auf:[85]

1. Full Cost Principle/Internalisierungsprinzip: Alle Nutzer von Umweltressourcen sollten die von ihnen verursachten vollen Kosten tragen.

---

[81] Vgl. z.B. A.Endres [2000].

[82] Vgl. z.B. A.Endres [2000].

[83] Vgl. z.B. A.Endres [2000].

[84] Vgl. J.Minsch u.a. [1996] zur zentralen Rolle des technischen Fortschritts für das Konzept der nachhaltigen Entwicklung in einem praxisorientierten Kontext.

[85] Zu entscheiden, ob darin tatsächlich eine Nähe zwischen den praktischen Implikationen von Nachhaltigkeit und Wohlfahrtsmaximierung zu erblicken ist, oder nur die Unfähigkeit des an der Wohlfahrtstheorie geschulten Ökonomen, in einem neuen Paradigma etwas anderes zu erkennen als sein überkommenes Modell, mag der geschätzten Leserschaft überlassen bleiben.

2. Cost Effectiveness Principle/Effizienzprinzip: Jegliche Umweltpolitik sollte kosteneffektiv durchgeführt werden, damit mit dem gegebenen Aufwand eine maximale Umweltqualität erreicht wird.

3. Property Rights Principle/Eigentumsrechtsprinzip: Die Eigentumsrechte an natürlichen Ressourcen sollten derart zugewiesen werden, dass verantwortliches Handeln angeregt wird.

4. Sustainability Principle/Nachhaltigkeitsprinzip: Die Gegenwartsnutzung von Ressourcen sollte in einer Weise erfolgen, die mit den Bedürfnissen künftiger Generationen vereinbar ist. Die Maximierung des Gegenwartswertes von Nutzenströmen sollte nur insoweit handlungsleitend sein, als sie der Auswahl verschiedener Allokationen dient, die dem Nachhaltigkeits-Kriterium genügen.

5. Information Principle/Prinzip der aufgeklärten Konsumentensouveränität: Alle Mitglieder der Gesellschaft sollten so gut wie möglich über die ökologischen Konsequenzen gegenwärtiger Entscheidungen unterrichtet werden, damit sie so weit wie möglich am Übergang zu einer nachhaltigen Entwicklung mitwirken können.

Wir wollen abschließend auf eine weitere Verwandtschaft der beiden rivalisierenden Paradigmen der Ressourcenschonung hinsichtlich der von ihnen implizierten Umwelt- und Ressourcenpolitik hinweisen:

Ähnlich wie die wohlfahrtsorientierte Politik wird sich die Nachhaltigkeitspolitik der Begrenztheit nationaler Gestaltungsmöglichkeiten immer stärker bewusst werden.[86] Ganz gleich, ob globale Umwelt- und Ressourcenprobleme als Fehlallokationen infolge externer Effekte und Open-Access-Arrangements oder als Bedrohungen für die Nachhaltigkeit der Entwicklung interpretiert werden, sie können im nationalen Alleingang nicht gelöst werden.[87] Leider ist

---

[86] In der folgenden Passage werden die Probleme einer internationalen (globalen) Politik der Umwelt- und Ressourcenschonung nur kurz angesprochen. Eine ausführlichere Erörterung findet sich z.B. in A.Endres [2000], Vierter Teil, Kapitel C. und der dort angegebenen Literatur.

[87] Für die wohlfahrtsökonomische Umwelt- und Ressourcenökonomie gibt es eine Fülle hierzu einschlägiger Quellen. Vgl. z.B. M.Hoel [1991]; D.Klepper, F.Stähler [1998] zeigen, dass unilaterale Nachhaltigkeitsbemühungen nicht geeignet sind, den Ressourcenverbrauch zu senken.

es nicht leicht, zu einem international kooperativen Verhalten der Staaten zu finden. Dies gilt selbst unter der günstigen Voraussetzung, dass alle Regierungen an der Korrektur der Fehlallokation bzw. an der Nachhaltigkeit der Entwicklung interessiert sind. Ein weltweit optimales Management von globalen natürlichen Ressourcen bzw. eine weltweit nachhaltige Entwicklung sind nämlich öffentliche Güter, bei deren dezentralem Angebot durch Trittbrettfahreranreize verursachte Versorgungsprobleme auftreten. Für ein zentrales Angebot fehlt eine mit entsprechenden Kompetenzen (und entsprechender Kompetenz) ausgestattete supranationale Institution. Die hier zu lösenden schwierigen Probleme zielführender internationaler Vertragsdesigns stellen sich für eine nach Nachhaltigkeit strebende Politik in ähnlicher Weise wie für eine Politik, die sich eine Allokationsverbesserung im wohlfahrtsökonomischen Sinne vorgenommen hat. Auch aus instrumenteller Perspektive ist daher Nutzinger (1998) zuzustimmen, wenn er schreibt, dass „die frühere Grenzziehung zwischen (orthodoxer) Umweltökonomik und (heterodoxer) ökologischer Ökonomie viel von ihrer Bedeutung verloren hat. Das ist auch für eine Richtungsbestimmung praktischer Wirtschaftspolitik hin zur Nachhaltigkeit ein wichtiger Fortschritt."[88]

5. Indikatoren einer nachhaltigen Entwicklung

Wir hatten oben (auf theoretischen Überlegungen gründend) spekuliert, dass sich die Weltwirtschaft gegenwärtig nicht auf einem nachhaltigen Entwicklungspfad bewege. Letztlich ist dies natürlich eine empirische Frage. Zu ihrer Beantwortung benötigen wir quantitative Informationsinstrumente, mit denen wir die Nachhaltigkeit der gegenwärtigen Entwicklung überprüfen können. Fällt eine derartige Nachhaltigkeitsdiagnose negativ aus, so sollen die Indikatoren uns auch angeben können, ob wir (gegebenenfalls!) bei unserem Bemühen, zu einer nachhaltigen Wirtschaftsweise überzugehen, Fortschritte machen. Die Indikatorendiskussion verläuft in der aktuellen Literatur besonders lebhaft. Viele der vorgeschlagenen Konzepte bauen auf der traditionellen Volkswirtschaftlichen Gesamtrechnung auf und reformieren oder erweitern sie mehr

---

[88] Unter „Umweltökonomik" wird hier die wesentlich am Ziel der sozialen Wohlfahrtsmaximierung orientierte Richtung, unter „ökologischer Ökonomie" die dem Leitbild der nachhaltigen Entwicklung verpflichtete Richtung der mit Beziehungsproblemen zwischen Mensch und Natur befassten Volkswirtschaftslehre verstanden.

oder weniger radikal. Die meisten in der Literatur diskutierten Indikatoren sind stark von den oben als „modern" bezeichneten Nachhaltigkeitskonzeptionen inspiriert. Wir beschränken die folgende Darstellung auf derartige Ansätze.

a) Indikatoren für schwache Nachhaltigkeit[89]

aa) Vom Netto- zum Ökosozialprodukt

Fundament aller der traditionellen Sozialproduktsrechnung verbundenen Nachhaltigkeitsindikatoren ist der von J. Hicks (1946) vorgeschlagene Einkommensbegriff und seine Nähe zum Nachhaltigkeitsgedanken. Nach Hicks besteht das Einkommen eines Individuums (während einer Periode) in der Summe seiner ohne Vermögensreduktion realisierbaren Konsummöglichkeiten. Diese Definition ist ohne weiteres vom Individuum auf die Volkswirtschaft (Weltwirtschaft) übertragbar. Natürlich hängt die Höhe des Hicks'schen Einkommens einer Volkswirtschaft davon ab, welcher Vermögensbegriff bei seiner Messung verwendet wird. Beschränkt man diesen Begriff auf das menschengemachte Kapital, so stellt das Nettosozialprodukt immerhin ein wichtiges Element eines Nachhaltigkeitsindikators dar: Aus seiner Definition als Bruttosozialprodukt abzüglich der Abschreibungen folgt, dass es gerade jenen Teil des gesamtwirtschaftlichen Ergebnisses abbildet, der nach Ausgleich des in der Berichtsperiode erfolgten Kapitalverzehrs für den Konsum zur Verfügung steht. Eine Ökonomie würde gerade dann nachhaltig wirtschaften, wenn der tatsächliche Periodenkonsum das Nettosozialprodukt nicht überstiege.

Wenn auch der Vergleich des Nettosozialprodukts mit dem Periodenkonsum das Grundprinzip der nachhaltigen Entwicklung im Sinne des Kapitalerhalts (NH_v) reflektiert, so ist er doch als Nachhaltigkeitsindikator ungeeignet. Zu eng geraten ist der hier zugrunde gelegte Kapitalbegriff. Gerade die Sorge um den Erhalt der natürlichen Ressourcen (als Lebenserhaltungssystem für den Menschen oder als Eigenwert) hat doch die gesellschaftliche Bedeutung des Nachhaltigkeitsbegriffs in seiner heutigen Form erst begründet. Ein Nachhaltigkeitsindikator, der nicht über den Vergleich zwischen Nettosozialprodukt und Periodenkonsum hinauskommt, abstrahiert also vom Kern des Nachhaltig-

---

[89] Dieser Abschnitt folgt A.Endres, V.Radke [1998]. Dort finden sich auch Literaturhinweise zu den einzelnen Unterabschnitten.

keitsanliegens und kann daher allenfalls als Anstoß für weitere Überlegungen dienen.

Die nach dieser Kritik unmittelbar naheliegende Folgerung besteht in der Erweiterung des Vermögensbegriffs auf den Bestand an natürlichen Ressourcen. Bei einem umfassenderen Ansatz müssten dabei alle Bestände von erschöpflichen und regenerierbaren Ressourcen einschließlich der Qualität der Umwelt einbezogen werden. Vor dem Hintergrund des Ziels einer bezüglich der Dimensionalität systemkonformen Fortentwicklung des Nettosozialprodukts zum Ökosozialprodukt müsste der Wert des Naturkapitals ebenso monetär ausgedrückt werden, wie der des anthropogenen Kapitals. Unterscheidet sich das Ökosozialprodukt „nur" durch die Einbeziehung der Natur in den Vermögensbegriff vom Nettosozialprodukt, so ist es durch die Differenz zwischen Bruttosozialprodukt und Abschreibungen auf menschengemachtes Kapital *und* Naturkapital definiert. Eine nachhaltige Entwicklung wäre nach dieser Lesart gegeben, wenn der Periodenkonsum das so beschriebene Ökosozialprodukt nicht überschritte. Dann hätte die Volkswirtschaft nämlich die in der Berichtsperiode eingetretene Wertminderung durch Investitionen gerade kompensiert und damit dem Nachhaltigkeitspostulat der Kapitalerhaltung (NH_v) genügt. Als Investitionsformen kommen der Aufbau menschengemachten Kapitals sowie der Aufbau von Naturkapital (etwa in Form von Renaturierung von Flächen oder Abbau von Schadstoffbeständen in der Umwelt) in Betracht. In erweiterter Perspektive ist auch an Investitionen in das Humankapital (Wissenschaft, Forschung und Ausbildung) zu denken.[90]

Natürlich ist beim „Projekt Ökosozialprodukt" der Weg vom Wunsch zur Wirklichkeit besonders weit. Die Aufgabe der monetären Bewertung des gesamten Naturkapitals mutet herkulesk an.[91] Schon die Erfassung und die Bewertung mit gegenwärtigen Zahlungsbereitschaften dürfte einiges Kopfzerbrechen und erheblichen Aufwand erfordern. Erschwerend kommt hinzu, dass das Kapital im Dienste der Ausleuchtung eines nachhaltigen Entwicklungspfades mit Preisen bewertet werden müsste, die die relativen Knappheiten auf einem solchen Pfad korrekt angeben. Befinden wir uns nicht auf einem

---

[90] Ausweislich ihrer Taten sind die in Deutschland politisch Verantwortlichen auf diese Idee noch nicht gekommen.

[91] Dies schien allerdings manchen Kritikern vor Einführung des Systems der Volkswirtschaftlichen Gesamtrechnung, an das wir uns heute alle gewöhnt haben, ebenso.

Nachhaltigkeitspfad, so ist es schwierig, über die „korrekten Preise" plausible Angaben zu machen. Herrschen z. B. Verhältnisse, unter denen eine erschöpfliche Ressource infolge von allerlei Unvollkommenheiten des Marktsystems zu schnell abgebaut wird, so drückt dies auf den Preis dieser Ressource. Verwenden wir nun diesen tatsächlichen Preis, um die zur Kompensation des Periodenabbaus der Ressource notwendige Investition zu errechnen, so wird die nachhaltigkeitskonforme Ersatzinvestition zu gering veranschlagt. Der Indikator zeigt einen konstanten Kapitalstock und damit die Nachhaltigkeit der Entwicklung an, während der „wahre" aggregierte Wert des Kapitalbestandes sinkt. Genau genommen und spitz formuliert mündet der hier angesprochene Versuch, über das Sozialprodukt (in verschiedenen Spielarten) einen Indikator für nachhaltige Entwicklung zu gewinnen, vor Erreichung seines Ziels in einem Zirkel: Der vorgeschlagene Indikator setzt die Kenntnis einer Information (der nachhaltigen Preise) voraus, die erst in einer Situation (Nachhaltigkeit) zu erfahren ist, die durch den Indikator erst identifiziert werden soll.[92] Diese Kritik unterstreicht, dass sich eine Bewertung des Naturkapitals keinesfalls auf Marktpreise beschränken darf. Vielmehr müssen sie um die Wirkungen von Open-Access-Verwerfungen, externen Effekten und anderen Marktunvollkommenheiten korrigiert werden.[93] Die hier angesprochenen Korrekturverfahren lösen das Bewertungsproblem zwar nicht vollständig,[94] bieten aber doch eine pragmatische Entlastung.

---

[92] Vgl. G.Asheim [1994]. Ähnlich setzt die Pigousteuer (vgl. A.Endres [2000]) die Höhe der externen Grenzkosten im sozialen Optimum als bekannt voraus, das sie erst herstellen will. Das Argument trifft die Pigousteuer allerdings nicht ganz so hart wie das analoge Argument den Nachhaltigkeitsindikator, weil die Steuer nicht als Informations- sondern als Allokationsinstrument gedacht ist.

[93] Das Ausmaß der notwendigen rechnerischen Korrekturen, fällt um so schwächer aus, je besser die betreffenden Ressourcenmärkte verfasst sind. Vgl. die in Abschnitt II.6, III.6 sowie in A.Endres [2000] besprochenen Möglichkeiten der mit dem Ziel der Ressourcenschonung kompatiblen Ausgestaltung von Rahmenbedingungen für den Wirtschaftsprozess.

[94] Durch die hier angesprochenen Korrekturverfahren gelingt es allenfalls (immerhin!) die Kluft zwischen den gegenwärtigen Preisen und den sozial optimalen Preisen zu verringern. Ob diese dann dem Nachhaltigkeitserfordernis genügen, bleibt im allgemeinen unklar. Vgl. G.Asheim [1994]. Aufgrund der hier angesprochenen Bewertungsprobleme werden monetäre Indikatoren für eine nachhaltige Entwicklung bei S.Faucheux, E.Nuir, N.O'Connor [1998] rundweg abgelehnt.

ab) Analyse von aggregierten Kapitalbestandsveränderungen

Ein etwas anderes dem Hick'schen Einkommensbegriff entlehntes Verfahren wenden Pearce und Atkinson (1992), (1993a), (1993b) an. Statt das nachhaltige Einkommen einer Periode mit dem Periodenkonsum zu vergleichen, saldieren sie die bewerteten Veränderungen des Kapitalbestandes. „Abgänge" sind die Abschreibungen auf den Bestand, der Zugang besteht in der volkswirtschaftlichen Ersparnisbildung. Das Verfahren ist mit dem oben unter aa) besprochenem ergebnisäquivalent: Liegt der Periodenkonsum nicht über dem nachhaltigen Einkommen, so kann der Wert der Ersparnis nicht geringer sein als der der Abschreibungen. Der Wert des Kapitalbestandes bleibt mindestens erhalten, die Entwicklung ist (i.S. von NH_V) nachhaltig.

Pearce und Atkinson errechnen zunächst einen Indikator auf der Basis eines aus menschengemachtem und natürlichem Kapital zusammengesetzten Gesamtkapitalbestandes. Die dabei auftretenden Probleme bei der Bewertung des Naturkapitals lösen die unerschrockenen Autoren auf sehr pragmatische Weise. Sie beurteilen die Nachhaltigkeit der Entwicklung in 18 Ländern auf der Basis dieses Indikators und kommen zu dem Ergebnis, dass 8 Länder (darunter die USA, Japan und Deutschland) den Nachhaltigkeitstest bestehen.[95]

b) Indikatoren für strikte Nachhaltigkeit[96]

ba) Analyse von teilaggregierten Kapitalbeständen

Die oben besprochenen Indikatoren folgen dem Konzept der schwachen ökologischen Nachhaltigkeit: Menschengemachtes Kapital und Naturkapital werden als Substitute angesehen. Dies macht es (wenigstens konzeptionell) möglich, natürliche und anthropogene Anteile zu einem homogenen Kapitalbegriff zu integrieren. Kapital ist dabei ein Wertbegriff, seine Dimension ist monetär.

Pearce und Atkinson tragen in ihren oben angesprochenen Studien den bei der Integration von natürlichem und menschengemachten Kapital auftretenden

---

[95] Zweifel an diesem Ergebnis melden u. a. J.M.Hartwick, N.D.Olewiler [1998], S. 401-403 an. Sie sehen bei den Studien von Pearce und Atkinson insbesondere internationale rohstoffwirtschaftliche Verflechtungen nur unzureichend berücksichtigt.

[96] Dieser Abschnitt folgt A.Endres, V.Radke [1998]. Vgl. auch S.Faucheux, M.O'Connor [1998].

Unsicherheiten (mit den damit für die Nachhaltigkeit verbundenen Gefahren) Rechnung, indem sie als Alternative einen Nachhaltigkeitsindikator auf der Basis des strikten Verständnisses von Nachhaltigkeit konzipieren. Hier wird – wie oben in Abschnitt 1.bbb) ausgeführt – der Kapitalstock in zwei nicht miteinander wertmäßig vergleichbare Komponenten aufgeteilt. Jeder Teilbereich des Kapitalstocks stellt einen Wert sui generis dar, der für sich mindestens konstant gehalten werden muss, um dem Nachhaltigkeitserfordernis (i.S. von NH_V) zu genügen. Die Autoren saldieren die Wertveränderungen für jeden einzelnen der beiden Teilkapitalbestände und kommen zu dem Ergebnis, dass keines der untersuchten Länder die Nachhaltigkeitsbedingung im Sinne dieses zweiten Indikators erfüllt.

Problematisch an diesem Indikator erscheint allerdings neben den oben schon angesprochenen allgemeinen Problemen des Prinzips der strikten Nachhaltigkeit auch die spezielle Form, die die Autoren für seine Operationalisierung wählen. Der hier vorgestellte Indikator impliziert, dass *sämtliche* Komponenten des Naturkapitals als miteinander substituierbar angesehen werden, andererseits jedoch *keine* Komponente des Naturkapitals mit menschengemachten Kapital substituiert werden kann. Dies ist nicht besonders plausibel:

„Aus welchem Grunde sollte einerseits Mineralöl als Energielieferant durch Rapsöl ersetzbar sein, nicht jedoch durch Sonnenkollektoren oder Verbesserungen des menschlichen Wissens hinsichtlich energiesparender Verfahren? Gibt es andererseits für die Ozonschicht, die wohl schwerlich durch produziertes Kapital oder Humankapital ersetzbar sein dürfte, ein natürliches Substitut?"[97]

bb) Physische Indikatoren

Die oben dargestellten Indikatoren erfordern sämtlich eine Bewertung des Naturvermögens bzw. seiner Veränderung. Eine Alternative stellen Indikatoren dar, die sich auf die Beobachtung physischer Größen, die für das menschliche Lebenserhaltungssystem bedeutend sind, und ihrer Veränderung beschränken. Ein Beispiel hierfür ist der von der OECD entwickelte Pressure-State-Response Ansatz (PSR). Hier werden z.B. schädliche Umwelteinwirkungen durch Belastungsindikatoren (Pressure-Komponente), Umweltqualitätsniveaus

---

[97] A.Endres, V.Radke [1998], S. 38.

durch Zustandsindikatoren (State-Komponente) und umwelt- und ressourcenschonende Aktivitäten durch Reaktionsindikatoren (Response-Komponente) erfasst.[98]

Zweifellos stellt das System des Pressure-State-Response Ansatzes eine Fülle wichtiger umwelt- und ressourcenbezogener Informationen geordnet zusammen. Ob es als Nachhaltigkeitsindikator verwendbar ist, erscheint allerdings zweifelhaft. Insbesondere ist seine systematische Verknüpfung mit einer konsistenten Nachhaltigkeitskonzeption noch nicht genügend entwickelt: Die Datensammlung erlaubt keine Rückschlüsse darauf, ob die Wirtschaftsweise, die zur jeweils erhobenen Datenkonstellation geführt hat, aufrecht erhalten werden kann. Der Katalog von Indikatoren scheint mehr von der aktuellen Datenverfügbarkeit gekennzeichnet zu sein, als von dem Bestreben, ein durchdachtes Nachhaltigkeitskonzept praxisnah abzubilden. Da unklar bleibt, welches Bild von Nachhaltigkeit dem PSR überhaupt zugrunde liegt, ist es schwierig, den Ansatz einer der oben in Abschnitt 1.bb) als „Prototypen" vorgestellten Nachhaltigkeitskonzeptionen zuzuordnen. Da der im PSR geübte Verzicht auf Aggregation von durch Bewertung gleichnamig gemachten verschiedenen Komponenten des Kapitalstocks ausschließlich mit dem Ansatz der „strikten Nachhaltigkeit" kompatibel ist, haben wir ihn (unter Vorbehalt) hier „einsortiert".

c) Indikatoren für kritische Nachhaltigkeit[99]

Die Kritik an den oben beschriebenen Indikatoren und insbesondere die Auseinandersetzung mit dem von Pearce und Atkinson vorgeschlagenen (auf der Analyse von teilaggregierten Kapitalbeständen beruhenden) Indikator führen zu der Empfehlung, der informationellen Bewältigung des Konzepts der *kritischen* Nachhaltigkeit künftig mehr Aufmerksamkeit zu widmen.

Hier müssten zunächst Mindestausstattungen für unverzichtbare Teile des menschlichen Lebenserhaltungssystems definiert werden. Dabei handelt es sich

---

[98] Verwandt ist das Programm der „Umweltökonomischen Gesamtrechnung" des Deutschen Statistischen Bundesamtes, mit dem die traditionelle Volkswirtschaftliche Gesamtrechnung um ein ökologisches Informationssystem ergänzt wird („Satellitenansatz").

[99] Dieser Abschnitt folgt A.Endres, V.Radke [1998]. Vgl. auch S.Faucheux, N.O'Connor [1998].

um physische Größen.[100] Diese stellen quantitative Restriktionen für den Wirtschaftsprozess dar. Die entsprechenden Indikatoren haben die Funktion, die Überwachung des Abstandes zwischen Ist- und Mindestbestand der betreffenden Ressource zu ermöglichen. Die vornehmste Aufgabe der Nachhaltigkeitspolitik bestünde in diesem Kontext darin, diesen Abstand nicht unter eine Sicherheitsmarge sinken zu lassen. Die hier angesprochenen Mindestniveaus sind dem Abwägungsprinzip, dass das konstitutive Element der ökonomischen Bewertung ist, entzogen. Eine Unterschreitung eines bestimmten Mindestbestandes kann mit Blick auf das Nachhaltigkeitskriterium durch keine „Übermaßversorgung" mit einer anderen (anthropogenen oder natürlichen) Ressource kompensiert werden. Natürlich ist die Definition des „ressourcialen Essentials" der menschlichen Existenz in physischen Einheiten nicht ohne weiteres möglich. Da die Menschheit heute aber zweifellos über die technisch-wirtschaftlichen Möglichkeiten verfügt, ihre eigenen Existenzgrundlagen zu zerstören, muss sie sich dem Problem der Definition von Restriktionen nolens volens stellen und es so gut lösen, wie sie eben vermag. Dabei ist naturwissenschaftlich-technischer Sachverstand zwar unverzichtbar, kann aber den gesellschaftlichen Diskurs nicht ersetzen. Die hier auch zu beantwortende Frage, was ein menschenwürdiges Leben sei, mit welcher Sicherheit es in einer unsicheren Welt zu erhalten und wie viele Menschen in seinen Genuss kommen sollen, kann unmöglich auf ausschließlich technokratische Weise entschieden werden.

Erst unter der Voraussetzung, dass die hier angesprochenen physischen Grenzen eingehalten werden, soll der Indikator der kritischen Nachhaltigkeit anzeigen, ob der Wert des aggregierten Kapitalbestandes mindestens konstant bleibt. Dabei können die Verfahren der ökonomischen Bewertung natürlicher Ressourcen angewendet werden. (Natürlich müssen wir uns der oben bezeichneten Schwierigkeiten dieser Verfahren bewusst bleiben.) Der hier imaginierte Indikator würde also Elemente der schwachen Nachhaltigkeit (Konstanz (oder Zunahme) einer über verschiedene Kapitalformen aggregierten Wertgröße) und der strikten Nachhaltigkeit (Konstanz des Naturkapitals) verbinden und letztere in besonderer Weise auslegen. Damit wäre der Indikator einerseits flexibler

---

[100] Man könnte darin eine Verallgemeinerung des in der umweltwissenschaftlichen Literatur einschlägigen Konzepts der Safe Minimum Standards erblicken. Vgl. z.B. R.C.Bishop [1978], R.Berrens et al. [1998], T.M.Cowards [1998], M.C.Farmer, A.Randall [1998].

(„neoklassischer"), in anderer Hinsicht aber rigider („ökofundamentalistischer") als der von Pearce und Atkinson vorgeschlagene Indikator mit teilaggregierten Kapitalbeständen: „Einerseits können bestimmte Komponenten des Naturkapitals (...) in gewissen Maße durch produzierte Kapitalgüter oder Humankapital substituiert werden, was bei Pearce/Atkinson bestritten wird." Andererseits wären bei dem hier angedachten Indikator kritischer Nachhaltigkeit „bestimmte Komponenten des Naturkapitals überhaupt nicht substituierbar (.), auch nicht durch andere Komponenten des Naturkapitals, wie es bei Pearce/Atkinson grundsätzlich für alle Naturkapitalbestandteile möglich ist."[101] Der Indikator kritischer Nachhaltigkeit würde also in bezug auf manche Teile des Naturkapitals eine substitutionsfreudigere Haltung offenbaren als der Indikator von Pearce/Atkinson, für einige (nach einem schwierigen wissenschaftlichen und gesellschaftlichen Diskurs) „tabuisierte" Komponenten des Naturkapitals jedoch im Gegensatz zu Pearce/Atkinson eine vollständige Substitutionsaversion widerspiegeln.

Für eine stärkere Beschäftigung mit der Entwicklung von Indikatoren *kritischer Nachhaltigkeit* spricht auch, dass dieses Nachhaltigkeitsverständnis den gesellschaftspolitischen Nerv der Nachhaltigkeitsdiskussion wohl am besten trifft. Es geht nach *Einschätzung* des Autors erst in zweiter Linie darum, ob die Wohlfahrt oder der Wert des Kapitalbestandes in der Zukunft einmal sinken wird. Würde uns dieser Verteilungskonflikt zwischen den Generationen wirklich umtreiben, so müsste uns doch wohl konsistenterweise die extrem asymmetrische *intra*generationelle Verteilung mehr aufregen, als sie dies (ausweislich unserer Taten) vollbringt. Glaubhafter belastet ist das Gewissen der Gegenwartsgeneration (in den entwickelten Ländern) wohl durch die Vorstellung, ihre Wirtschaftsweise könnte den Fortbestand der Menschheit selbst gefährden.[102] Bei der Konstruktion von Indikatoren kritischer Nachhaltigkeit sind Wissenschaft, Gesellschaft und Politik aufgefordert, konkrete

---

[101] A.Endres, V.Radke [1998], S. 38 f. .

[102] Zutreffend erscheint uns die Einschätzung von J.Bowers [1997], S. 192: „The issue of sustainability stems from a concern with the welfare of future generations and particularly with their access to the planet's life-support systems. This arises from a believe that current levels and forms of economic activity threaten those systems. Sustainability thus means constraining human economic activity so as to protect those life-support systems. Sustainable development is then economic development or growth (...) subject to those constraints."

Vorstellungen darüber zu entwickeln, worin die essentiellen Life Support Systeme bestehen.

d) „Management-Regeln"

Eine praktische Anweisung für nachhaltigkeitskompatibles Wirtschaften versuchen sogenannte Management-Regeln (Nachhaltigkeits-Regeln) zu geben. Sie sind eigentlich (mehr als ihr Name zum Ausdruck bringt) Reflex eines bestimmten Verständnisses von Nachhaltigkeitsindikatoren. Die in einer Management-Regel enthaltene Handlungsanweisung folgt jeweils zwingend und unmittelbar aus einem Vergleich von Soll- und Istwert des jeweiligen Indikators.[103] Typischerweise wird je eine Regel für erschöpfbare Ressourcen, regenerierbare Ressourcen und die Schadstoffaufnahme der Umwelt definiert. Wir stellen die Regeln für diese drei „Sektoren" zunächst vor und sprechen dabei sektorspezifische Aspekte an. Anschließend behandeln wir bereichsübergreifende Probleme.[104]

- R1: Erschöpfliche Ressourcen
  Erschöpfliche Ressourcen dürfen nur soweit abgebaut werden, wie der hiermit verbundene Ausfall für die zukünftigen Generationen kompensiert wird. Dies kann durch Aufbau von anthropogenem Kapital, Humankapital oder regenerierbaren Ressourcen geschehen.[105]
  In der hier wiedergegebenen Substitutionsregel spiegelt sich ein Verständnis von schwacher Nachhaltigkeit wider.[106] Der Bestand an erschöpflichen Ressourcen wird als Teil eines Kapitalbestandes gesehen, der auch andere Bestandteile umfasst. Angestrebt wird die Konstanz des Gesamtkapitals als Wertgröße. Ähnlich wie bei den oben in Abschnitt 5.a) vorgestellten Indikatoren für schwache Nachhaltigkeit müssen hierzu

---

[103] Deshalb werden die Management-Regeln hier in dem den Indikatoren einer nachhaltigen Entwicklung gewidmeten Abschnitt behandelt. Ebenso verfahren H.J.Ewers, K.Rennings [1996], S. 159 ff.

[104] Wir beschränken uns dabei auf den meist in der Literatur präsentierten „Standardsatz" von Management-Regeln. Interessante Weiterungen finden sich z.B. bei J.Minsch u. a. [1996], S. 27 ff.

[105] Hier setzten verschiedene Autoren verschiedene Schwerpunkte.

[106] Dies gilt auch für Autoren, die dieses Konzept ansonsten brüsk ablehnen. D.Cansier und S.Bayer [1998] notieren hierzu: „Die Position der ökologischen Ökonomen ist (.) in diesem Punkt notgedrungen ähnlich wie die der Neoklassiker."

Substitutionsgrenzraten zwischen den verschiedenen Komponenten des Kapitalstocks festgelegt werden.

Zu erheben wäre für die Einhaltung der hier angesprochenen Regel also das Ausmaß des Verbrauchs erschöpflicher Ressourcen in einer bestimmten Periode und sein Wert. Dieser wäre mit dem Wert von Nettoinvestitionen in anthropogenes Kapital, Humankapital und/oder regenerierbare Ressourcen zu vergleichen. Liegt der Wert des Verzehrs erschöpflicher Ressourcen über dem Wert der Investitionen, so muss der Ressourcenverbrauch gedrosselt und/oder das Investitionsniveau gesteigert werden.

- R2: Regenerierbare Ressourcen

    Die einschlägige Management-Regel schreibt vor, dass die Ernte-/Fangmenge nicht über dem durch natürliche Regeneration hervorgebrachten Bestandswachstum liegen darf. Bei dieser Regel verbleibt Interpretationsspielraum hinsichtlich der Frage, ob sie für jede einzelne regenerierbare Ressource, für Teilaggregate innerhalb der Kategorie der regenerierbaren Ressourcen oder für den gesamten Bestand dieser Ressourcen gelten soll. Je nach dem, wie die Regel ausgelegt wird, ist sie Ausdruck eines mehr oder weniger strikten Nachhaltigkeitsverständnisses *innerhalb* der Kategorie der regenerierbaren Ressourcen. Für den Indikator zu erheben wären die Regenerations- und Erntemengen für die einzelnen Ressourcen bzw. die nach der jeweiligen Regelauslegung angezeigten Aggregate. (Bei einer Aggregatbildung stellt sich natürlich wieder die Frage nach der wertäquivalenten Gewichtung der einzelnen Aggregatkomponenten.) Überschreiten die Erntemengen die Bestandszuwächse, so wäre eine Reduktion der Ernte und/oder eine Förderung der Regenerationsfähigkeit (z.B. durch Umweltqualitätsverbesserung) geboten.

    Wenn die hier dargestellte Management-Regel auch für die Betrachtung innerhalb der Kategorie der regenerierbaren Ressourcen mit einem weiten Spektrum von substitutionsoptimistischen bzw. -pessimistischen Einschätzungen kompatibel ist, so ist sie für die Beurteilung der Substitutionsmöglichkeiten *zwischen* verschiedenen Kategorien des Kapitalbestandes der Erde auf eine pessimistische Haltung im Sinne der strikten Nachhaltigkeit festgelegt. Offenbar kann eine über das Ressourcenwachstum hinausgehende Ernte nicht durch Kapitalakkumulation (im Bereich des anthropogenen Kapitals oder des Humankapitals) ausgeglichen werden.

- R3: Aufnahmekapazität der Umwelt
Nach dieser Management-Regel müssen die Emissionen stets unterhalb der Assimilationskapazität der Umwelt liegen. Hier ist als Spezialfall die Anweisung impliziert, keine Emissionen zu verursachen, die von der Umwelt nicht assimiliert werden können. Diese Regel lässt weder innerhalb des Umweltbereichs noch zwischen dem Umweltbereich und anderen Bereichen (*unmittelbare*) Substitutionen zu. Eine Übernutzung der Assimilationskapazität für einen bestimmten Schadstoff kann weder dadurch ausgeglichen werden, dass die Kapazität für einen anderen Schadstoff nicht ausgeschöpft wird, noch durch Bestandsaufbau im Bereich der regenerierbaren Ressourcen (oder des menschengemachten Kapitals). Zur Exekution der hier angesprochenen Anweisung zu erheben wären die schadstoffspezifische Assimilationskapazität und die Emissionsmengen der einzelnen Stoffe. Liegen die Emissionen über der Kapazität, so müssen sie i. d. R. gesenkt werden. Bisweilen könnte auch die Möglichkeit bestehen, die Assimilationskapazität zu erhöhen. Insbesondere kann die Kapazität für einen bestimmten Schadstoff vom Eintrag eines anderen Schadstoffes abhängen. Darin ist eine *mittelbare* Substitutionsmöglichkeit innerhalb des Umweltbereichs zu sehen.

Die hier kurz vorgestellten Regeln wollen eine grobe Orientierung bei der Beantwortung der Frage geben, wie sich eine Ökonomie verhalten muss, um dem Nachhaltigkeitsgebot zu folgen.[107] Dies ist sicher nützlich. Allerdings muss auf folgende Probleme und offene Fragen hingewiesen werden:

- Einige Elemente der Regeln lassen unterschiedliche Auslegungen hinsichtlich der im Rahmen einer nachhaltigen Entwicklung bestehenden Substitutionsmöglichkeiten zu. Unterschiedliche Auslegungen führen zu unterschiedlichen Handlungsanweisungen. In sofern sind die Regeln etwas sybillinisch. Dort, wo kein Auslegungsspielraum besteht, muss die implizierte Fixierung nicht immer plausibel sein.
- Die Regeln geben keinen Hinweis darauf, auf welchem Verbrauchsniveau sie eingehalten werden sollen. Dies ist für die regenerierbare Ressourcen

---

[107] Näheres zur Operationalisierung und Kritik der Regeln bei H.J.Ewers, K.Rennings [1996], S. 159 ff. und D.Cansier, S.Bayer [1998].

und die Assimilationskapazität der Umwelt betreffenden Regeln besonders kritisch. Zynisch (und sei es nur aus didaktischen Gründen) könnte man sagen, dass die Regel für die nachhaltige Bewirtschaftung regenerierbarer Ressourcen auch bei ausgerotteten Arten eingehalten wird: Es wächst nichts mehr nach und es wird nichts mehr geerntet.

- Die Regeln ignorieren nachhaltigkeitsrelevante Interdependenzen zwischen den drei Regelbereichen und innerhalb dieser Bereiche.

Betrachten wir ein Beispiel für eine „intrasektorale Interdependenz":

Das Erntevolumen für eine bestimmte regenerierbare Ressource mag der Regel R2 gehorchen, aber der Bestand, der dabei gewahrt wird, kann so gering sein, dass eine andere Art, der die erste als Beute (Lebensgrundlage) dient, ausstirbt. Dazu ist es noch nicht einmal erforderlich, dass der Mensch die Jäger-Art im betreffenden Zeitraum überhaupt fängt. Das Aussterben der Jäger-Art ist dabei nicht notwendig das letzte Glied in der die Nachhaltigkeit der Entwicklung bedrohenden Ursache-Wirkungs-Kette, deren Ausgangspunkt eine menschliche Aktivität war, die die Nachhaltigkeit für die betreffende Art nicht verletzt hat.

Betrachten wir ein Beispiel für eine „intersektorale Interdependenz":

Eine bestimmte Emission mag von der Umwelt auf lange Sicht assimiliert werden können. Es steht dazu aber nicht im Widerspruch, dass die Emission zwischenzeitlich die Lebensgrundlage einer regenerierbaren Ressource zerstört und diese dadurch ausrottet.

Die Beispiele zeigen, dass auch eine strikte Beachtung der oben formulierten Regeln nicht unbedingt hinreichend für die Nachhaltigkeit der Entwicklung ist. Will man dem Ansatz der Management-Regeln dennoch folgen, so müssen sie ergänzt und verfeinert werden, damit sie nachhaltigkeitsrelevanten intra- und intersektoralen Interdependenzen Rechnung tragen können. Dort, wo die Regeln darauf hinauslaufen, den menschlichen Verzehr auf eine natürliche Kapazität (Assimilationskapazität, Regenerationskapazität) zu begrenzen, muss geprüft werden, ob diese Kapazität selbst von menschlicher Einwirkung abhängig ist. Wo dies gegeben ist, erfordert der Ansatz der Management-Regeln eine Ergänzung durch

Restriktionen, mit deren Einhaltung ein Mindestniveau dieser Kapazität gewährleistet ist.

- Es scheint bemerkenswert, dass keiner der im einzelnen durchaus unterschiedlichen in der Literatur angegebenen Sätze von Management-Regeln Aussagen über Werterhaltungsgrundsätze bei anthropogenem Kapital oder dem menschlichen Wissen enthält.
- Schließlich ist an die schon bei den anderen Indikatoren oben erwähnten Mess- und Bewertungsprobleme zu erinnern.

VI. FAZIT: OPTIMISMUS VS. PESSIMISMUS IN DER RESSOURCENÖKONOMIE

Probleme von (vor allem erschöpflichen) Ressourcen sind in der wissenschaftlichen Literatur und insbesondere in der wirtschaftspolitischen Diskussion häufig dargestellt worden, indem Ressourcenverbrauchstrends aus der Vergangenheit in die Zukunft extrapoliert und mit einem vorgegebenen Ressourcenbestandsindex konfrontiert wurden. Daraus ist mitunter ein Zusammenbruch der wirtschaftlichen Aktivität aufgrund von Ressourcenmangel abgeleitet worden.[1]

Auf einem solchen Vorgehen fußender Pessimismus ist jedoch für eine Marktwirtschaft ungerechtfertigt, insbesondere dann, wenn die Prognose auf der Annahme fixer Koeffizienten etwa bezüglich des Ressourcenverbrauchs pro Sozialproduktseinheit beruht. Schließlich stellen die oben besprochenen und zuvor formal analysierten Marktanpassungsprozesse einen gewichtigen Beitrag zur Entschärfung des Ressourcenproblems dar. Dazu das wichtigste noch einmal in Kürze:

Wird eine Ressource knapp, so wird über ihren steigenden Preis ihre Substitution durch andere Ressourcen angeregt.[2] Steigende Preise für knapper werdende Ressourcen regen Explorationsaktivitäten und (soweit wie technisch möglich) Recycling-Prozesse an. Autonomer und preisinduzierter technischer Fortschritt senken die Abbaukosten und erhöhen die Nutzungseffektivität von Ressourcen. Überdies wird die Ausbeutung vormals unökonomischer Vorkommen durch Preissteigerung und technischen Fortschritt attraktiv.

Der Markt starrt also nicht wie das vielzitierte Kaninchen auf die Schlange. Es wäre angesichts dieses Problemlösungspotentials des Marktmechanismus daher fahrlässig, den Markt wegen einer angeblichen Unfähigkeit zur Zukunftsvorsorge aus seiner Allokationstätigkeit zu entlassen. Schließlich bringt

---

[1] Der "Klassiker" in diesem Zusammenhang ist D.H.Meadows et al. [1972]

[2] Der Substitutionsprozess hat eine negative Rückwirkung auf die Preissteigerung.

der Marktmechanismus Anpassungsprozesse hervor, die das eingangs des Fazits skizzierte, verhängnisvolle Ablaufschema abzuwenden vermögen.

Grundsätzlich scheint es für erschöpfliche Ressourcen durchaus angemessen, nicht im schroffen Pessimismus einer "malthusianischen" Vorstellungswelt des cake-eating-Problems zu verharren, sondern das Problem als nicht ganz so bedrohliche "ricardianische", d.h. relative Knappheit zu verstehen, auf die sich ein anpassungsfähiges Marktsystem durchaus passabel einstellen könnte.

Allerdings besteht, wie ebenfalls gezeigt wurde, zu "blindem Marktvertrauen" auch kein Anlass.[3] Schließlich ist ja nicht sicher, dass künftige Verknappungen durch die Preissignale immer richtig und frühzeitig wiedergegeben werden. Ausdrücklich sei noch einmal auf die in den Kapiteln zum Marktversagen behandelten Punkte hingewiesen. Insbesondere für die erneuerbaren Ressourcen scheint dabei das Open-Access-Problem eine erhebliche Bedeutung zu haben. Außerdem ist keineswegs garantiert, dass grundsätzlich wirksame Marktanpassungsprozesse so geschmeidig erfolgen, dass schmerzliche Friktionen ausbleiben.

Somit stellt sich die Frage, inwieweit der Staat den Marktmechanismus bei der Lösung des intertemporalen Allokationsproblems mit den ihm zur Verfügung stehenden Instrumenten effizient *unterstützen* kann. Bei der Bestimmung der "Korrekturrichtung" muss wohl regelmäßig[4] davon ausgegangen werden, dass der unkorrigierte Marktmechanismus zu einer zu hohen Extraktions-(Ernte-)Geschwindigkeit führt. Damit kann die Streckung von erschöpflichen Ressourcenvorräten bzw. die Schonung der Bestände regenerierbarer Ressourcen als zentrales Ziel staatlicher Ressourcenpolitik betrachtet werden.

Wir können zwar hoffen, dass der Staat die allokativen Probleme, die insbesondere dadurch entstehen, dass private Entscheidungsträger Selbstbedienungsanreizen ausgesetzt sind, durch ordnungs- und/oder prozesspolitische Maßnahmen (einigermaßen) löst. Andererseits müssen wir jedoch einräumen, dass er *auf internationaler Ebene* selbst mit o. a. Problemen konfrontiert ist.

---

[3] Dies fassen J.M.Hartwick, N.D.Olewiler [1998], S. 42, in einer Prägnanz zusammen, die wohl nur US-amerikanischen Lehrbuchautoren gelingt. Den auf eine Auflistung der angebotsausweitenden marktlichen Entknappungsprozesse folgenden Text geben wir daher mit der angemessenen Ehrerbietung wider: "Will these factors continue to affect resource supply favourably? We do not know."

[4] Vgl. jedoch die Ausführungen am Ende von Kapitel II.5.

Bei internationalen (globalen) Ressourcenproblemen ist der einzelne Nationalstaat nämlich nur einer von vielen Akteuren auf der Weltbühne und steht damit vor einem (Gefangenen-) Dilemma: Ein nationales "FdH" bei internationalen Open-Access-Ressourcen würde der eigenen Bevölkerung Opfer abverlangen, ohne dass diese der eigenen mittelfristigen Vorratshaltung oder langfristig ihren eigenen Nachfahren zu Gute kämen. Bei lediglich unilateraler Zurückhaltung würde vielmehr wesentlich der Gegenwartskonsum der anderen Staaten erhöht. Das Open-Access-Problem kann im internationalen Bereich nur durch freiwillige internationale Übereinkommen gelöst werden. Am effektivsten wären diese wohl, wenn sie Märkte installierten, die knapper werdende Ressourcen über steigende Preise schützten. Der Weg dorthin ist jedoch lang und beschwerlich.

Selbst perfekte nationale und internationale Institutionen würden allerdings nicht den Fortbestand der Menschheit garantieren. Der Maßstab der Perfektion, an dem die Gegenwartsgeneration die von ihr geschaffenen Institutionen misst, ist nämlich notwendig der der Gegenwartsgeneration selbst. Was dies für die zukünftigen Generationen bedeutet, ist zunächst einmal ungewiss. Es gibt jedoch mindestens einen Grund dafür, hier nicht allzu pessimistisch zu sein:

- Wie gezeigt ist die gegenwärtige Wirtschaftsweise infolge von Selbstbedienungsarrangements, externen Effekten und anderen Verwerfungen aus Sicht der Gegenwartsgeneration selbst suboptimal. Natürliche Ressourcen werden im Vergleich zum sozialen Optimum (das die Präferenzen der Gegenwartsgeneration widerspiegelt) übernutzt. Reformiert die Gegenwartsgeneration ihre politischen, wirtschaftlichen und sozialen Institutionen mit dem Ziel, die Ressourcen im eigenen Interesse zu schonen, so leistet sie damit einen Beitrag zu Existenzsicherung für die zukünftigen Generationen, selbst wenn dies nicht ihr Motiv ist. Dasselbe gilt für jeden ressourcenschonenden technischen Fortschritt, den die Gegenwartsgeneration (und sei es ausschließlich im eigenen Interesse) einführt. Womöglich reicht dieses Element intergenerationeller Interessenharmonie für die Sicherung einer nachhaltigen Entwicklung aus, – wenn schon nicht im Sinne eines mindestens intertemporal konstanten Wohlfahrtsniveaus, so doch wenigstens im Sinne der Einhaltung kritischer Nachhaltigkeitsrestriktionen.

- Es könnte sein, dass die Gegenwartsgeneration (ernsthaft) bereit wäre, Einschränkungen zu Gunsten der zukünftigen Generationen hinzunehmen. Es ist auch denkbar, den Grad dieses "Zukunftsaltruismus" im Verlauf des gesellschaftlichen Diskurses zu erhöhen. Gelänge dies, so würde das Konzept der Optimalität, nach dem sich institutionelle Reformen in der Gegenwart ausrichten, die Interessen zukünftiger Generationen treuhänderisch einschließen.

Natürlich sind hinsichtlich der Flexibilität des wirtschaftlichen, gesellschaftlichen und politischen Systems weder im engen (auf die egoistischen Präferenzen der Gegenwartsgeneration beschränkten) Sinne noch im weiten (Zukunftsaltruismus einschließenden) Sinne verlässliche Aussagen möglich. Insbesondere sind Vorhersagen des zukünftig zu erzielenden technischen Fortschritts und der Möglichkeiten der Substitution knapper werdender Ressourcen durch andere schwierig. Wir sind hier auf eine Auswertung von in der Vergangenheit gemachten Erfahrungen, die Beobachtung gegenwärtiger Tendenzen und darauf gründende Prognosen angewiesen. Noch schwieriger erscheint (jedenfalls den Ökonomen) die Einschätzung des Potentials zukunftsfreundlicher Präferenzänderungen.

Optimistische oder pessimistische Erwartungen bezüglich der zukünftigen Fähigkeit der Menschheit, sich eine für ihr Überleben ausreichende Ressourcenbasis zu sichern, sind auch Glaubenssache.[5] Die Wirtschaftswissenschaft kann hier Risiken und Chancen aufzeigen, wie dies in diesem Buch versucht wurde. Dazu gehört auch die Klärung der ressourcialen Konsequenzen alternativer gesellschaftlicher Institutionen und Politiken mit der in ihnen verkörperten Anreizstruktur.

Gewissheit über den Verlauf der künftigen Entwicklung der Menschheit kann jedoch keine Wissenschaft herstellen.

---

[5] Vgl. dazu R.Pethig [1979], S. 205 ff. und J.A.Lesser et al. [1997], S. 480: "That is a matter of your faith and philosophy."

LITERATUR

Adelman, M.A. (1990): Mineral Depletion with Special Reference to Petroleum. In: Review of Economics and Statistics Vol 72, S. 1-10.

Adelman, M.A., H. de Silva, M.F. Koehn (1991): User Cost in Oil Production. In: Resources and Energy Vol. 13, S. 217 - 240.

Arnold, L. (1997): Wachstumstheorie. München.

Arnold, V. (1994): Altruismus und Effizienz. In: K. Homann (Hrsg.): Wirtschaftsethische Perspektiven I, Theorie, Ordnungsfragen, Internationale Institutionen. Berlin, S. 53 - 84.

Arrow, K.J., R. C. Lind (1970): Uncertainty and the Evaluation of Public Investment Decisions. In: American Economic Review Vol. 60, S. 364 - 378.

Asheim, G. (1986): Hartwick's Rule in Open Economies. In: Canadian Journal of Economics Vol. 19, S. 395 - 402.

Asheim, G. (1994): Net National Product as an Indicator of Sustainability. In: Scandinavian Journal of Economics Vol. 96, S. 257 - 265.

Ayres, R.U. (1998): Ecothermodynamics: Economics and the Second Law. In: Ecological Economics Vol. 26, S. 189 - 209.

Azar, C., T. Sterner (1996): Discounting and Distributional Considerations in the Context of Global Warming. In: Ecological Economics Vol. 19, S. 169 - 184.

Barnett, H.J., Ch. Morse (1963): Scarcity and Growth. Baltimore.

Barro, R.J., X. Sala-I-Martin (1995): Economic Growth. New York.

Baumol, W.J., W.E. Oates (1979): Economics, Environmental Policy, and the Quality of Life. Englewood Cliffs, (2nd ed. 1988).

Bayer, S., D. Cansier (1998): Methodisch abgesicherte intergenerationelle Diskontierung am Beispiel des Klimaschutzes. In: Zeitschrift für Umweltpolitik Bd. 21, S. 113 -132.

Beckenbach, F. (Hg.): Die ökologische Herausforderung für die ökonomische Theorie. Marburg.

Becker, G.S., C.B. Mulligan (1997): The Endogenous Determination of Time Preference. In: Quarterly Journal of Economics Vol. 112, S. 729 - 758.

Berrens, R.P. et al. (1998): Implementing the Safe Minimum Standards Approach. In: Land Economics Vol. 74, S. 147 - 161.

Bishop, R.C. (1978): Endangered Species and Uncertainty: The Economics of a Safe Minimum Standard. In: American Journal of Agriculture Economics Vol. 60, S. 10 - 18.

Blankart, Ch.B. (1998): Öffentliche Finanzen in der Demokratie. München. 3. Aufl.

Boulding, K.E. (1966): The Economics of the Coming Spaceship Earth. In: H. Jarrett (Ed.), Environmental Quality in a Growing Economy. Baltimore.

Bowers, J. (1997): Sustainability and Environmental Economics. Harlow.

Buchholz, W. (1997): Intergenerational Equity. In: T. Zylicz (ed.), Ecological Economics, Uppsala, S. 19 - 22.

BUND/Misereor (Hg.) (1996): Zukunftsfähiges Deutschland. Studie des Wuppertal Instituts für Klima, Umwelt und Energie. Basel.

Bundesanstalt für Geowissenschaften und Rohstoffe (1999): Reserven, Ressourcen und Verfügbarkeit von Energierohstoffen. Hannover.

Cairns, R.D. (1991): The Role of Investment in Multiple-Deposit Extraction: Some Results and Remaining Puzzles. In: Journal of Environmental Economics and Management Vol. 21, S. 52 - 66.

Campbell, H.F. (1980): The Effect of Capital Intensity on the Optimal Rate of Extraction of a Mineral Deposit. In: Canadian Journal of Economics Vol. 13, S. 349 - 356.

Cansier, D. (1987): Besteuerung von Rohstoffrenten. Berlin.

Cansier, D., S. Bayer (1998): Ethische Aspekte der Umwelt- und Ressourcenökonomie. Tübinger Diskussionsbeiträge, Nr. 140.

Chichilnisky, G., G. Heal, H. Beltratti (1995): The Green Golden Rule. In: Economics Letters Vol. 49, pp. 175 - 179.

Clark, C.W. (1990): Mathematical Bioeconomics: The Optimal Management of Renewable Resources, 2nd edition. New York et al.

Council of Environmental Quality (Ed.) (1980): The Global 2000 Report to the President. Washington.

Crabbé, P.J. (1983): The Contribution of L. C. Gray to the Economic Theory of Exhaustible Natural Resources and Its Roots in the History of Economic

Thought. In: Journal of Environmental Economics and Management Vol. 10, S. 195 - 220.

Dasgupta, P.S., G.M. Heal (1974): The Optimal Depletion of Natural Resources. In: The Review of Economic Studies, Symposium Issue, S. 3 - 28.

Dasgupta, P.S., G.M. Heal (1979): Economic Theory and Exhaustible Resources. Cambridge.

Devarajan, S., A.C. Fisher (1981): Hotelling's "Economics of Exhaustible Resources": Fifty Years Later. In: Journal of Economic Literature Vol. 19, S. 65 - 73.

Dubourg, R., D. Pearce (1997): Paradigms for Environmental Choice-Sustainability versus Optimality. In: S. Faucheux, D. Pearce, J. Proops (eds.), Models of Sustainable Development, Cheltenham, S. 21 - 36.

Endres, A. (1987): Die Back-Stop-Technologie. In: Wirtschaftswissenschaftliches Studium (WiSt) Bd. 16, S. 79 - 82.

Endres, A. (1997): Negotiating a Climate Convention. In: International Review of Law and Economics Vol. 17, S. 147 - 156.

Endres, A. (2000): Umweltökonomie. Stuttgart.

Endres, A., K. Holm-Müller (1998): Die Bewertung von Umweltschäden. Theorie und Praxis sozioökonomischer Verfahren. Stuttgart.

Endres, A., V. Radke (1998): Indikatoren einer nachhaltigen Entwicklung. Berlin.

Endres, A., V. Radke (1998a): Zur Theoretischen Struktur von Indikatoren einer Nachhaltigen Entwicklung. In: Zeitschrift für Wirtschafts- und Sozialwissenschaften Bd. 118, S. 295-313.

Endres, A., V. Radke (1999): Land Use, Biodiversity, and Sustainability. In: Journal of Economics Vol. 70, S. 1-16.

Endres, A., V. Radke (1999): Nachhaltige Entwicklung - Von der Sonntagsrede zum Poltikziel. In: H.-P. Böhm, J. Dietz und H. Gebauer (Hrsg.), Nachhaltigkeit - Leitbild für die Wirtschaft?, Dresden: Zentrum für Interdisziplinäre Technikforschung der TU Dresden, S. 51 - 65.

Eswaran, M., T.R. Lewis, T. Heaps (1983): On the Nonexistence of Market Equilibria in Exhaustible Resource Markets with Decreasing Costs. In: Journal of Political Economy Vol. 91, S. 154 - 167.

Ewers, H.- J., K. Rennings (1996): Quantitative Ansätze einer rationalen umweltpolitischen Zielbestimmung. In: H. Siebert (Hg.) (1996), S. 135 - 171.

Faber, M., H. Niemes, G. Stephan (1995): Entropy, Environment and Resources. Berlin-Heidelberg-New York. 2nd edition.

Farmer, M.C., A. Randall (1998): The Rationality of a Safe Minimum Standard. In: Land Economics Vol. 74, S. 287 - 302.

Faucheux, S., E. Muir, M. O' Connor (1997): Neoclassical Natural Capital Theory and "Weak" Indicators for Sustainability. In: Land Economics Vol. 73, S. 528 - 552.

Faucheux, S., E. Muir, M. O'Connor (1998): Weak Natural Capital Theory. In: Faucheux, S., M. O'Connor (1998), S. 43 - 74.

Faucheux, S., M. O'Connor (eds.) (1998): Valuation for Sustainable Development. Cheltenham.

Feess, E. (1998): Umweltökonomie und Umweltpolitik. München. 2. Aufl..

Fishelson, G. (1990): The Hotelling Model under Uncertainty. In: Resources and Energy Vol. 12, S. 353 - 359.

Fisher, A.C. (1981): Resource and Environmental Economics. Cambridge.

Frey, B.S. (1990): Ökonomie ist Sozialwissenschaft. München.

Frey, B.S., G. Kirchgässner (1994): Demokratische Wirtschaftspolitik. München. 2. Aufl..

Geisendorf, S., Gronemann, S., Hampicke, U., Immler, H. (1999): Die Bedeutung des Naturvermögens und der Biodiversität für eine nachhaltige Wirtschaftsweise. Möglichkeiten und Grenzen ihrer Erfaßbarkeit und Wertmessung. Berlin, Bielefeld, München.

Gray, L.C. (1914): Rent under the Assumption of Exhaustibility. In: Quarterly Journal of Economics Vol. 28, S. 466 - 489.

Hampicke, U. (1991): Neoklassik und Zeitpräferenz - der Diskontierungsnebel. In: F. Beckenbach (Hg.), S. 127 - 149.

Hampicke, U. (1991a): Naturschutz-Ökonomie. Stuttgart.

Hampicke, U. (1992): Ökologische Ökonomie. Opladen.

Hanley, N., J. F. Shogren, B. White (1997) Environmental Economics. Basingstoke and London.

Hannesson, R. (1991): From Common Fish to Rights Based Fishing. In: European Economic Review Vol. 35, S. 397 - 407.

Hannesson, R., S.I. Steinshamn (1991): How to Set Catch Quotas: Constant Effort or Constant Catch? In: Journal of Environmental Economics and Management Vol 20, S. 71 - 91.

Harborth, H.J. (1991): Dauerhafte Entwicklung statt globale Selbstzerstörung. Berlin.

Hartwick, J.M. (1977): Intergenerational Equity and Investing of Rents from Exhaustible Resources. In: American Economic Review Vol. 67, S. 972 - 974.

Hartwick, J.M. (1995): Decline in Biodiversity and Risk-Adjusted Net National Product. In: T.M. Swanson (Ed.), The Economics and Ecology of Biodiversity Decline. Cambridge, S. 57 - 67.

Hartwick, J.M., N.D. Olewiler (1986): The Economics of Natural Resource Use. Cambridge, Mass..

Hartwick, J.M., N.D. Olewiler (1998): The Economics of Natural Ressource Use. Reading/Mass, 2nd edition of Hartwick, J.M., N.D. Olewiler (1986).

Haslinger, F. (1997): Zum Konzept der "nachhaltigen Entwicklung". In: H.-D. Feser, M. v. Hauff (Hg.), Neuere Entwicklungen in der Umweltökonomie und -politik. Regensburg, S. 3 - 16.

Heal, G.M. (1980): Intertemporal Allocation and Intergenerational Equity. In: H. Siebert (Hg.), Erschöpfbare Ressourcen. Berlin, S. 37 - 73.

Heal, G.M. (1981): Economics and Resources. In: J.A. Butlin (Ed.), Economics and Ressource Policy. London, S. 62 - 73.

Heinemann, W. (1981): Energievorräte - Entwicklung und Perspektiven. In: Bremer Zeitschrift für Wirtschaftspolitik Vol. 4, S. 5 - 68.

Hirsch, F. (1995): Social Limits to Growth. London. 2nd edition.

Hoel, M. (1991): Global Environmental Problems. In: Journal of Environmental Economics and Management Vol. 20, S. 55 - 70.

Hotelling, H. (1931): The Economics of Exhaustible Resources. In: Journal of Political Economy Vol. 39, S. 137 - 175.

International Energy Agency (1982): Energy Policies and Programmes of IEA-Countries - 1981 Review. Paris.

Jevons, W.S. (1865): The Coal Question. London.

Kemp, M.C. (1976): How to Eat a Cake of Unknown Size. In: M.C. Kemp: Three Topics in the Theory of International Trade. Amsterdam.

Kirchgässner, G. (1997): Nachhaltigkeit in der Umweltnutzung. In: Zeitschrift für Umweltpolitik Bd. 20, S. 1- 34.

Klepper, G., F. Stähler (1998): Sustainability in Closed and Open Economies. In: Review of International Economics Vol. 6, pp. 488 - 506.

Klump, R. (1997): Das Chichilnisky-Kriterium und die Grün-Goldene Regel. In: Wirtschaftswissenschaftliches Studium (WiSt) Bd. 26, S. 29 - 32.

Kneese, A.V., J.L. Sweeney (Eds.) (1985): Handbook of Natural Resource and Energy Economics. Amderdam.

Kneese, A.V., W.D. Schulze (1985): Ethics and Environmental Economics. In: A.V. Kneese, J.L. Sweeney (Eds.) (1985) S. 191 - 220.

Krautkraemer, J.A. (1998): Nonrenewable Resource Scarcity. In: Journal of Economic Literature Vol. 36, S. 2065 - 2107.

Krelle, W., G. Gabisch (1972): Wachstumstheorie. Berlin.

Lerch, A. (1996): Verfügungsrechte und Biologische Vielfalt: Eine Anwendung der Ökonomischen Analyse der Eigentumsrechte auf die Spezifischen Probleme genetischer Ressourcen. Marburg.

Lerch, A. (1997): Verfügungsrechte und Umwelt. In: P.Weise, u.a. (1997), S. 126 - 163.

Loury, G.C. (1978): The Optimal Exploitation of an Unknown Reserve. In: Review of Economic Studies Vol. 45, S. 621 - 636.

Marggraf, R., S. Streb (1997): Ökonomische Bewertung der natürlichen Umwelt. Heidelberg.

Marglin, S.A. (1963): The Social Rate of Discount and the Optimal Rate of Investment. In: Quarterly Journal of Economics Vol. 77, S. 95 - 111.

Maußner, A., R. Klump (1996): Wachstumstheorie. Berlin - Heidelberg - New York.

Meade, J.E. (1962): A Neoclassical Theory of Economic Growth. London. 2nd Edition.

Meadows, D.H., Meadows, D.L., Randers, J., Behrens, W.W. (1972): The Limits to Growth: A Report for the Club of Rome's Project on the Predicament of Mankind. London.

Meyerhoff, J., U. Petschow (1999): Externe Effekte regenerativer Energien. In: Zeitschrift für Umweltpolitik Bd. 22, S. 297 - 314.

Mill, J.S. (1848): Principles of Political Economy. Neudruck 1970: Harmondsworth. Dt. Übers.: Grundsätze der Politischen Ökonomie nebst einigen Anwendungen derselben auf die Gesellschaftswissenschaften. Leipzig, 1869.

Minsch, J., A. Eberle, B. Meier, U. Schneidewind (1996): Mut zum ökologischen Umbau. Basel.

Munro, G.R., A.D. Scott (1985): The Economics of Fishery Management. In: A.V. Kneese, J.L. Sweeney (Eds.) (1985) S. 623 - 677.

Muraoka, D.D. (1990): Managing the Sea Urchin Fishery, An Economic Perspective. In: Natural Resources Journal Vol. 30, S. 139 - 151.

Nordhaus, W.D. (1974): The Allocation of Energy Resources. Washington, D.C. .

Norgaard, R. (1990): Economic Indicators of Resource Scarcity. In: Journal of Environmental Economics and Management Vol. 19, S. 19 - 25.

Nutzinger, H. G. (1997): Nachhaltigkeit und Standardökonomik: Komplementär oder substitutiv? In: P. Weise u.a. (1997), S. 46 - 50.

Nutzinger, H. G. (1998): Indikatoren einer nachhaltigen Entwicklung, Kyklos Vol. 51, S. 429 - 430.

Nutzinger, H. G., V. Radke (1995): Das Konzept der nachhaltigen Wirtschaftsweise. In: H.G. Nutzinger (1995a), S. 13 - 49.

Nutzinger, H.G. (1993): Philanthropie und Altruismus. In: B.T. Ramb, M. Tietzel, Ökonomische Verhaltenstheorie. München, S. 365-386.

Nutzinger, H.G. (1995): Von der Durchflußwirtschaft zur Nachhaltigkeit. In: B. Biervert, M. Held (Hg.), Zeit in der Ökonomik. Frankfurt/ New York, S. 207 - 235.

Nutzinger, H.G. (Hg.) (1995a): Nachhaltige Wirtschaftsweise und Energieversorgung. Marburg.

Ostrom, E., R. Gardner, J. Walker (1994): Rules, Games and Common Pool Ressurces. Michigan.

Pearce, D., G. Atkinson (1992): Are National Economies Sustainable? CSERGE Working Paper GEC 91-11. London.

Pearce, D., G. Atkinson (1993a): Measuring Sustainable Development. In: Ecodecision (o.Vol.), S. 64 - 66.

Pearce, D., G. Atkinson (1993b): Capital Theory and Measurement of Sustainable Development. In: Ecological Economics Vol. 8, S. 103 - 108.

Peleg, B., M. Yaari (1973): On the Existence of a Consistent Course of Action when Tastes are Changing. In: Review of Economic Studies Vol. 40, S. 391 - 401.

Pethig, R. (1979): Die Knappheit natürlicher Ressourcen. In: Jahrbuch für Sozialwissenschaft Bd. 30, S. 189 - 209.

Pethig, R. (1982): Large-Scale Projects and Congestion in Free-Access Common Property Resources. Wirtschaftswissenschaftliche Diskussionsbeiträge der Universität Oldenburg, Nr. 48.

Pezzey, J. C. V. (1997): Sustainability Constraints versus "Optimality" versus Intertemporal Concern, and Axioms versus Data. In: Land Economics Vol. 73,

Pflug, G., G. Winckler (1982): Speculation and Stability on Markets for Exhaustible Resources. In: W. Eichhorn et al. (Eds.), Economic Theory of Natural Resources. Würzburg-Wien, S. 213 - 222.

Phelps, E. (1961): The Golden Rule of Accumulation. In: American Economic Review Vol 51, S. 638 - 643.

Radke, V. (1995c): Wege in die Umweltkatastrophe. In: H.G. Nutzinger (Hg.) (1995a) S. 201 - 223.

Radke, V. (1996b): Erschöpfliche Ressourcen, Kapitalakkumulation und Flächennutzung. In: Jahrbuch für Wirtschaftswissenschaften Bd. 47, S. 154 - 165.

Radke, V. (1999a): Nachhaltige Entwicklung. Konzept und Indikatoren aus wirtschaftstheoretischer Sicht. Heidelberg.

Radke, V. (1999b): Natur und Wirtschaft: Neoklassik versus ökologische Ökonomie. In: Zeitschrift für Energiewirtschaft Bd. 23, S. 137 - 145.

Radke, V. (1999c): Artenschutzpolitik bei konkurrierenden Flächennutzungen. In: List Forum für Wirtschafts- und Finanzpolitik Bd. 25, S. 255 - 270.

Radke. V. (1996a): Ökonomische Aspekte nachhaltiger Technologie - Zur Bedeutung unterschiedlicher Ausprägungen des technischen Fortschritts für das Konzept des Sustainable Development. In: Zeitschrift für Umweltpolitik und Umweltrecht Bd. 19, S. 109 - 128.

Rawls, J. (1971): A Theory of Justice. Cambridge, Mass..
Robinson, J. (1962): Essays in the Theory of Economic Growth. London - New York.
Rose, K. (1971): Grundlagen der Wachstumstheorie. Göttingen.
Rowse, J. (1991): Discount Rate Selection and Efficiency in Allocating a Nonrenewable Resource. In: Swiss Journal of Economics and Statistics Vol. 127, S. 245 - 265.
S. 448 - 466.

Sen, A.K. (1969): Planner's Preferences: Optimality, Distribution and Social Welfare. In: J. Margolis, H. Guitton (Eds.), (1969), S. 201 - 221.
Siebert, H. (1983): Ökonomische Theorie natürlicher Ressourcen. Tübingen.
Siebert, H. (1986): Ricardo- und Hotelling-Paradigmen für die Preisbildung natürlicher Ressourcen. In: H. Siebert (Hg.), Angebotsentwicklung und Preisbildung natürlicher Ressourcen. München, S. 1 - 17.
Siebert, H. (1987): Neue Nutzungsrechte und internationale Rohstoffversorgung. In: Ifo-Studien Bd. 33, S. 71 - 99.
Siebert, H. (Hg.) (1996): Elemente einer rationalen Umweltpolitik. Tübingen.
Sinn, H.-W. (1982): Absatzsteuern, Ölförderung und das Allmendeproblem. In: H. Siebert (Hg.), Reaktionen auf Energiepreissteigerungen. Frankfurt/M., S. 83-103.
Slade, M.E. (1982): Trends in Natural Resource Commodity Prices: An Analysis of the Time Domain. In: Journal of Environmental and Economic Management Vol. 9, S. 122 - 137.
Söllner, F. (1996): Thermodynamik und Umweltökonomie. Heidelberg.
Solow, R.M. (1974): Intergenerational Equity and Exhaustible Resources. In: Review of Economic Studies, Symposium Issue, S. 29 - 45.
Stephan, G., M. Ahlheim (1996): Ökonomische Ökologie. Berlin.
Stephan, G., G. Müller-Fürstenberger (1998): Discounting and the Economic Costs of Altruism in GHG-Abatement. In: Kyklos Vol. 51, pp. 321 - 338.
Stiglitz, J.E. (1974): Growth with Exhaustible Natural Resources: Efficient and Optimal Growth Paths. In: Review of Economic Studies, Symposium Issue, S. 123 - 137.
Stiglitz, J.E. (1976): Monopoly and the Rate of Extraction of Exhaustible Resources. In: American Economic Review Vol. 66, S. 655 - 661.
Ströbele, W. (1987): Rohstoffökonomik. München.

Ströbele, W. (1991): Abdiskontierung als kontextabhängiges Problem. In: F. Beckenbach (Hg.), Die ökologische Herausforderung für die ökonomische Theorie. Marburg, S. 151 - 155.

Swanson, T.M. (Ed.) (1995): The Economics and Ecology of Biodiversity Decline. Cambridge.

Tietenberg, T. (1998): Environmental Economics and Policy. Reading/Mass. 2nd edition.

Weimann, J. (1996): Wirtschaftspolitik. Heidelberg.

Weise, P. u.a. (1997): Nachhaltigkeit in der ökonomischen Theorie. Frankfurt/M.

Weitzman, M.L. (1998): Why the Far-Distant Future Should be Discounted at its Lowest Possible Rate. In: Journal of Environmental Economics and Management Vol. 36, S. 201 - 208.

Weizsäcker, E.U. v. (1995): Faktor 4. Basel.

Williamson, J. (1983): The Open Economy and the World Economy. New York.

REGISTER

Auffang-Technologie 60

Back-Stop-Technologie 60
bestandsabhängige Fangkosten . 121
Bestandsgleichgewicht 44
Biodiversität 175
biologische Sättigungsmenge 103
biologisches Gleichgewicht 115
Brundtland-Kommission 165

cake-eating Problem 4, 23
Club of Rome 165
Contingent Markets 66

El Niño 136
erneuerbare
 Ressourcen .... V, 3, 101, 208
erschöpfliche
 Ressourcen .... V, 3, 101, 207
Erwartungsbildung 76
Existenzwert 175
externe Kosten 71

Gemeineigentum 128
Generationenaltruismus 37
Gerechtigkeit 165
goldene Akkumulationsregel 164
Gossen'sches Gesetz 31
Grenzen des Wachstums 165

Handlanger 34
Hartwick-Regel 183
Hofnarr 35
hoher Priester 34
Hotelling-Regel ... 42, 51, 55, 59, 81

Knappheitsrente 17

Lagerinvestition 40
Leitplanken 181

Marginal Stock Effect 127, 134, 138
Maximin-Ansatz 27
maximum sustainable yield 105
methodologischer
 Individualismus 157
Monopolist 80

Naturkapital 176
Nutzen-Kosten-Analyse 113
Nutzungskosten 17, 20, 49, 51

ökologische Ökonomie VIII, 5, 198
ökologischer Korridor 180
Ölkrisen 19
Open-Access-Ressourcen 73, 128

Periodengleichgewicht 44
Pressure-State-Response Ansatz 203
Reserven 7

regenerierbare Ressourcen,
    s. erneuerbare Ressourcen
resource endowment 14
Ressourcen 7
Rohstoffkonzentration 8
royalty 17

Safe Minimum Standards 205
Schaefer-Modell 104
Selbstbedienungs-
    Ressourcen 73, 128
soziale Diskontrate 33, 71
soziale Wohlfahrtsfunktion 24
soziale Wohlfahrtsmaximierung 162
soziale Zahlungsbereitschaft 28
Spot Market 66

technischer Fortschritt 60, 169

Umwelt- und
    Ressourcenökonomie ... VIII, 194
user cost 17

Verfügbarkeitsindikator 9

Wachstum im
    Goldenen Zeitalter 169
Wachstumstheorie 168
Walras'scher Auktionator 38
Wohlfahrtsökonomie 25

Zahlungsbereitschaft 158

Alfred Endres

Umweltökonomie

2., vollst. überarb. und erw. Auflage 2000
XIII, 273 Seiten,
31 Abb., Kart.
DM 44,–/öS 321,–/sFr 41,–
ISBN 3-17-015781-7

In der vollständig überarbeiteten und erweiterten Neuauflage dieses (mittlerweile in drei Sprachen übersetzten) Buches werden zunächst die wesentlichen Probleme externer Effekte sowie die Eignung umweltpolitischer Instrumente, wie sie heute Gegenstand zahlreicher Lehrveranstaltungen sind, behandelt. Dabei finden das Umwelthaftungsrecht, Abgaben, Auflagen und Umweltzertifikate besondere Beachtung. Die Analyse wird dann auf weiterführende Aspekte ausgedehnt: internationale Umweltprobleme, Umweltpolitik bei unvollständiger Konkurrenz und bei Schadstoffinteraktionen sowie Ansätze der Neuen Politischen Ökonomie.

Das Buch bietet nicht nur eine verständliche Darstellung der Umweltökonomie von ihren mikroökonomischen Grundlagen bis hin zu den neuesten Forschungsansätzen, sondern auch eine Orientierung für die aktuelle umweltpolitische Diskussion.

Prof. Dr. **Alfred Endres** lehrt seit 1992 an der FernUniversität Hagen im Bereich Wirtschaftstheorie.

Kohlhammer

W. Kohlhammer GmbH · 70549 Stuttgart · Tel. 0711/78 63 - 280